가상현실을 위한
HTML5 & Web3D

박경배 · 강경인 공저

 21세기사

| 머리말 |

　전 세계가 COVID-19로 인한 피해와 위험에 대응하고 있는 2020년 즈음 비대면 수업으로 향후 대학의 교육은 온라인을 통한 수업이 점차 증대할 것이며 인터넷의 중요성은 더욱 커졌다.

　HTML5가 국제 표준으로 제정되며 많은 웹 개발자들은 편리하고 안정적으로 웹 개발을 할 수 있는 환경이 되었다.

　HTML5에서 3D 그래픽을 자체 지원하며 기반 기술인 WebGL의 영향력은 점차 커지고 향후 WebGL, X3D 등과 같은 웹 기반의 3D 그래픽을 포함한 콘텐츠 제작이 활발할 것이며 웹 브라우저 개발사들 역시 적극적으로 지원할 것으로 예상된다.

　2000년 초 VRML을 접하면서 VRML로 이루어진 "3D 가상홈페이지"를 출간하고 홈페이지를 만들면서 프로그램의 측면에서 매우 쉬운 접근법과 사용법에 매우 큰 기대를 걸었지만 상업적으로 접목되지 못하고 기술적인 한계에 부딪히며 X3D 등장을 보게 되었다. Web3D에 대한 국제표준은 X3D로 자리매김하고 있는 상황에서 아직도 전 세계적으로 대중화되지 못하고 있는 실정이지만 HTML5의 등장으로 Web3D의 접목이 한결 수월해진 측면에서 대중화 될 시기가 멀지 않은 것으로 보인다.

　X3Dom은 X3D의 HTML5에서 동작하기 위한 Web3D 국제 표준이다. X3Dom을 이해하기 위해서는 HTML5, CSS3, X3D에 대해 이해를 해야 한다. 많은 내용을 이해해야 하므로 초보자들이 바로 이해하기는 힘들다. 그러나 C언어나 JAVA와 같은 대다수의 프로그래밍 언어는 복잡한 알고리즘으로서 프로그래머에게 많은 당혹감을 주지만 HTML5나 X3D는 인터프리터 언어로서 알고리즘 보다 프로그램의 명령어 수준만 안다면 쉽게 이해할 수 있고 작품을 만들 수 있을 것이다. 조금 더 쉽게 X3Dom을 배우고자 하는 독자는 우선 VRML에 대한 기본 내용을 습득한 후 X3Dom를 접한다면 보다 쉽게 이해할 수 있을 것이다. 부록으로 VRML에 관련된 사용법과 예제 프로그램을 수록하였으니 참고하기 바란다. 본 저서의 내용을 차분히 읽고 실습하면 자연스럽게 X3Ddom의 실체를 이해할 수 있을 것이며 HTML5을 기반한 능동적인 3D 가상현실 웹문서를 제작할 수 있을 것이다 .

이 책이 나오기까지 많은 인내심과 편집에 도움을 준 가족들에게 고마움을 표현하며 책의 출판에 도움을 주신 이범만 사장님과 21세기사 출판사 관련분들께 진심으로 감사드립니다. 끝으로 이 책을 통하여 많은 독자 여러분이 Web3D를 이해하고 나아가 가상공간을 구축하여 4차 산업혁명에 걸맞는 기술을 습득하기 바란다.

Web3D 사이트 : http://swyit.dothome.co.kr

2020년 무더운 칠월의 마지막 끝자락에
저자 박경배 · 강경인

E-mail: gbpark@yit.ac.kr
Homepage: http://cafe.naver.com/swcvisitor

| 이 책의 구성과 학습 방법 |

이 책을 접한 독자들은 아마도 VRML이나 WebGL 등의 3차원의 그래픽을 통하여 3D 관련 기술에 조금이라도 흥미를 가진 독자들일 것이다. 이 책은 VRML을 넘어 국제 표준인 X3Dom을 이용하여 HTML5 문서를 제작하기 위한 방법을 예제 중심으로 구성하였다. X3Dom으로 직접 구현된 3D 물체를 HTML5에 포함하여 웹 게시하는 방법을 예로 들면서 구현하는 과정과 파일들을 효율적으로 제작하는 방법들을 설명하였다. 또한 부록으로 첨부된 X3D의 표준과 VRML 사용법은 보다 쉽게 X3Dom을 이해하는 것을 목적으로 하고 있다. 이 책을 통하여 여러분은 3차원 그래픽, 애니메이션, 자바 스크립트 언어 그리고 3차원 게임 등 웹의 능동적인 측면들을 습득하게 될 것이다.

이 책은 11개의 Chapter로 이루어져 있으며 1장에서는 HTML5의 기초 개념과 사용법에 대해 설명하였고 2장에서는 HTML5 문서의 디자인을 위한 CSS3의 사용법을 가장 간단하고 효율적으로 학습할 수 있도록 개념과 실습 위주로 설명하였다. HTML5와 CSS3에 대해 이해하고 있다면 1, 2장을 생략하고 3장에서 바로 시작해도 된다.

3장에서는 Web3D의 역사적 특징에 대해 간략히 알아보고 X3Dom을 사용하기 위한 사용법 그리고 환경설정과 관련하여 설명하였다.

4장은 X3Dom에서 지원하는 가장 간단한 3D 물체를 생성하여 HTML5로 제작하는 방법에 대해 설명한다. 복잡한 물체들도 세분화하여 분석하면 Box, Sphere, Cone, Cylinder, 점, 선, 면으로 이루어 졌다. 간단한 도형을 제작하기 위한 실습 예제들을 포함한다.

5장은 보다 복잡한 물체들을 표현하기 위한 물체의 이동, 회전, 크기 조절하는 방법에 대해 실습하며 복잡하게 이루어진 물체들을 제작하기 위한 기본 개념을 제공한다.

6장은 물체들의 외형과 관련된 내용으로 색상이나 이미지 혹은 동영상 등으로 물체의 외형을 표현하는 방법에 대해 알아본다. 아울러 3D 그래픽에서 빛의 영향에 대해서도 설명하였다.

7장에서는 X3Dom의 배경과 환경 등을 설정하기 위한 노드들에 대해 알아본다. 또한 xml 형식의 X3D 파일을 X3Dom에서 사용하는 방법에 대해 실습한다. 7장을 학습하고 나면 복잡한 형태의 가상공간의 구현이 보다 쉽게 가능하다.

8장의 내용은 어두운 배경에서 효과적으로 사용할 수 있는 인공조명에 대해 실습한다.

9장에서 부터 11장의 내용은 Javascirpt의 이벤트와 관련된 항목으로 고급 단계에 속하는 내용들에 대해 실습한다. 애니메이션을 위한 X3Dom의 센서와 Javascript의 이벤트 기능이 결합되어 사용자와 상호작용이 가능한 3D 장면들을 만들 수 있을 것이다.

마지막으로 부록에서는 VRML의 사용법과 예제 그리고 X3D의 스펙(Specification)을 제공하며 용어 찾기를 통해 HTML5와 Web3D의 용어에 빠르게 접근하도록 하고 있다.

끝으로 이 책에 관한 의문사항이나 상담을 원하시는 분은 gbpark@yit.ac.kr로 E-mail로 보내 주시면 성심 성의껏 답변 드리겠습니다.

| 차례 |

CHAPTER 1

HTML5

1.1 HTML5의 역사

현재 우리는 구글의 크롬(chrome)이나 마이크로소프트사(MS)의 Edge를 사용하여 인터넷 문서들을 탐색하고 보고있다. 이러한 인터넷 문서는 HTML의 형식을 이용하여 만들어지고 서버에 저장되며 클라이언트가 해당 문서를 요청하면 서버는 요청된 문서 또는 정보를 제공하는 서비스를 하고있다.

인터넷서비스가 가능하기 위해서는 정보를 제공하는 서버(Server)와 서버의 위치를 알려주는 인터넷주소(IP:Internet Protocol)가 필요하며 클라이언트들이 정보를 얻기 위한 웹브라우저(Browser) 그리고 HTML(HyperText Markup Language)로 이루어진 웹문서가 필요하다.

서버와 클라이언트가 서로 통신하기 위해서는 통신규약이 필요한데 이를 HTTP(HyperText Transfer Protocol)이라 한다. 통신 프로토콜과 인터넷 주소를 총칭하여 URL(Uniform Resource Location)이라 부른다. 인터넷이 작동하는 절차를 보면 그림 1-1과 같이 웹브라우저를 장착한 클라이언트 컴퓨터에서 URL을 이용하여 https 요청(request)을 한다. 클라이언트로부터 요청을 받은 서버는 클라이언트가 요청한 index.html 파일이 자신에게 있는지 살펴보고 있으면 해당문서를 https 응답(response)으로 클라이언트에게 index.html을 보내게 된다. 만약 클라이언트가 요청한 html 문서가 없다면 error.html 문서를 클라이언트에게 보내주어 해당 문서가 없음을 알려주게 된다. 일반적으로 클라이언트들은 https://www.w3.org

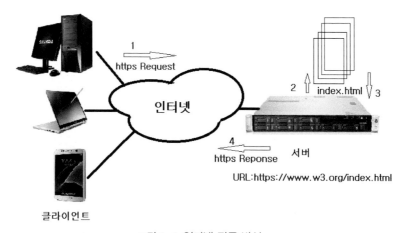

그림 1-1 인터넷 작동 방식

와 같이 인터넷 주소만 웹브라우저에 입력을 한다. 그 이유는 대부분의 서버들이 index.html 을 첫 페이지 이름으로 설정하였기 때문에 클라이언트들이 해당 문서를 생략해도 디폴트 (default) 문서로서 index.html을 보내준다.

HTML의 개념을 처음 도입한 사람은 인터넷의 아버지 혹은 효시라 불리는 팀 버너스-리 (Tim Berners-Lee)이다. 1989년 유럽의 핵물리학 기구인 CERN에서 팀 버너스-리는 월드 와이드 웹(World Wide Web: 간단히 W3라 부름)개념과 신조어를 만들었다. 서버(httpd)와 최초의 클라이언트 웹브라우저(WorldWideWeb) 프로그램을 만들고 웹 문서를 생성하기 위해 1991년에 하이퍼텍스트 링크 기능을 가진 문서 형식인 HTML를 사용하였다. 이는 현 재 사용하는 인터넷(Internet)의 근간이 되었으며 HTML ver1.0이 되었다.

인터넷이 보편화되기 전 과학적인 연구 목적 혹은 사무용의 독립적으로 사용되었던 컴퓨 터는 인터넷의 개발로 시간과 공간의 제약을 받지 않고 정보를 이용한다는 점에서 그 파급 효과는 엄청난 것이었다. 이에 많은 회사들은 인터넷 시장을 선점하기 위한 웹브라우저 및 HTML 개발에 앞 다투어 뛰어들기 시작하였으며 2000년까지는 꾸준히 발전하게 되었다. 표 1-1은 HTML 역사를 간단히 나타낸 것이다.

1991년부터 꾸준히 논의되며 그래픽 형태의 웹브라우저 넷스케이프(Netscape) 브라우저 가 출시되면서 시장의 관심은 뜨거워졌으며 1995년 마이크로소프트사는 인터넷 익스플로 러를 출시하였다. 이외에도 구글과 애플사가 독립적인 웹브라우저를 만들면서 W3C의 위 상은 약해지고 각 대기업들은 독자 노선들을 걷기 시작했다. 거대한 인터넷 망이 구축되면 서 엄청난 양의 데이터를 처리하기 위해서 HTML의 새로운 기능이 추가되어 성능향상이 되기 시작하였으나 W3C의 표준방향이 아니라 각 기업의 웹브라우저는 독립적인 길을 걷 기 시작하였다.

표 1-1에서 보듯이 1999년 HTML4.01 이후에는 2000년에 XHTML1.0이 발표되고 2012년 까지 표준으로 공표되지 못하였다. 다양하고 많은 양의 자료를 처리하기 위해서는 HTML의 표준이 지속적으로 개발되었어야 했음에도 불구하고 각 웹브라우저 회사들은 자신들에게 유리한 부분들을 고집하면서 브라우저 간에 호환되지 않는 문제점이 발생하였다. 약 10여 년간의 공백을 거치며 비공식적인 그룹인 WHATWG(Web Hypertext Application Technical Working Group)을 중심으로 HTML5의 개발이 이루어졌다.

표 1-1 HTML의 버전과 특징(https://www.w3.org/History.html)

년도	버전	특징
1989	팀버너스-리 WWW 제안	HTML을 적용한 웹 제안
1991	HTML	인터넷의 시작을 위한 논의 시작
1994	HTML+	W3Consortium 창시 넷스케이프 브라우저(Netscape) 출시
1995	HTML2.0/3.0	인터넷 익스플로러 브라우저 출시
1997	HTML3.2	W3C(Consortium) 공식 승인
1999	HTML4.01	W3C(Consortium) 공식 승인
2000	XHTML1.0	W3C(Consortium) 공식 승인
2008	HTML5 Draft	WHATWG
2014	HTML5 표준	W3C 표준안 확정

그림 1-2는 웹브라우저의 종류와 2020년 국내 사용자의 시장 점유율을 나타낸 것이다. 구글 크롬 브라우저 사용이 70%이상을 차지하고 있으며 이러한 이유 중에 하나는 구글의 크롬이 HTML5의 표준을 가장 적극적으로 적용하고 있기 때문이다. 익스플로러 브라우저의 경우 마이크로소프트사에서 2015년부터 개발을 포기하였고 차기 버전으로 엣지(Edge) 브라우저를 출시하였으나 아직 사용률이 미비하다 할 수 있다. 국내에서와 마찬가지로 해외에서의 시장 점유율 역시 구글의 크롬이 압도적이다. 2009년에서 2018년까지 웹브라우저의 세계시장 점유율을 그림 1-3에서 보면 2009년 점유율이 극히 미진하였던 구글의 크롬

그림 1-2 한국의 웹브라우저 이용률(출처: 한국인터넷진흥원)

은 2018년에 거의 60%에 달하고 있다. 파란색의 익스플로러는 2009년 당시 65%에 달하던 점유율이 우리가 잘 사용하지 않는 다른 미명의 웹브라우저 점유율과 거의 비슷하다. 향후 익스플로러는 우리 컴퓨터에서 영원히 사라지는 날이 곧 오게 될 것이다.

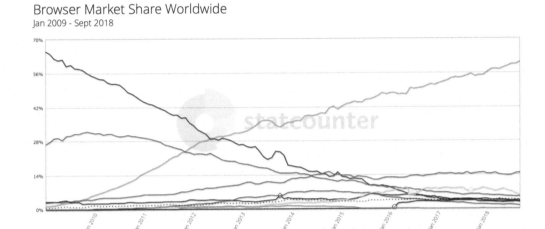

그림 1-3 세계시장 웹브라우저 점유율(참고:gs.statcounter.com)

표 1-2는 웹브라우저에 따른 표준 HTML5를 얼마나 수용하였는가를 테스트하여 점수를 나타낸 것이다. 555점 만점에 크롬 브라우저는 528점을 기록하고 있다. 초기에 HTML5를 적용하였기 때문에 다른 브라우저들보다 수용도가 가장 높다. 차순위로 오페라(Opera) 브라우저가 518점을 기록하였다. 마이크로소프트사의 엣지는 492점으로 나타나고 있다. 얼마 전까지만 해도 377점을 기록한 것으로 보아 마이크로소프트사는 엣지의 HTML5 수용도를 높이는 것에 집중한 것으로 보인다. 아쉽게도 애플의 사파리(Safari)는 다섯 개의 웹브라우저 중 가장 낮은 점수를 기록하고 있다. 애플 OS를 사용하는 컴퓨터는 어쩔 수 없이 사파리를 사용하겠지만 HTML5의 수용도를 좀 더 높여야 할 것이다.

표 1-2 웹브라우저 별 HTML 수용점수(555점 만점: 버전)(출처:html5test.com)

웹브라우저	Chrome(66)	Opera(45)	FireFox(59)	Edge(492)	Safari(11.1)
HTML 수용점수	528	518	491	492	471

1.2 HTML5의 특징과 추가된 기능

1.2.1 HTML5의 디자인 원칙

2014년 10월 W3C에서 공식 표준안으로 확정된 HTML5는 많은 시간과 노력 끝에 다양한 회사에서 제공하는 웹브라우저 구현에 대한 상세스펙을 제공함으로써 다수의 웹브라우저 개발사들이 적극 참여하고 있다. 과거의 HTML 버전과의 호환성을 유지하면서 향후 추가될 기능들에 대해서도 정확한 사용이 가능하도록 되었다. 물론 HTML5을 이용하여 웹 문서를 만들기 위해서는 2장에서 배우게 될 CSS3와 javascript와 같은 서브프로그램의 도움을 받아야 한다. 따라서 HTML5을 이해한다는 것은 CSS3와 javascript를 같이 이해해야 한다는 의미와 같다. HTML5는 클라이언트들이 보게 될 내용 즉 콘텐츠(contents)를 다루는 것이고 CSS3는 웹문서의 형식인 디자인을 다루는 것이다. 또한 정적인 HTML5 웹문서에 동적인 요소로서 상호작용을 하기 위해서는 javascript를 사용하지 않을 수 없다.

CSS3를 이용한 웹문서의 디자인은 HTML5의 태그 사용에 많은 영향을 주었다. CSS3를 이용하여 웹 문서의 디자인이 가능하다면 기존 HTML 태그에서 삭제하거나 기능을 변경하기도 하였다.

HTML5가 추구하는 디자인 원칙은 호환성과 보편적 접근성이다.

■ 호환성

HTML5 이전 버전들의 HTML에서 제작된 콘텐츠들도 문제없이 사용 가능하도록 이전 기능을 최대한 지원하며 기존 기능을 재사용할 수 있도록 한다. 이를 위하여 HTML5가 지원되지 않는 이전 버전의 브라우저에서도 이용 가능해야 하며 각 웹브라우저에서 독립적으로 가능한 기능들을 통합하여 공통적으로 사용 가능해야 한다.

■ 보편적인 접근

혁신적인 내용을 추구하기보다 발전의 측면에서 전 세계의 언어 지원 및 웹 접근성을 보장하도록 한다.

1.2.2 HTML5 특징

HTML5의 이전 버전들은 멀티미디어 처리를 위해서 ActiveX와 같은 플러그인(Plug-In) 기능을 사용하였다. 플러그인 기능은 초보자들이나 웹브라우저의 사용에 있어서 자동으로 필요한 외부 프로그램들을 설치하고 실행하기 때문에 편리하고 유용한 점이 있으나 악의적인 프로그램들마저도 자동으로 설치되어 악성 바이러스 등이 실행되는 매우 큰 문제점을 갖고 있다. 특히 국내에서는 익스플로러가 공인인증서 등을 설치하기 위해 ActiveX 플러그인을 사용함으로서 보안에 취약한 점이 있었다. 특히 다른 브라우저나 스마트폰과 같은 장치들에서는 플러그인을 사용하지 못함으로써 익스플로러의 사용빈도는 점차 줄어들었다. 그러나 HTML5에서는 플러그인 없이 다양한 장치에서 다양한 매체를 재생할 수 있도록 하고 있어 사용자의 편리성을 추구하고 있다. 다음으로 HTML5에서 추가적으로 향상된 특징에 대해 알아보자.

▪ 다양한 멀티미디어를 재생하기 위한 기능

이전 버전에서는 오디오나 동영상 등을 웹에서 재생하기 위해서는 <object>나 <embed> 태그 등을 사용하여 해당 매체를 개발한 회사의 코드 등을 ActiveX 플러그인을 통하여 재생하도록 했다. 이는 개발자의 측면에서 object, embed 코드 등을 새로 생성해야 하며 웹브라우저나 개발자에게 큰 부담을 주었으며 클라이언트의 입장에서도 어떤 프로그램이 설치되는지 알 수 없다. HTML5에서는 이러한 코드 없이 <audio>, <movie> 등을 추가함으로써 플러그인을 사용하지 않고도 CSS3와 javascript의 API를 통해 다양한 웹 서비스를 제공할 수 있다.

▪ CSS3 완벽지원

웹 문서의 스타일을 통한 CSS3 디자인이 필수이다. 웹 문서의 투명도 조절 및 텍스트, 박스 그림자와 같은 다양한 효과를 완벽 지원한다.

▪ 로컬저장소(Web Stroage) 및 웹 데이터베이스

한번 접속한 웹사이트 서버의 정보를 클라이언트에 저장할 수 있도록 로컬 저장소를 지원하고 있다. 각 브라우저별 저장소의 개념인 Session Stroage를 통하여 세션의 개수나 용량의 제한도 없으며 스크립트 객체의 복사본을 저장하여 사용 가능하도록 기존 쿠기의 단점을 보완하였다. 클라이언트 저장소를 관계형 데이터베이스처럼 사용하여 데이터를 체계적으로 저장할 수 있으며 표준 SQL 질의를 통해 데이터에 접근할 수 있다.

▪ 오프라인 API(Application Program Interface)

인터넷에 연결할 수 없는 오프라인 환경에서도 웹 서버를 사용할 수 있는 오프라인 애플리케이션을 제공한다. 클라이언트에 캐시된 파일 목록을 정의하고 이 파일들을 인터넷 연결없이 볼 수 있으며 캐시된 파일을 업데이트도 가능하다.

▪ 2D/3D 그래픽

\<canvas\> 요소를 추가하여 이 영역 내에서 2D 도형이나 선 등을 그릴 수 있으며 도형의 변화, 전환 등을 통하여 애니메이션 효과를 구현할 수 있다.

canvas 3D(WebGL)를 통해 3D 객체를 생성할 수 있으며 애니메이션도 가능하다. 이는 향후 우리가 배우게 될 Web3D와 유사한 측면을 갖고 있다. WebGL은 웹표준 그래픽 라이브러리로서 오픈 라이브러리이다. WebGL은 별도의 플러그 없이 하드웨어 가속되는 3D 그래픽을 생성할 수 있다.

▪ 양방향 통신 웹소켓(WebSocket)

웹브라우저와 웹 서버간 양방향 통신이 가능한 API를 제공한다. 기존의 웹브라우저에서 서버의 데이터는 폴링(polling) 방식으로 받아 왔으나 웹 소켓을 이용하여 푸시(push)형 양방향 데이터 통신이 가능하다.

▪ 다양한 시멘틱(semantic) 요소 추가

HTML5 이전에는 웹 화면의 구현은 문서의 헤더(header), 메뉴링크(navigation), 콘텐츠(contents), 바닥글(footer) 등을 \<div id="header"\> 형식으로 분할하여 화면을 디자인 하였다. 이러한 구현은 무의미하고 막연했던 내용들로 나타났으며 PC 뿐만 아니라 스마트 폰과 같은 다양한 매체의 형식에 어울리지 못하였다. HTML5에서는 다음과 같은 시멘틱 요소를 추가하여 제공한다.

- `<header>` : 문서의 머리글을 나타낼 때 사용.
- `<footer>` : 문서의 바닥 글을 나타낼 때 사용.
- `<nav>` : 문서의 하이퍼링크 메뉴에 적용.
- `<section>` : 문서의 영역으로 문서 구조를 구성하는 H1~H6와 함께 사용
- `<article>` : 뉴스기사와 같은 독립된 콘텐츠를 표시
- `<aside>` : 주요 콘텐츠 이외의 참고 콘텐츠를 구성할 때 사용
- `<figure>` : 그림이나 비디오의 캡션을 표시할 때 사용

■ Drag & Drop

웹페이지 내부 또한 외부 객체를 웹 페이지로 드래그(Drag), 드롭(Drop)이 가능하다.

■ 파일 어플리케이션 인터페이스(API)

웹 어플리케이션에서 클라이언트 PC의 파일을 접근할 수 있는 어플리케이션 인터페이스를 제공한다. 그러나 보안상 문제로 허가된 영역의 파일만 접근 가능하다.

■ 위치기반 애플리케이션

Geolocation API를 통하여 웹브라우저가 실행되는 장치의 지리정보 및 위치정보를 제공함으로써 현재 위치를 파악할 수 있다. 또한 모바일의 경우 진행방향 및 진행속도 정보를 얻을 수 있다.

1.2.3 추가 변경된 태그

HTML5에서는 이전 버전들의 태그를 대부분 수용하였으나 불필요한 태그는 삭제했으며 앞서 살펴본 시멘틱 요소와 같이 새로 추가된 태그들도 있다. 삭제된 태그들의 대부분은 CSS3로 처리가 가능한 태그들이다. 간단히 추가된 태그 그리고 삭제된 태그들에 대해 살펴보자.

■ **추가된 태그**

- `<audio>` : 음악 재생을 위해 사용 .mp3 또는 .ogg 형식을 지원
- `<movie>`: 동영상 재생을 위해 사용 .mp4 또는 .ogv 형식 지원
- `<hgroup>` :h1~h6의 헤더 그룹을 지정
- `<time>` : 날짜, 시간을 표시 local-time은 지역 날짜 시간을 표시
- `<canvas>` : 2D/3D 그래픽 지원
- `<output>` : 자바스크립트의 연산 결과 등을 표시
- `<embed>` : 플러그인 콘텐츠를 적용할 때 사용
- `<progress>` : 진행 상황의 표시
- `<command>` : 사용자가 호출할 수 있는 명령어를 표시

■ **변경된 태그**

- `<menu>` : 툴바와 콘텍스트(context) 메뉴용으로 변경
- `<i>` : 문자의 흘림체뿐만 아니라 음성, 분위기, 분류명, 생각, 선박명 등을 표현할 때 사용
- `<hr>` : 단락 수준의 주제 바꿈
- `<b>` : 문자열 강조뿐만 아니라 제품명의 키워드와 같이 일반적인 강조 목적에 사용
- `<address>` : 연락처 정보와 관련된 콘텐츠 부분을 알 수 있음
- `<a>` : href 속성없이 사용하면 링크의 위치만 표시되는 'placehoder link'를 나타냄

■ **사라진 태그**

HTML5에서 사라진 태그들은 CSS3로 처리가 가능하거나 거의 사용되지 않는 태그들이다. 모바일의 활성화와 CSS3 적용으로 `<frameset>`를 이용하여 화면을 분할하지 않는다.

`<basefont>`,`<big>`,`<center>`,`<font>`,`<strike>`,`<frame>`,`<noframe>` 태그 들은 CSS3로 처리 가능하기 때문에 더 이상 사용하지 않는다. `<acronym>`, `<applet>`,`<isindex>` 그리고 `<dir>` 태그 들은 거의 사용하지 않기 때문에 삭제된 태그이다.

1.3 HTML5의 태그와 사용법

1.3.1 HTML 기본 구조

HTML은 웹페이지를 생성하기 위한 하이퍼텍스트 마크업 언어(HyperText Markup Language)를 의미한다. HTML의 가장 큰 특징은 태그(<>,</>)의 쌍으로 이루어져 있으며 앞의 태그(<>)를 시작태그라 부르며 뒤의 태그(</>)를 끝 태그라 한다. 웹 문서 안에는 수많은 태그의 쌍으로 이루어져 있기 때문에 웹 문서를 만들기 위해서는 HTML 전용편집기가 필요하다. 메모장이나 워드 편집기를 사용해도 되지만 태그의 쌍을 입력하기에는 비효율적이다. 따라서 웹문서를 작성하기 위해서 Visual Studio, Notepad++ 그리고 EditPlus와 같은 프로그램 전용편집기를 사용해야 한다.

HTML 문서 구조를 이해하기 위해서 예제 1-1을 Notepad++편집기로 작성하고 ex1-1.html 파일로 저장하자. 웹문서의 확장자는 .html로 저장해야 한다.

예제 1-1	HTML 문서의 구조

```
<!Doctype html><!-- html5 헤더 -->
<html> <!-- 문서시작 -->
<head><title>예제1-1 문서의 구조</title></head> <!-- 문서 정보 -->
<body> <!-- 본문 시작 -->
<p>이 문서는 Html 문서의 구조를 나타낸 것입니다.</p>
</body>
</html>
```

그림 1-4 예제1-1 실행결과

그림 1-4a 와같이 한글이 깨져 나타나는 경우가 있다. 만약 한글이 깨질 경우 다음절에서 배우는 〈meta charset="utf-8"〉을 <head>태그 내에 추가해야 정상적인 한글로 표현된다. 이 상한 문자가 나왔어도 당황하지 말고 다음 절을 살펴보기 바란다.

그림 1-4a 한글 깨짐

예제 1-1은 가장 기본적인 HTML5의 문서 구조이다.

<!Doctype html>을 제외하고는 <html></html>.<head></head>,<title></title> 그리고 <body></body>태그의 쌍으로 이루어져 있다. 이 태그들은 html5의 핵심 태그들로서 웹문 서를 만들기 위해서는 반드시 사용하는 태그들이다. 따라서 위의 기본 태그들을 기본 틀로 하여 예제들을 만들면 효율적으로 문서를 만들 수 있다. 실행한 결과 화면을 그림 1-4에서 보면 브라우저의 탭 제목에 '예제1-1 문서의 구조'라고 표현되어 있다. 이는 '<title> 예제 1-1 문서의 구조</title>'의 부분으로 <title>태그는 웹브라우저의 탭 제목을 표현하는 기능 을 한다.

```
<head><title>예제1-1 문서의 구조</title></head> <!-- 문서 정보 -->
```

<!Doctype html>은 Html 문서의 타입 종류가 html5 임을 나타낸다. 문서 타입을 DTD 라고 하며, DTD(DOCTYPE or Document Type Definition)는 문서상 최상단에 선언한다. 문서 타입이 필요한 이유로 HTML5 이전 버전 즉 HTML4, XHTML과 구분되어야 하기 때문 이다. 문서 타입에 따라 마크업 문서의 요소와 속성(attribute) 등을 처리하는 기준이 되고 이것은 또한 유효성 검사에 이용된다.

HTML4의 경우 문서의 타입은 다음과 같이 긴 코드로 정의되어 있다.

```
<!DOCTYPE HTML PUBLIC "-//W3C//DTD HTML 4.01 Transitional//EN"
"http://www.w3.org/TR/html4/loose.dtd">
```

<html> 태그는 html문서의 시작을 알리며 문서의 끝에 </html> 끝태그가 놓인다.

<head> 태그는 html문서의 정보를 담고 있다. 예제에서는 자식태그로서 <title>태그 하나만을 사용했지만 <meta>태그를 사용하여 문서 작성자, 문서의 언어, 문서의 키워드 등을 포함하여 웹문서의 정보를 나타낸다.

<title> 태그는 웹브라우저의 탭 제목을 나타낸다.

<body> 태그는 웹브라우저의 작업창에 표시될 내용을 포함한다. 작업창에 사용자들이 볼 수 있는 정보를 표현하기 위해서는 다양한 html 태그들이 사용된다. html 태그들은 대소문자를 구분하지 않는다. 따라서 대소문자를 구분하지 않아도 에러가 발생하지 않는다. X3D를 위해서는 첫 문자는 대문자로 쓰고 나머지는 소문자로 입력해도 된다(Capitalize). 첫 문자를 대문자로 쓰는 방법은 X3D의 문법 규칙과 동일하다. 다음절에서는 <body>안에 사용하는 다양한 태그들에 대해서 간략하게 알아본다.

html 문서는 인터프리터(Interpreter) 언어이다. 위의 문서는 인간중심의 언어로 구현되어 있기 때문에 컴퓨터가 위의 문서를 실행하기 위해서는 컴퓨터의 언어로 변환해야 한다. 프로그램 언어에 있어서 C나 Java와 같은 언어로 구현된 프로그램은 실행을 하기 위해서는 .exe파일로 변환해야 한다. exe파일은 기계언어로 변환된 형태이기 때문에 인간이 이해할 수 없다. 이처럼 프로그램 실행을 위해서 기계언어로 한 번에 변환하는 것을 컴파일(compile)이라 하고 변환하는 것을 컴파일러라 한다. 그러나 Html 문서는 실행하기 위해서 기계언어로 한 번에 변환하는 것이 아니라 실행할 때만 한 줄 단위로 기계언어로 변환하여 실행한다. 이처럼 실행 전에는 언제든지 문서의 내용을 볼 수 있고 라인단위로 실행하는 프로그램을 인터프리터 언어라 한다. 인터프리터 언어의 장점은 수정과 편집이 용이한 반면에 실행속도가 느리다는 단점이 있다. 컴파일이 된 프로그램은 속도가 빠르지만 수정하기 위해선 원본 파일을 수정한 후에 다시 컴파일러를 통해서 기계언어로 변환 후 실행해야 하기 때문에 수정, 편집이 불편한 점이 있다.

1.3.2 〈meta〉

메타태그 〈meta〉는 키워드, 저작자, 사용언어 등 시스템과 사용자에게 웹문서의 정보를 제공하기 위해 사용한다. 〈title〉과 마찬가지로 〈head〉안에서 사용하며 표 1-3과 같이 4가지의 속성을 이용하여 웹문서의 정보를 제공한다. 표 1-3에 〈meta〉의 속성과 기능을 설명하였다. 〈meta charset="utr-8"〉은 한글을 사용하기 위해서는 반드시 삽입해야 한다. 영어와 한글은 표현하는 방식과 메모리 할당 방식이 다르기 때문에 한글을 영어 코딩 방식으로 표현하면 알 수 없는 기계언어로 표현된다. 이밖에도 name, http-equiv, content 등을 사용한다.

표 1-3 메타태그

속성	값	기능
name	application-name	웹 사이트의 이름
	author	문서의 저작자
	description	문서에 대한 설명
	keywords	문서의 키워드
http-equiv	content-type	문서의 인코딩
	default-style	대체 스타일시트 선언
	refresh	문서의 새로 고침 추가
content	텍스트	http-equiv나 name의 속성
charset	문자셋	문서의 표현 언어

예제 1-2는 〈meta〉의 속성을 이용한 예제로서 실행결과에서는 보이지 않는다. 그림 1-5에서와 같이 실행결과 화면에서 오른쪽 마우스 버튼을 클릭한 후 소스보기를 클릭하면 〈meta〉 정보들을 볼 수 있다.

```
<meta charset="utf-8">   // 한글 표현
<meta name="keyword" content="HTML CSS Web3D">   // 키워드
<meta name="author" content="박경배">   // 저자
<meta name="description" content="html5&Web3D 강좌">   //내용
```

예제 1-2   **메타태그**

```
<!Doctype html>
<html>
<head>
<title>예제1-2 메타태그</title>
<meta charset="utf-8">
<meta name="keyword" content="HTML CSS Web3D">
<meta name="author" content="박경배">
<meta name="description" content="html5&Web3D 강좌">
</head>
<body>
<p>이 문서는 Html 문서의 구조를 나타낸 것입니다.</p>
</body>
</html>
```

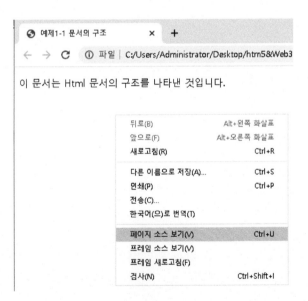

그림 1-5 메타정보 보기

1.3.3 문단태그

표 1-4는 웹 문서에 줄 바꿈 표시가되는 문단관련 태그의 종류를 나타낸 것이다. 예제 1-3의 프로그램은 문단 관련 태그를 코딩한 것으로 <pre>태그는 웹 편집기에서 표현한 형식 그대로 나타난다. <hr>태그를 사용하여 웹문서에 수평선을 삽입할 수도 있다. 실행결과를 그림 1-6에서와 같이 각 태그의 줄 바꿈 결과를 볼 수 있다.

표 1-4 문단태그

태그종류	기능
⟨p⟩	한 줄 띄는 기능. Pharagraph
⟨br⟩	줄 바꿈 기능. Break
⟨pre⟩	편집기에서 표현한 그대로 웹문서에 표현. Pre-formatted.
⟨hr⟩	수평선을 표시. Horizontal

예제 1-3 **문단관련태그**

```
<!Doctype html>
<html>
<head>
<title>예제1-3 문단태그</title>
<meta charset="utf-8">
</head>
<body>
<p>p태그는 Pharagraph를 뜻하며 한줄 띄고 줄 바꿈</p>
<br>br태그는 Break를 의미하며 줄 바꿈
<pre>Pre태그는
        pre-formatted를 의미하며
             편집기에서 표현한 그대로 표시

 </pre>
 <hr>hr태그는 horizontal로서 줄긋기 표시
</body>
</html>
```

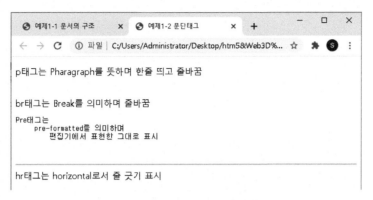

그림 1-6 문단관련 태그 실행결과

1.3.4 문자태그

문자와 관련 태그는 표 1-5에 나타내었으며 각 태그의 기능을 표시하였다. 문자태그에서 <i>, <em>태그는 흘림체로 나타나며 <b>,<strong>은 강조체로 각 태그의 기능이 유사함을 확인할 수 있다. 수학의 식에서 많이 사용하는 윗 첨자와 아래 첨자는 <sup>와 <sub>를 사용하여 표시한다. 또한 문단의 제목 등 주제의 헤드라인 기사를 쓸 경우 <Hn>태그를 사용한다. n이 포함하는 숫자는 1~6까지 사용하며 <H1>태그가 가장 큰 크기의 문자로 나타나며 굵은 글씨체로 표현된다. 일반적 크기의 문자는 <H4>이다.

표 1-5 문자태그

태그종류	기능
〈i〉	흘림체. italic
〈b〉	강조체. bold
〈code〉	프로그램 코드체
〈strong〉	강조체
〈em〉	강조체. emphsized
〈sup〉	윗첨자. superscript
〈sub〉	아래첨자 subscript
〈h1~h6〉	문서의 제목을 표시. h1이 가장 크고 굵은 글씨체. Heading

예제 1-4	문자관련태그

```
<!Doctype html>
<html>
<head><title>예제 1-4 문자관련태그</title>
<meta charset="utf-8">
</head>
<body>
<h1>p태그는 Pharagraph를 뜻하며 한줄 띄고 줄 바꿈</h1>
<h2>br태그는 Break를 의미하며 줄 바꿈</h2>
<h3>Pre태그는   </h3>
<h4>pre-formatted를 의미하며</h4>
<h5>편집기에서 표현한 그대로 표시</h5>
<h6>heading 6</h6>
 <pre>
<i> 흘림체 italic </i>  <b>강조체 bold</b>
<strong> Strong 강조체</strong>   <em> 흘림체 emphasized</em>
<code>프로그램 코드 code</code>
100<sup>superscript</sup>
Log<sub>10superscript</sub>
 </pre>
</body>
</html>
```

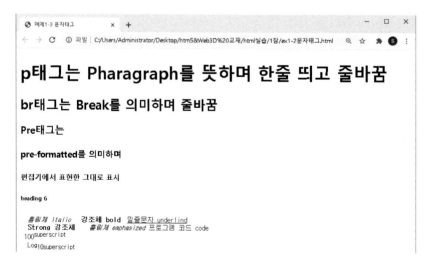

그림 1-7 문자 관련 태그

1.3.5 〈img〉

HTML 언어는 문자를 이용한 정보전달의 목적으로 개발된 언어이다. 인터넷의 발달로 문자 이외의 다양한 매체(이미지, 그래픽, 동영상)를 이용한 정보전달이 가능해졌고 효과적이기 때문에 이미지와 관련된 태그가 필요하다. 문자와 다른 속성의 이미지는 문서에 직접 기입하는 것이 아니라 해당 이미지의 위치를 알려주는 경로만 지정해 주면 된다. 이 경로에 해당 이미지가 있으면 서버는 이를 포함하여 클라이언트에게 전달하게 된다. 경로가 포함된 웹 문서를 작성할 경우 주의할 점은 해당 이미지의 경로를 정확히 기입해야 한다.

이미지는 문자와 비교하여 많은 용량을 차지하므로 웹문서를 만들 때 이미지 형식을 잘 선택해야 한다. 과거 대다수의 이미지는 BMP(BitMap Pixel)형식으로 제작되었으나 파일의 용량이 커 인터넷 문서에 포함할 경우 속도의 저하를 초래하였다. 이에 JEPG(Jointed Expert Picture Group)에서 JPG 압축 이미지를 만들어 사용하고 있다. JPG 이미지는 BMP파일보다 약 1/20정도의 크기를 갖는다. 일반적으로 웹 문서에 사용되는 이미지 파일 형식으로 JPG, PNG 그리고 GIF가 있다.

표 1-6은 웹문서에 이미지를 삽입하기 위한 이미지 태그와 〈img〉태그가 갖고 있는 속성을 나타내었다. 지금까지의 태그들은 단순히 태그만 나타내었지만 이미지 파일은 문자와 다르기 때문에 다음과 같이 웹문서에서 이미지의 경로를 나타내는 src 속성을 포함해야 한다.

```
<img src="../img/web3d.png" alt="Logo Web3d" width="150px" height="150px">
```

alt의 속성은 사용자가 이미지에 마우스를 올려놓으면 출력되는 문자나 이미지가 표현되지 않을 경우 출력되는 문자를 표시한다. 이미지가 표시되지 않은 대부분의 경우는 해당 위치에 이미지가 없을 경우나 삭제된 경우이다. 위의 예에서 이미지의 경로는 현재 파일의 위치에서 상위폴더(../)로 이동 후 이미지폴더(img)에 가면 web3d.png 파일이 있다는 것이다. 만약 현재 폴더의 하위폴더에 이미지가 있다면 `src="img/web3d.png"`로 표시해야 한다.

이미지의 크기는 width와 height를 이용하여 설정할 수 있다. 일반적인 단위는 px(pixel)를 사용하며 이미지의 크기를 표시하지 않으면 원본크기로 나타난다. 웹 문서에 표시할 이미지가 많으면 웹문서가 로딩 되는 속도가 현저히 늘어난다. 압축된 형태의 jpg나 png파일을 사용하더라도 문자와 비교했을 때 여전히 문서의 용량이 크므로 속도가 느려지게 된다. 따라서 웹문서의 속도를 조절하기 위해 loading 속성을 이용한다. 기본 값은 eager로서 포함된 이미지를 모두 표시하며 lazy 속성 값을 사용하면 현재 페이지 중 사용자가 보려고 하는 부분의 이미지만 로딩 함으로서 문서의 로딩 속도를 향상 시킬 수 있다.

표 1-6 이미지태그

태그종류	속성	기능
〈img〉	src	이미지 경로 표시
	alt	이미지 설명문 (이미지가 표시 되지 않으면 출력되는 문자)
	width	이미지의 가로크기
	height	이미지의 세로크기
	loading	이미지 로딩 방식 eager:모든 이미지표시 lazy: 사용자가 볼 수 있는 일정 이미지만 표시(속도증가)

예제 1-5　　**이미지태그**

```
<!Doctype html>
<html>
<head><title>예제 1-5 이미지태그</title>
<meta charset="utf-8">
</head>
<body>
<img src="LogoWeb3d.png" alt="현재폴더와 같은 위치" width="150px"
 height="150px" loading="eager"> <!-- 현재폴더 -->
<img src="img/Logo.png" alt="현재폴더의 하위폴더" width="150px" height="150px"
 loading="lazy"><!-- 하위폴더 -->
<img src="img/LogoWeb3d.png" alt="하위폴더" width="150px" height="150px"
 loading="lazy"> <!-- 하위폴더 -->
<img src="../LogoWeb3d.png" alt="상위폴더" width="150px" height="150px"
 loading="eager"><!-- 상위 폴더 --><!-- 이미지 로딩 실패시 alt 값 출력 -->
</body>
</html>
```

예제 1-5는 이미지 태그의 속성을 이용하여 3개의 이미지를 표현한 것이다. 세 개의 이미지를 웹문서에 포한하기 위하여 src 속성을 이용하여 LogoWeb3d.png파일의 경로를 지정하였다. 그림 1-8의 결과를 보면 파일의 이름은 같지만 다른 이미지 파일이다. 첫 번째 이미지 파일의 위치는 현재 파일의 위치와 경로가 같다. 두 번째 파일의 위치는 현재 파일의 상위 폴더(`../LogoWeb3d.png`)에 있음을 알 수 있다. 세 번째 이미지 파일은 현재폴더의 하위폴더인 img폴더에 있는 LogoWeb3d.png 파일이 된다. 만약 해당 이미지가 없으면 alt의 속성 값이 표시된다.

그림 1-8 이미지 태그를 이용한 이미지 삽입

1.3.6 〈a〉 하이퍼링크 태그

하이퍼링크는 HTML 문서의 핵심으로 웹 문서라면 반드시 포함되어야 할 태그이다. 하이퍼링크의 태그는 〈a〉태그로서 〈a〉 역시 이미지 태그와 마찬가지로 하이퍼링크 속성을 정의한 후 값을 부여해야만 의미가 있다.

표 1-7 하이퍼링크태그

태그종류	속성	기능
〈a〉 anchor	href	외부 사이트 링크 〈a href="https://www.w3.org"〉
		내부파일 링크 〈a href="web.html"〉
		같은 문서 내에서의 특정 위치 링크〈a href="#web3d"〉
		이메일 링크 〈a href="mailto:gbpark@yit.ac.kr"〉
	target	_self : 기본 값으로 현재 창에서 링크처리

태그종류	속성	기능
		_blank : 새 창 또는 새탭에서 링크처리
		name : iframe에 할당된 이름(name)의 창으로 처리
	download	웹브라우저의 설정에 상관없이 링크된 대상을 다운로드

표 1-7과 같이 <a>는 href, target 그리고 download 속성을 가지며 각각 기능별로 세분화되어 있다. 먼저 href의 4가지 속성에 대해 예제를 통해 알아보자. href는 hyperlink reference의 축약형으로 외부사이트를 링크, 내부 파일을 링크, 현재 페이지내에서 특정 위치의 링크 그리고 이메일을 링크하는 방법이 있다. 예제 1-6은 하이퍼링크 4가지 경우에 대해 프로그램 하였으며 실행결과를 그림 1-9에서 확인할 수 있다.

1. 첫 번째 외부 사이트를 하이퍼링크

```
<a href="https://www.web3d.org" target="_self">웹3D</a>
```

실행화면에서 "웹3D" 문자를 클릭하면 하이퍼링크된 "https://www.web3d.org" 사이트로 연결이 되며 target="_self"이므로 현재창의 화면이 바뀌게 된다. 하이퍼링크된 문자의 특징은 파랑색 문자에 밑줄로 표시된다.

2. 내 컴퓨터 내의 문서 하이퍼링크

```
<a href="ex1-4img.html" target="_blank">예제1-4 이미지태그</a>
```

내 컴퓨터내의 문서 "ex1-4img.html"를 target="_blank"에 의해 새로운 탭이 열리며 새로운 문서가 표시된다. 이미지의 표현 방식과 마찬가지로 내 컴퓨터 내에서 파일의 경로를 정확히 입력해야 표시된다. 그렇지 않다면 "페이지를 찾을 수 없다"라는 메시지를 보게 될 것이다.

3. 이메일(email) 하이퍼링크

```
<a href="mailto:gbpark@yit.ac.kr">메일보내기</a>
```

"메일보내기" 문자를 클릭하면 메일 주소 gbpark@yit.ac.kr로 연결이 되는데 이때 컴퓨터 내에 메일 전송 프로그램이 지정되어 있어야 한다.

4. 현 페이지 내의 특정 위치 하이퍼링크

현 페이지 내의 특정 위치로 이동하기 위해서는 **`<a href="#top">`**의 형식으로 지정한다. 특정 위치는 "#"을 이용하여 top 이름을 가진 위치로 이동하라는 명령이다. 예제 프로그램의 상단에 **`<p id="top">`**이 있을 것이다. id="top"으로 위치를 설정했기 때문에 "맨 위로" 문자를 클릭하면 id=top인 위치로 이동하게 된다. 이러한 방법을 책갈피(bookmark)라 하는데 책갈피의 효과를 이해하기 위해서는 한 페이지의 내용이 길수록 그 효과를 알 수 있다. 예제 프로그램에서는 현재 페이지 내에 모든 내용을 표시할 수 있기 때문에 책갈피를 클릭해도 변화를 감지할 수 없다. 만약 브라우저 창을 가장 작게 줄인 상태에서 "맨 위로" 문자를 클릭하면 화면이 맨 위로 이동하는 효과를 볼 수 있을 것이다. id에 대해서는 CSS3의 내용에서 다시 언급한다.

| 예제 1-6 | 하이퍼링크 |

```
<!Doctype html>
<html>
<head>
<title>예제 1-6 하이퍼링크</title>
<meta charset="utf-8">
<meta name="keyword" content="HTML CSS Web3D">
<meta name="author" content="박경배">
<meta name="description" content="html5&Web3D 강좌">
</head>
<body>
<p id="top">외부 사이트 하이퍼링크</p>
<a href="https://www.web3d.org" target="_self">웹3D</a>
<p>내부 문서 하이퍼링크</p>
<a href="ex1-4img.html" target="_blank">예제1-4 이미지태그</a>
<p>메일보내기</p>
<a href="mailto:gbpark@yit.ac.kr">메일보내기</a>
```

```
<pre>
 .
 .
 .
</pre>
<p>내부 문서에서의 북마크</p>
<a href="#top">맨 위로</a>
</body>
</html>
```

그림 1-9 하이퍼링크

1.3.7 〈table〉

　웹 문서에 테이블을 삽입하기 위해서는 <table></table>을 사용한다. <table>의 하위 태그로는 표 1-8과 같이 테이블의 제목을 표시하기 위한 <caption></caption>이 있으며 테이블의 줄(row)을 만들기 위한 <tr></tr>이 있다. <tr>의 수에 따라 줄의 개수가 만들어진다. <tr>의 하위 태그로 <th>와 <td>가 있으며 줄의 칸(column)의 수를 정의할 수 있다. <th>는 테이블 최상단의 헤더를 표시하기 위해 사용되며 강조체로 표시된다. <td>는 칸의 수를 만드는데 경우에 따라 아랫줄과 병합(rowspan)하거나 다음 칸과 병합(colspan)할 수도 있다.

표 1-8 테이블태그

태그종류	기능
〈table〉	테이블 태그 border의 속성으로 테이블 경계선 설정
〈caption〉	테이블 제목 만들기
〈tr〉	테이블 줄 만들기
〈td〉	테이블 칸 만들기 colspan, rowsapn 속성
〈th〉	테이블 헤더로서 강조체로 표시됨

예제 1-7 〈table〉에서는 4x3크기의 테이블을 만든 것이다. 〈table〉의 경계선 속성으로 border=1을 표시하였는데 border의 속성을 지정하지 않으면 테이블 경계선이 보이지 않게 된다. 〈caption〉은 테이블 제목을 표시한다. 4개의 줄을 만들기 위해 4개의 〈tr〉을 사용했다. 가장 윗줄의 〈tr〉에서는 3개의 칸을 만들기 위해 3개의 〈th〉를 사용했으며 〈th〉는 굵은 강조체로 표기되는 특징이 있다.

```
<table border="1">
    <caption>Table1.HTML&amp;X3D</caption>
        <tr><th>HTML5</th><th>CSS3</th><th>Web3D</th></tr>
        <tr><td>Contents</td><td>Design</td><td>Scene</td>
        <tr><td colspan="2">colspan</td><td rowspan="2">rowspan</td></tr>
        <tr><td>1</td><td>2</td></tr>
</table>
```

두 번째 줄부터는 데이터를 입력하기 위해 〈td〉태그를 칸의 수에 맞게 입력한다. 표를 만들 경우 예제에서처럼 줄을 합치거나 칸을 합칠 경우가 종종 필요하다. 줄을 합치기 위해서는 〈td〉안에서 줄의 확장 개념으로 rowspan 속성을 사용한다. rowspan="2"를 하게 되면 바로 아래에 있는 칸과 병합이 이루어진다. 만약 span의 값을 증가시켜 3을 하게 되면 3개 줄의 칸이 모두 하나의 칸으로 병합되게 된다. 줄이 아니라 칸을 병합시키고자 한다면 colspan 속성을 이용한다. colspan="2"가 되면 다음 칸과 병합되어 두 개의 칸은 하나의 칸으로 된다. colspan 값을 3으로 하게 된다면 세 개의 칸이 하나의 칸으로 병합된다. 그림 1-10에서 rowspan과 colspan이 적용되어 병합된 결과를 확인할 수 있다.

예제 1-7	테이블태그

```
<!Doctype html>
<html>
<head>
<title>예제1-7 테이블태그</title>
<meta charset="utf-8">
<meta name="keyword" content="HTML CSS Web3D">
<meta name="author" content="박경배">
<meta name="description" content="html5&Web3D 강좌">
</head>
<body>
<table border="1">
    <caption>Table1.HTML&amp;X3D</caption>
        <tr><th>HTML5</th><th>CSS3</th><th>Web3D</th></tr>
        <tr><td>Contents</td><td>Design</td><td>Scene</td>
        <tr><td colspan="2">colspan</td><td rowspan="2">rowspan</td></tr>
        <tr><td>1</td><td>2</td></tr>
</table>
</body>
</html>
```

그림 1-10 테이블 만들기

1.3.8 ⟨form⟩

⟨form⟩요소는 서버가 클라이언트로부터 정보를 얻기 위해 사용되는 태그로서 홈페이지의 회원 가입을 하거나 ID, Password 등을 입력받기 위해 사용된다. 표 1-9에서 ⟨form⟩의

다양한 형식의 입력을 얻기 위한 요소들을 나타내었다. <form>의 속성으로 action과 method 가 있는데 action은 클라이언트가 보내온 데이터를 처리하기 위한 서버의 프로그램을 지정한다. method는 클라이언트에서 서버로 데이터를 전송할 때 암호화하여 전송할지 평문으로 전송할지를 결정한다. GET 방식은 해당 URL에 덧붙여 평문으로 전송되며 전송문자의 길이는 제한 받는다. POST 방식은 ID나 Password와 같이 다른 사람들이 볼 수 없도록 암호화 하여 전송할 때 사용된다. 전송 용량에 상관없이 사용할 수 있다.

표 1-9 폼 태그

태그종류	기능
⟨form⟩	action="서버파일.jsp" method="get/post"
⟨input⟩	text, radio, checkBox, submit, button, file, password, reset etc,.
⟨select⟩	⟨option⟩을 사용하여 여러 요소 중 선택
⟨textarea⟩	여러 줄의 문자를 입력받기 위해 사용 rows와 cols 속성
⟨fieldset⟩	⟨form⟩안의 데이터를 그룹화하기 위해 사용
⟨legend⟩	⟨fieldset⟩요소의 그룹 제목으로 사용
⟨output⟩	계산의 결과를 표시하기 위해 사용

예제 1-8   폼태그

```
<body>
<p>8. 폼태그</p>
<form action="text.jsp" method="post">
  <label for="fname">이름:</label>
  <input type="text" id="fname" name="fname"><br>
  <label for="lname">암호:</label>
  <input type="password" ><br>
  라디오버튼:<input type="radio" value="남성">
  <input type="radio" value="여성">
  <input type="radio" value="아동"><br>
  체크박스:<input type="checkBox" value="남성">
  <input type="checkBox" value="여성">
  <input type="checkBox" value="아동"><br>
```

```
버튼:<input type="button" value="Click Me!"><br>
Select:<select id="cars" name="cars">
<option value="volvo">Volvo</option>
<option value="saab">Saab</option>
<option value="fiat">Fiat</option>
<option value="audi">Audi</option>
</select><br>
<textarea name="message" rows="10" cols="30">
문의 사항을 입력하세요...
</textarea>
<p></p>
<input type="submit" value="Submit">
<input type="reset" value="취소">
</form></body>
```

예제 1-8에서 폼태그의 action으로 서버의 test.jsp 를 설정하였으며 전송방식은 암호화 방식인 POST로 설정하였다.

```
<form action="text.jsp" method="post">
```

<input type="text">인 경우 문자를 입력 받을 수 있으며 입력 받는 크기는 size 속성을 사용하여 설정할 수 있다. size="10"인 경우 10개 이상의 문자를 입력받을 수 있으나 사용자에게 보이는 문자 개수 크기는 10이 된다. <input type="password">인 경우 text와 같지만 사용자가 입력할 때 입력한 문자는 보이지 않고 ●●●●●●● 처럼 처리된다. 다른 사용자들이 볼 수 없다.

```
<label for="fname">이름:</label>
<input type="text" id="fname" name="fname"><br>
<label for="lname">암호:</label>
<input type="password" ><br>
```

<input type="radio">와 <input type="checkBox">인 경우 사용자는 마우스로 클릭해서 원하는 입력창을 선택할 수 있다. value 속성으로 화면에 문자를 표시한다.

<select>는 <option>을 이용하여 다수의 항목을 표시하고 하나를 선택하기 위해 사용한다. 화면에 보이는 것은 여러 <option>중 하나만 보이게 된다. <textarea>는 사용자가 긴 줄을 입력할 때 사용하는 문자 입력창이 된다. rows와 cols를 사용하여 크기를 지정할 수 있다.

```
라디오버튼:<input type="radio" value="남성">
체크박스:<input type="checkBox" value="남성">
버튼:<input type="button" value="Click Me!"><br>
Select:<select id="cars" name="cars">
<textarea name="message" rows="10" cols="30">
```

<input type="submit">은 사용자가 위의 폼 데이터를 모두 입력한 후 서버에 해당 데이터를 전달하기 위해 사용하는 버튼이다. 버튼을 누르면 데이터는 서버로 전달되고 서버의 담당 프로그램 text.jsp가 데이터를 처리하게 된다.

<input type="reset">의 버튼을 클릭하면 사용자가 입력한 모든 데이터는 초기화 된다. 다음은 예제 프로그램을 실행한 결과이다.

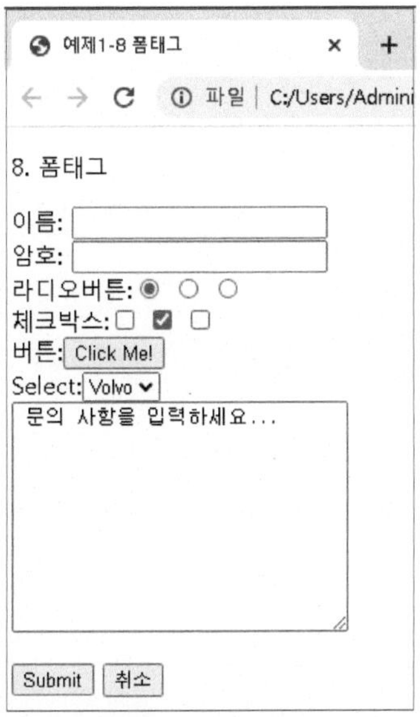

그림 1-11 폼 태그

1.3.9 추가된 폼(Form)형식

HTML5에 추가된 폼태그는 폼태그의 형식에 있어 사용빈도가 높고 사용자의 입력형식에 검증을 요하는 형식들로 추가되었다. 예를들어 사용자들이 어떠한 사이트에 회원가입을 위해 일반적으로 이메일 주소나 전화번호, 홈페이지 주소들을 등록하게 된다. 이때 사용자들이 입력한 요소들에 적절하게 입력했는지를 검증하고 미비한 부분에 대해서 재입력을 요구하는 정보를 제공하기도 한다. 또한 익스플로러 브라우저의 경우 아직 지원하지 않는 기능이 있기 때문에 사용하는 웹브라우저를 확인하기 바란다.

표 1-10에 새로이 추가된 폼 태그와 기능을 나타내었으며 예제 1-9는 이에 대한 예제 프로그램이다.

표 1-10 추가된 폼 형식

속성	기능
email	email 형식 입력 gbpark@yit.ac.kr
url	인터넷주소 https://www.web3d.org
tel	전화번호 010-xxxx-xxxxx
color	색상 팔레트에서 색상 선택
date	년, 월 선택
week	1년 중 몇 번째 주인지 선택
time	오전/오후 시간 선택
datetime-local	웹브라우저가 실행되는 지역의 시간
number	최소 최댓값 중 선택
range	최소/최대의 범위를 선택

예제 1-9　　추가된 폼형식

```
<body>
<p>9. 추가된 폼형식</p>
<form action="input.jsp" method="post">
```

```
  이메일: <input type="email" name="email" /><br />
  URL:    <input type="url" name="url" /><br />
  전화번호: <input type="tel" name="tel" /><br />
  색상: <input type="color" name="color" /><br />
  월: <input type="month" name="month" /><br />
  날짜:  <input type="date" name="date" /><br />
  요일::  <input type="week" name="week" /><br />
  시간:  <input type="time" name="time" /><br />
  지역시간: <input type="datetime-local" name="localdatetime" /><br />
  숫자:  <input type="number" name="number" min="1" max="10" step="2"/><br />
  범위:  <input type="range" name="range" min="1" max="10" step="2" /><br />
<input type="submit" value="제출" />
<input type="reset" value="취소"/>
</form></body>
```

그림 1-12에서 추가된 속성의 실행결과를 볼 수 있으며 각 형식에 맞지 않는 문자를 입력
했을 때는 올바른 형식으로 입력하라는 메시지를 볼 수 있다. 숫자나 범위의 경우 최소값
(min)과 최대값(max)의 사이에 간격(step) 만큼 증감된다.

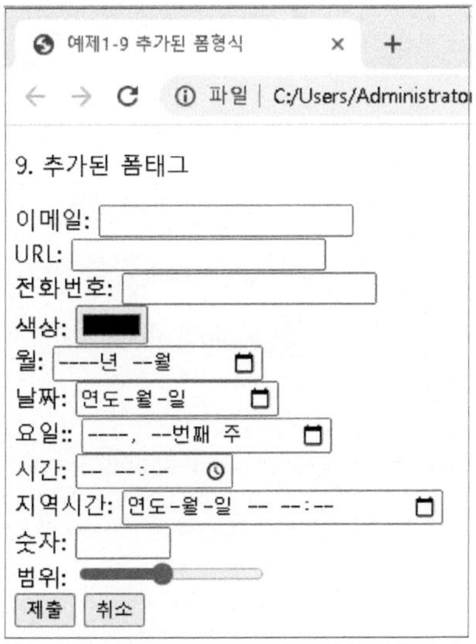

그림 1-12 추가된 폼 속성

1.3.10 〈audio〉

HTML5에서는 멀티미디어 형식의 〈audio〉를 새로이 추가하여 플러그인 기능이 없어도 재생이 가능하도록 했다. 〈audio〉를 이용하여 음악이나 소리를 재생하기 위해서는 올바른 오디오 파일형식을 제공해야 한다. 현재 MPEG 음성압축 기술을 적용한 MP3(Mpeg-1 Audio Layer3)가 대다수의 웹브라우저에서 사용가능하며 익스플로러에서는 Wav 사운드 형식과 일부 웹브라우저에서는 오픈소스로 개발된 Ogg파일 형식을 지원하고 있다.

오디오파일을 웹브라우저에 재생하기 위해서는 이미지와 마찬가지로 오디오 파일의 위치와 오디오를 재생시키기 위한 제어판이 있어야 한다. 표 1-11은 〈audio〉 요소의 속성이다.

표 1-11 〈audio〉 속성

속성	기능
autoplay	페이지가 로딩 되면 음악을 자동 재생
controls	오디오 제어판으로 소리와 진행 상황이 표시
loop	오디오의 반복 재생
proload	사용여부와 상관없이 오디오를 미리 다운로드
src	대상 오디오 파일의 위치
volume	오디오의 볼륨(0.0에서 1.0)

예제 1-10은 오디오를 재생하기 위하여 loop='true' volume='true' 속성을 true로 하여 반복재생 및 볼륨 등의 제어판이 나타나도록 했으며 하이퍼링크와 유사하게 음원의 위치 "http://media.w3.org/2010/05/sound/sound_5.mp3"를 src 속성을 이용하여 링크하였다. 그림 1-13은 예제를 실행한 결과로써 음악을 재생하기 위한 제어판을 볼 수 있다.

```
<audio src="http://media.w3.org/2010/05/sound/sound_5.mp3"
 autoplay controls loop='true' volume='true'
```

예제 1-10   **<audio>**

```
<!Doctype html>
<html>
<head>
<title>예제1-10 오디오</title>
</head>
<body>
<audio src="http://media.w3.org/2010/05/sound/sound_5.mp3"
    autoplay controls loop='true' volume='true'>
</body>
</html>
```

그림 1-13 오디오 재생(chrom 브라우저)   그림 1-13a edge 브라우저

1.3.11 〈video〉

비디오 태그는 오디오태그와 거의 유사하나 비디오의 성격상 화면의 크기와 같이 오디오 보다 많은 속성을 갖고 있다. 표 1-12는 비디오의 속성을 나타낸 것으로 비디오 화면의 크 기를 설정하는 width, height가 있으며 영상을 다운로드 중임을 표시하는 poster가 있다.

<video>에 적용되는 파일의 형식은 오디오와 유사한 MPEG 음성압축 기술을 적용한 MP4(Mpeg-4 Layer3)가 대다수의 웹브라우저에서 사용가능하며 익스플로러에서는 avi가 재생 가능하다. 일부 웹브라우저에서는 오픈소스로 개발된 Ogv파일 형식을 지원하고 있다.

표 1-12 〈video〉 속성

속성	기능
autoplay	페이지가 로딩 되면 음악을 자동 재생
controls	오디오 제어판으로 소리와 진행 상황이 표시
loop	오디오의 반복 재생
proload	사용여부와 상관없이 오디오를 미리 다운로드
src	대상 오디오 파일의 위치
volume	오디오의 볼륨(0.0에서 1.0)
poster	영상을 다운로드 중 일때 표시되는 로딩이미지
muted	비디오의 오디오 출력 중지
width,height	영상의 화면 크기

예제 프로그램에서 재생되는 화면의 크기는 400×300(width="400px" height="300px")
로 설정하였으며 "http://media.w3.org/2010/05/sintel/trailer.mp4" 위치에 있는 trailer.mp4
영상을 재생하도록 하였다. 오디오와 비디오 태그의 속성들은 아직도 웹브라우저 업체들이
개발하고 있는 단계로 웹브라우저마다 지원되는 형식이 다른 점에 유의하기 바란다.

```
<video src="http://media.w3.org/2010/05/sintel/trailer.mp4"
controls loop="true" width="400px" height="300px">
```

예제 1-11   **<video>**

```
<!Doctype html>
<html>
<head>
<title>예제1-11 비디오</title>
<body>
<p>Width="400px" Height="300px"
src="http://media.w3.org/2010/05/sintel/trailer.mp4"
controls loop="true"</p>
<video src="http://media.w3.org/2010/05/sintel/trailer.mp4"
    controls loop="true" width="400px" height="300px">
```

```
Your user agent does not support the HTML5 Video element.
</video>
</html>
```

그림 1-14 비디오

1.3.12 <div>와 <iframe>

<div>는 영역을 나눈다(divide)는 의미로서 콘텐츠의 영역을 이름(name)이나 아이디(id)로 설정한 후 id를 이용하여 다른 목적으로 사용되는 요소로서 태그 자체로는 큰 의미가 없다. javascript나 하이퍼링크의 target="name"으로 사용하기도 하며 X3Dom에서 요소들을 참조할 경우에 많이 사용한다.

<iframe>태그는 웹브라우저의 화면에 또 따른 웹브라우저를 포함시킬 때 사용한다. 웹 화면을 디자인할 때 과거에는 <frameset>을 통하여 화면을 일정비율로 분할하고 메뉴에 따른 콘텐츠를 표시하도록 하였으나 스마트 폰과 같이 작은 디바이스를 이용할 경우 매우 비효율적인 디자인이 된다. 따라서 <frameset>태그는 사라졌으나 작은 의미의 <iframe>을 통하여 웹 화면을 디자인하도록 하였다.

표 1-13 〈div〉와 〈iframe〉

태그	기능
div	divide 태그로 id나 name 속성 부여
iframe	id, name, width, height, src, frameborder 속성

<div>와 <iframe>의 기능을 이해하기 위하여 예제 프로그램을 살펴보자. 이 부분을 이해하기 위해서는 하이퍼링크의 개념을 정확히 이해해야 하니 부족한 부분은 다시 한 번 살펴보기 바란다.

<div></div> 사이에는 세 개의 하이퍼링크 부분이 포함되어 있다. 이 세 개의 하이퍼링크는 묵시적으로 <div id="menu">에 의해 menu로 그룹화 되었다. 만약 다른 태그에서 이 그룹을 참조할 때는 "menu"를 적용하면 된다.

```
<div id="menu">
<p><a href="ex1-6hyperlink.html" target="ifr">하이퍼링크</a>  
<a href="ex1-9formattr.html" target="ifr">폼추가속성</a>  
<a href="ex1-11video.html" target="ifr">동영상</a></p></div>
```

예제 1-12   <div>와 <iframe>

```
<!Doctype html>
<html>
<head>
<title>예제1-12 div와 iframe</title>
<meta charset="utf-8">
<meta name="keyword" content="HTML CSS Web3D">
<meta name="author" content="박경배">
<meta name="description" content="html5&Web3D 강좌">
</head>
<body>
<h1>div와 iframe </h1>
<div id="menu">
<p><a href="ex1-6hyperlink.html" target="ifr">하이퍼링크</a>  
```

```
<a href="ex1-9formattr.html" target="ifr">폼추가속성</a>  
<a href="ex1-11video.html" target="ifr">동영상</a>
</p></div>
<iframe name="ifr" src="history.html" width="100%" height="650px"></iframe>
</body>
</html>
```

예제 1-6의 ex1-6hyperlin.html 문서를 하이퍼링크 한 것으로 target이 "ifr"이다. target의 경우 _blank와 _self 그리고 name으로 지정할 수 있는데 이 프로그램에서는 name이 ifr로 된 부분을 참조하란 뜻이다. 예제 프로그램에서 name이 ifr로 설정된 부분은 <iframe>으로 설정 된 부분이다. 사용자가 하이퍼링크된 부분을 클릭하면 iframe에 대상 문서들이 표시된다.

```
<iframe name="ifr" src="history.html" width="100%" height="650px"></iframe>
```

<iframe>의 속성으로는 name과 함께 iframe 부분에 위치할 파일명을 src="history.html"에 적용한다. iframe 창의 크기를 설정하기 위해서 width="100%" height="650px"로 하였다. width의 경우 px이 아니라 창의 전체 크기를 위해 단위를 %로 설정하였다.

예제 프로그램에는 없지만 frameborder 속성이 있어 frameborder="0"으로 할 경우 사용자 들은 iframe을 사용했는지 알 수 없다. 예제에서는 기본 값으로 경계선이 설정되었기 때문 에 브라우저안에 또 다른 브라우저가 생긴 것을 결과화면을 통해 확인할 수 있다.

향후 web3d 물체를 만들 때 이를 서비스하기 위해 iframe을 적용한 웹 사이트를 적용하면 교육적 목적에 부합될 것이다.

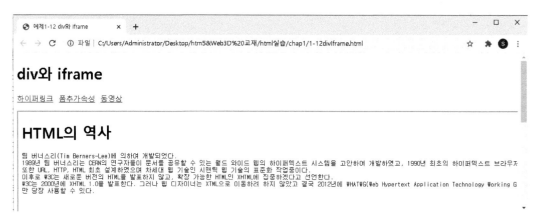

그림 1-15 〈div〉와 〈iframe〉

과제

다음 그림과 같이 iframe과 div를 이용하여 지금까지 만든 파일을 장르별로 하이퍼링크 된 웹 문서를 만드시오.

| 참고사이트 및 자료 |

1. https://www.w3.org/Consortium/

2. https://www.w3.org/People/Raggett/book4/ch02.html

3. http://www.web3d.org/X3D/content/README.X3D-Edit.html

4. http://cortona3d.com/document

5. https://www.w3.org/TR/2011/WD-html5-20110525/elements.html

6. https://www.w3.org/standards/webdesign/htmlcss.html

7. 박경배 외1 "3D 가상홈페이지 만들기", pp110~114, 21세기사, 2007

8. 박경배외1 "예제 중심의 X3D". 글로벌출판사, 2008

9. 박경배 "가상현실 증강현실과 VRML", 2012

CHAPTER 2

CSS

2.1 CSS3의 개념

CSS(Cascading Style Sheet)는 HTML언어로 이루어진 문서의 스타일을 미리 지정해둔 스타일로 적용하기 위한 것으로 1994년에 CERN에서 시작되었다. 팀 버너스리가 HTML 문서를 구조화 하였으나 일반 문서와 마찬가지로 문서 스타일을 지정할 방법이 없었다. 문서의 스타일이란 신문이나 잡지와 같이 문서의 배치(layout)를 설정하는 것이다. CSS의 시작은 웹문서를 만드는 작성자들이 HTML 요소들의 글꼴과 색상을 변경하려는 의도에서 시작되었다.

1995년 말, W3C는 향후 HTML 사양을 승인하기 위해 HTML편집 검토 위원회(HTMLERB)를 설치하였으며 CSS레벨 1은 1996년 12월 W3C권장 사항으로 등장했다. 1997년 2월 CSS는 W3C내에서 자체적인 워킹그룹을 만들었고 새로운 그룹은 CSS1이 다루지 않는 기능들을 다루기 시작했다. CSS를 지원하는 첫 번째 상용브라우저는 1996년 8월에 출시된 마이크로소프트의 인터넷 익스플로러이며 이후 넷스케이프 내비게이터가 CSS를 지원하며 웹문서의 스타일은 풍부해지기 시작하였고 w3c에서는 CSS2를 개발하여 권고안을 발표하였다. 이후 새로운 기능이 추가되며 CSS2.1로 업그레이드되고 2005년 CSS3가 표준안으로 발표되며 HTML5 문서의 스타일을 적용하고 있다.

CSS3는 HTML5와 같이 사용하지만 HTML5는 아니다. CSS3는 문서의 스타일을 지정하는 분야에 추가로 사용될 수 있으며 기존 태그로 콘텐츠를 보여주는 방식을 재정의함으로서

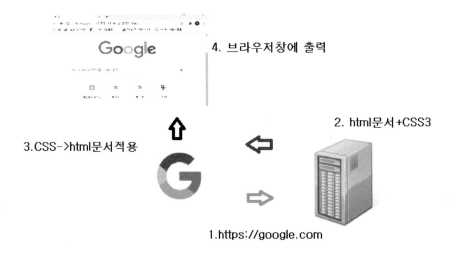

그림 2-1 CSS의 작동방식

HTML5을 디자인하기 위한 스타일시트다. CSS3가 동작하는 방식은 그림 2-1과 같이 4단계로 요약할 수 있다. 클라이언트가 서버 웹사이트에 접속하면 서버는 HTML문서와 관련된 CSS파일을 클라이언트에게 전달한다. 클라이언트 브라우저는 서버에서 전송된 HTML 문서와 함께 스타일시트를 적용하여 브라우저 창에 출력하게 된다. 따라서 CSS가 없다면 디자인이 없는 문자기반으로 만들어진 책의 페이지 모양과 비슷하게 콘텐츠만 존재하게 된다.

2.2 CSS3 특징

WWW의 기술은 그림 2-2에서와 같이 HTML과 CSS 그리고 javascript의 기술의 혼합으로 이루어 졌다. HTML은 정보를 전달하기 위해 콘텐츠의 개념으로 CSS와 javascript가 없어도 정보전달을 할 수 있지만 여러분들이 보는 미적인 웹문서나 쇼핑몰과 같은 상호작용이 되는 그러한 웹사이트는 보기 어려울 것이다. HTML이 문서의 정보를 다루는 콘텐츠의 역할을 하고 CSS는 HTML의 스타일을 적용하여 웹문서를 디자인하는 것이다. javascript는 서버와 클라이언트 간에 데이터를 처리하는 동적인 역할을 담당하게 된다.

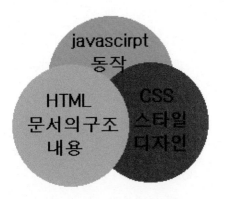

그림 2-2 html, css, javascript

CSS를 사용함으로써 얻을 수 있는 장점은 다음과 같다. 첫째, 복잡하고 방대한 양을 가진 서버를 관리할 때 매우 효율적이다. 많은 html 문서에 동일한 CSS를 공유함으로써 모든 html 문서에 동일한 스타일의 문서디자인을 할 수 있기 때문이다. 만약 CSS가 없다면 html 문서의 스타일을 변경하기 위해 모든 html 문서를 수정해야 되지만 CSS의 스타일 변경으로 모든 html 문서에 영향을 줄 수 있다. 그림 2-3과 같이 HTML 문서에 CSS를 적용하면 문서의 스타일을 한 번에 변경할 수 있다.

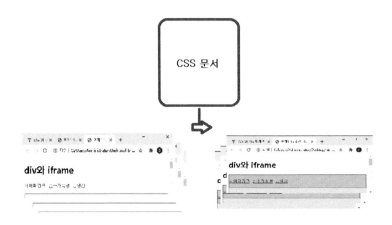

그림 2-3 HTML 문서에 CSS 문서 적용

둘째, 플러그인이나 특정한 응용 소프트웨어가 필요없다. 이러한 장점으로 불필요한 태그가 사라졌으며 플러그인 없이 다양한 매체를 구현가능하다.

셋째, CSS3는 몇 가지의 선택자와 HTML 태그만큼의 간단한 사용법으로 사용자들이 사용하기 매우 쉽다. 따라서 배우기 쉽고 쉽게 HTML 문서에 적용할 수 있다.

CSS3의 대표적인 기능은 다음과 같으며 다음절에서 기본적인 기능들에 대해 실습을 통하여 알아보자.

- HTML5 태그를 선택하기 위한 6가지 선택자(Selector) 기능
- 콘텐츠에 대한 박스 모델(Box Model) 기능
- 웹문서의 배경(Background) 및 경계선(Borders) 기능
- 다양한 텍스트 효과(Text Effect) 기능
- 2/3 차원 변환(Dimension Tranformations) 기능
- 객체에 대한 애니메이션(Animation) 기능
- 다중 컬럼 레이아웃(Multiple Column Layout) 기능
- 사용자 인터페이스(User Interface)기능

2.3 CSS3 사용법

2.3.1 CSS3 문법

CSS3의 문법은 단순하다. 다음과 같이 선택자(p)를 선언하고 {} 사이에 속성과 값을 ":"으로 분리하여 삽입하면 된다. 속성과 값은 다수가 될 수 있다. 하나의 속성과 값을 정의하였으면 ";"으로 종료되었음을 알려야 한다. 주석문의 형식은 /* 주석문 */을 따른다.

참고로 Html의 주석문은 <!-- 주석문 -->이며 Javascript는 '//'를 사용한다. 참으로 번거로운 주석문 사용들이다.

```
p   { Background-color: red;}   /*선택자{속성:값;}*/
html 요소타입 {   속성   : 값 ;   } /* 문법 형식 */
```

CSS에서 선택자의 종류는 다음과 같이 6가지 종류가 있다.

■ 타입 선택자(type selector)

HTML 태그 요소를 사용한다. 문서내의 같은 태그들은 모두 적용된다. 다음과 같이 타입 선택자를 선언하면 모든 <h1>의 글자색은 빨간색으로 표현된다.

```
h1 { color : red;}
```

■ 클래스 선택자(class selector)

타입 선택자의 경우 같은 태그타입은 모두 같은 스타일이 적용되는 단점이 있다. 같은 태그타입이라 하더라도 특정 태그에만 스타일을 적용할 때 .class를 사용하여 적용한다. 다음은 class가 cname을 가진 <h1>에만 스타일이 적용된다.

```
.cname { color:blue; }      <h1 class="cname">CSS class</h1>
```

■ 아이디 선택자(id selector)

클래스 선택자와 같이 같은 태그 타입이라 하더라도 특정 태그에만 스타일을 적용할 때 #id를 사용하여 적용한다. 다음은 id가 idname을 가진 <h1>에만 스타일이 적용된다.

```
#idname { color:blue; }      <h1 id="idname">CSS ID</h1>
```

■ 전체 선택자(universal selector)

페이지 안의 모든 요소를 선택해서 적용할 때 *을 사용한다.

```
* { bacground : gray; }
```

■ 의사 선택자(pseudo class selector)

<a> 경우 마우스를 클릭하였을 경우 문자 색이 변경되는 특징이 있다. 또한 한번 방문한 링크사이트의 색상을 변경한다. 이처럼 하나의 태그에 다중 속성이 포함되었을 경우 마치 클래스가 정의된 것처럼 간주하는 선택자이다. 다음 의사선택자의 경우 하이퍼링크된 문자 는 파랑색의 문자로 표현되고 한번 방문한 링크의 문자는 핑크색 그리고 마우스를 링크 문 자위에(hover) 올려놓았을 때 빨강색으로 표시한다.

```
a:link{ color:blue;},  a:visited{color:pink;},  a:hover{color:red;}
```

■ 속성 선택자(attribute selector)

특정한 속성을 가진 태그 요소만을 선택하여 스타일을 적용한다. 특정한 속성은 "[ ]"로 나타낸다.

```
p[class="css"]{ color : green ;},    h1[id="attr"]{ color : red;}
```

자세한 사용법은 다음 절에서 예제를 통해 알아본다.

CSS3의 내용을 Html문서에 삽입하는 방법은 3가지가 있다.

- 외부 스타일시트로서 정의한 후 참조. 파일명은 .css가 된다.

  그림 2-4는 notepad++에서 css파일을 작성하는 방법이다. 메뉴에서 언어→C→CSS를 선택하면 된다. 프로그램 작성 후 저장할 때 확장자는 자동으로 .css가 된다.

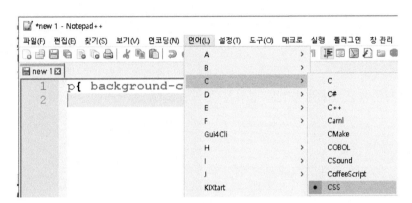

그림 2-4 notepad++에서 CSS파일 작성

외부 파일로 작성되었기 때문에 html 문서에서 css 문서를 참조하기 위해서는 link type으로 선언한다. <head></head>사이에 다음과 같이 코드를 삽입한다.

```
<link type="text/css" rel="stylesheet" href="file.css">
```

- 내부 스타일시트는 <head> </head>사이에 다음과 같이 <style></style> 안에 삽입한다.

```
<head>
<style>
    h1 { color: red; }
    p { color: blue; }
</style>
</head>
```

- 인라인 스타일시트는 html 태그 내에 **style="속성 : 값;"**으로 표현한다.

```
<body><h1 style="color: red">This is Inline CSS.</h1></body>
```

위의 세 가지 스타일시트를 모두 적용할 수 있으며 우선 순위는 인라인 스타일시트, 내부 스타일시트 그리고 외부 스타일시트의 순이다.

스타일시트 문서를 작성한다는 것은 위의 6가지 선택자를 이용하여 각 요소들의 속성과 값을 적용하는 것이다.

표 2-1은 기본적인 CSS의 속성을 정의한 것으로 보다 많은 속성들이 있다.

표 2-1 CSS의 다양한 속성

속성	기능
background-color	문자나 문서의 배경색을 설정
background-img	문자나 문서의 배경이미지 설정
color	문자 색상 설정
margin	콘텐츠 외부의 여백설정
padding	콘텐츠 내부의 여백설정
font	문자의 크기(font-size), 글자체(font-style) 등을 설정
border	박스(Box)의 경계선 설정. 선의 굵기, 색상, 종류
text-align	문자의 정렬. 왼쪽, 가운데, 오른쪽 정렬이 있다.
list-style	list의 스타일 설정(1,2,3... a,b,c, i, ii, iii)
text-decoration	문자의 효과를 설정. 밑줄 취소선, 윗줄
width, height	박스(Box) 등의 크기를 설정

2.3.2 외부 스타일시트

예제 2-1은 html 웹 문서에 외부스타일시트를 적용하기 위해서 만들어진 color.css이다. CSS3 파일의 확장자는 .css임을 잊지 말기 바란다.

```
p { Background-color: red;} <p>안의 문자의 배경색 빨강색으로 표시
div { border: 2px solid blue ;} <div> 굵기 2px 실선 파랑색 경계선 설정
h1,p { color: orange;  } <h1>과 <p>의 문자 색상 오렌지
h2 { text-align :center; } <h2> 문자 정렬은 가운데
```

예제 2-1   color.css

```
p { Background-color: red;}   /*선택자{속성:값;}*/
div { border: 2px solid blue ;}
h1,p { color: orange;  }
h2 { text-align :center; }
```

예제 2-2는 외부에서 작성한 ex2-1color.css를 적용한 html파일이다.
href를 통해 color.css파일을 참조한다.

```
<link type="text/css" rel="stylesheet" href="color.css">
```

예제 2-2에는 2개의 <h1>, 1개의 <div>와 <h2> 그리고 3개의 <p>로 이루어졌다.
프로그램을 실행시키면 외부 color.css에 의해 그림 2-5에서와 같이 h1과 p 태그는 문자
의 색이 오렌지로 표현되고 div 태그는 파랑색의 결과로 나타난다. h2는 문자가 가운데 정
렬로 스타일 된다.

예제 2-2   ex2-2externCss.html

```
<!Doctype html>
<html><head><title>예제2-1 외부스타일시트</title>
<meta charset="utf-8">
<link type="text/css" rel="stylesheet" href="ex2-1color.css">
</head>
<body>
    <h1>div와 iframe </h1>
```

```
<div id="menu">
<p><a href="ex1-6hyperlink.html" target="ifr">하이퍼링크</a>
 <a href="ex1-9formattr.html" target="ifr">폼추가속성</a>
 <a href="ex1-11video.html" target="ifr">동영상</a>
</p></div>
<h1>Welcome to World Wide Web</h1>
<p> HTML5에 CSS3를 외부파일로 연동하기 rel="stylesheet" href="color.css"
<h2>메뉴</h2>
<p> 외부, 내부, 인라인 스타일 시트</p>
</body></html>
```

그림 2–5 외부CSS 적용

2.3.3 내부 스타일시트

내부 스타일시트는 html 문서의 <head> 사이에 <style> </style>태그로서 css코드를 삽입하면 된다. 예제 2-3에서는 외부 스타일 시트 color.css를 참조하고 있으므로 h1,p 요소의 속성이 겹치게 된다. 그러나 우선 순위가 내부 스타일시트의 속성이 우위이기 때문에 그림 2-6과 같이 내부 스타일시트의 속성값으로 나타난다.

```
<style>
h1,p {color:black;}
p {background-color:gray;}
</style>
```

예제 2-3	ex2-3innerCss.html

```
<!Doctype html>
<html><head><title>예제2-3 내부스타일시트</title><meta charset="utf-8">
<link type="text/css" rel="stylesheet" href="ex2-1color.css">
<style> h1,p {color:black;} p {background-color:gray;} </style>
</head>
<body>
    <h1>div와 iframe </h1>
    <div id="menu">
    <p><a href="ex1-6hyperlink.html" target="ifr">하이퍼링크</a> </p></div>
    <h1>Welcome to World Wide Web</h1>
    <p> HTML5에 CSS3를 외부파일로 연동하기 rel="stylesheet" href="color.css"
    <h2>메뉴</h2>
    <p> 외부, 내부, 인라인 스타일 시트</p>
</body></html>
```

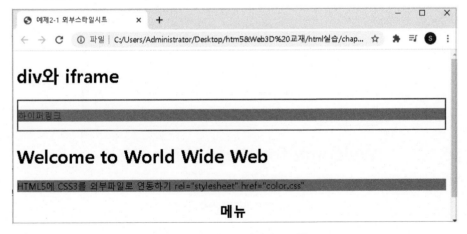

그림 2-6 내부 스타일시트 적용

2.3.4 인라인 스타일시트

인라인 스타일시트는 <body>안에 있는 태그 요소들에 직접 속성과 값을 부여한다. 외부나 내부의 문법과 다른 점은 {}대신에 이중 따옴표의 쌍 " "를 사용한다.

```
<h1 style="color:gold">div와 iframe </h1>
<p style="Background-color:cyan;"></p>
```

예제 2-4에서는 첫 번째 h1태그의 문자 색상을 gold로 설정하였으며 첫 번째 p태그의 문자 배경색을 청록색(cyan)으로 설정하였다.

예제 2-4는 외부스타일시트 color.css와 <head>사이에 내부 스타일시트를 동시에 설정하였지만 인라인 스타일시트의 우선순위가 가장 높기 때문에 그림 2-7에서처럼 중복된 스타일에 대해선 인라인 스타일시트의 스타일이 적용된다.

```
<link type="text/css" rel="stylesheet" href="color.css"> // 3순위
<style> h1,p{color:black;} p {Background-color:gray;}</style> // 2순위
```

그림 2-7 인라인스타일시트

예제 2-4	ex2-4inlineCss.html

```
<!Doctype html>
<html><head><title>예제2-4인라인스타일시트</title>
<meta charset="utf-8">
<link type="text/css" rel="stylesheet" href="ex2-1color.css">
<style> h1,p {color:black;} p {Background-color:gray;}</style>
</head>
<body>
    <h1 style="color:gold">div와 iframe </h1>
    <div id="menu">
    <p style="Background-color:cyan;">
    <a href="ex1-6hyperlink.html" target="ifr">하이퍼링크</a> </p></div>
    <h1>Welcome to World Wide Web</h1>
    <p> HTML5에 CSS3를 외부파일로 연동하기 rel="stylesheet" href="color.css"</p>
    <h2>메뉴</h2>
    <p> 외부, 내부, 인라인 스타일 시트</p>
</body></html>
```

2.3.5 타입/아이디/클래스 선택자

- 타입 선택자는 문서내부의 같은 요소의 타입에 대해 모두 같은 스타일을 적용한다. 가
  장 일반적으로 사용되는 간단한 스타일 선택자이다. html 문서 내에 다음과 같이 p의
  스타일을 적용하였다면 <p>의 문자들은 모두 배경이 회색(gray)으로 표현된다.

```
p {background-color:gray;}
```

만약 특정한 요소태그에만 다른 스타일을 적용하고 싶다면 아이디 선택자나 스타일
선택자를 사용한다.

- 아이디 선택자는 태그요소가 id="menu"와 같이 id 속성과 값 "menu"를 가져야 한다.
  다음은 <div>에 대해 id를 menu로 선언한 것이다.

```
<div id="menu">
```

id를 선언하였다면 외부/내부 스타일을 통해 태그요소 이름 대신에 "#"을 id앞에 붙여야 한다. #menu는 \<div\>타입요소 대신에 아이디를 사용함으로써 menu아이디를 갖는 요소만 스타일이 적용된다.

```
#menu {background-color:blue;}
```

- 클래스 선택자는 아이디 선택자와 유사하게 특정한 요소에만 스타일 적용할 때 사용한다. 클래스 선택자는 # 대신에 .을 이름 앞에 삽입한다.

```
.first { color: red;} h1.second {color : green;}
```

아이디. 클래스 선택자는 \<p\>나 \<h1\>과 같이 다른 태그 요소들에 대해 같은 아이디나 클래스 이름을 부여할 수 있다. 이처럼 다른 태그 요소들에 아이디나 클래스를 부여하면 다른 태그 요소라도 같은 스타일을 적용할 수 있는 장점이 있다.

아이디와 클래스 선택자는 타입 선택자와 마찬가지로 스타일을 적용하기 위해 자주 사용된다. 그러나 자바스크립트나 Web3D에서 이벤트를 적용할 때는 클래스 선택자보다는 아이디 선택자를 일반적으로 사용한다. 따라서 아이디 선택자를 자주 사용하는 습관을 들이면 프로그램의 작성이나 편집에 효율적일 것이다.

예제 2-5는 타입, 아이디 그리고 클래스 선택자를 사용하여 스타일을 적용하였다.

문서안의 세 개의 \<p\>태그는 \<style\> 안에 **p {background-color:gray;}** 내부스타일 선언으로 배경색이 회색으로 표현된다. 그러나 첫 번째 **\<p style="background-color:cyan;"\>**하이퍼링크\</p\>는 인라인 스타일이기 때문에 배경색이 청록색(cyan)으로 표현된다.

\<h1 class="first"\>와 \<h1 class="second"\>는 클래스 스타일로 선언되었다. 같은 \<h1\> 요소에 대해 각기 다른 클래스 이름을 부여함으로써 다른 스타일을 적용할 수 있다. \<h1 class="first"\> 클래스는 .first {color: red;}에 의해 문자의 색상이 빨강색으로 표현된다. 클래스 스타일은 태그 이름 없이 .클래스 이름만 사용이 가능하다.

```
<h1 class="first">              .first {color: red;}
```

두 번째 <h1 class="second">는 h1.second {color : green;}에 의해 초록색의 문자로 표현된다. h1.second는 같은 클래스 이름(second)을 가지는 다른 요소가 있다면 h1 요소의 second 클래스에만 해당 스타일을 적용한다.

```
<h1 class="second">              h1.second {color : green;}
```

<div id="menu"></div>는 아이디 선택자로 선언한 것으로 내부스타일 요소 #menu {background-color:blue;}에 의해 파랑색 배경으로 문자가 표현된다. 예제 프로그램을 실행한 결과를 그림 2-8에서 볼 수 있다.

```
<div id="menu"></div>                    #menu {Background-color:blue;}
```

그림 2-8 아이디/클래스 선택자

예제 2-5	ex2-5IdClassS.html

```
<!Doctype html>
<html><head><title>예제2-5 아이디/클래스선택자</title>
<meta charset="utf-8">
<link type="text/css" rel="stylesheet" href="ex2-1color.css">
<style>
```

```
p {background-color:gray;}
#menu {background-color:blue; }
.first { color: red;}
h1.second {color : green;}
</style>
</head>
<body>
    <h1 class="first" >div와 iframe </h1>
    <div id="menu"><p style="background-color:cyan;">하이퍼링크</p></div>
    <h1 class="second">Welcome to World Wide Web</h1>
    <p> HTML5에 CSS3를 연동하기 rel="stylesheet" href="color.css"</p>
    <h2>메뉴</h2>
    <p> 외부, 내부, 인라인 스타일 시트</p>
</body></html>
```

2.3.6 의사 선택자

의사 선택자는 단일 요소에 대해 다수의 속성을 갖는 선택자에 대해 마치 클래스가 정의
된 것처럼 간주하여 스타일을 적용한다.

```
a:link {color: gold; }  하이퍼링크 요소의 색상을 골드(gold)로 설정
a:visited {background-color: silver;} 한번 방문한 링크에 대해 배경색을 실버 설정
a:hover { font-size:25px; } 하이퍼링크에 마우스를 올려놓으면 문자크기를 25px 변경
```

예제 프로그램을 실행하면 하이퍼링크된 문자는 골드색으로 나타난다. 사용자가 마우스
로 해당 하이퍼링크 문자를 클릭하면 해당 사이트를 방문한 것으로 판단하고 색상을 실버
로 변경한다. hover 속성에 의해 마우스를 올려놓으면 문자의 크기가 커지게 된다.

예제 2-6	의사 선택자 pseduo.html

```
<!Doctype html>
<html><head><title>예제2-6 의사선택자</title>
<meta charset="utf-8">
<link type="text/css" rel="stylesheet" href="color.css">
<style>
 a:link {color: gold; }
 a:visited {background-color: silver;}
 a:hover { font-size:25px; }
</style>
</head>
<body>
    <h1 class="first">div와 iframe </h1>
    <a href="#">하이퍼링크</a><br>
    <a href="#">의사선택자</a><Br>
    <a href="#">CSS</a><Br>
    <h1 class="second">Welcome to World Wide Web</h1>
</body></html>
```

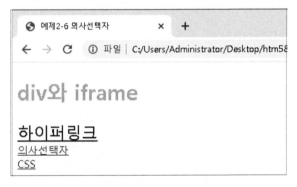

그림 2-9 의사 선택자

2.3.7 폰트와 텍스트 속성

HTML5에서는 문자의 외형과 관련하여 font 스타일을 제공하고 있으며 문자의 효과와 관련하여 text 스타일을 제공하고 있다. 표 2-2는 font와 text의 속성과 기능을 나타내고 있다.

표 2-2 font/text 스타일

속성		기능
font	font-family	문자체
	font-size	문자의 크기
	font-style	문자의 스타일
	font-weight	문자의 굵기
text	color	문자의 색상
	direction	문자의 작성 방향으로 왼쪽쓰기, 오른쪽쓰기가 있다.
	letter-spacing	문자의 간격
	line-height	문자의 줄의 높이
	text-align	문자의 정렬
	text-transform	문자의 변환 lowercase, uppercase, capitalize
	text-shadow	문자의 그림자 효과 x, y, z, color
	text-indent	문자의 들여쓰기
	text-decoration	문자 장식으로 밑줄, 취소선, 윗줄이 있다.

예제 2-7은 font 그리고 text와 관련된 속성을 나타낸 것이다. <body> 안의 font에 대해서 font-weight는 bold, font-size는 14px 그리고 font-style은 sans-serif 스타일로 표현 하였다.

```
body { font : bold 14px sans-serif; }
```

문자의 효과는 다양하다. id 선택자를 사용하여 9개의 <h1>태그에 대해 각기 다른 text 속성을 부여했다.

```
#fr{color:blue;}  : /* 파랑색 텍스트 */
#se{direction:rtl;} : /*rtl(right to left)로서 오른쪽 정렬 효과를 나타낸다. */
#th{letter-spacing:10px;} /*각 텍스트의 간격을 10px로 유지한다. */
#fo{line-height:30px; text-decoration:line-through;} : /*줄의 간격을 30px로 하였으며
텍스트의 효과로 취소선(line-throught)를 적용했다. */
#fi{text-align:center; text-decoration:underline;} : /*중앙 정렬과 밑줄로 표시된다. */
```

```
#si{text-decoration:overline;} : /* 텍스트위에 윗줄이 표시된다. */
#se{text-indent:2px;} : /* 들여쓰기를 하였으나 오른쪽 정렬로 표현되었다.(아직 미비함) */
#ei{text-transform:lowercase;} : /* 텍스트 변환으로 대문자가 소문자로 변환됨. uppercase
는 소문자를 대문자로 변환하고 capitalize는 첫 문자만 대문자로 변환한다. */
#ni{text-shadow: 5px 10px 5px black;} /* 텍스트에 그림자 효과를 나타낸다. */
```

#ni 선택자의 경우는 첫 번째 숫자부터 가로(x) 간격, 세로간격(y), 그림자의 흐림 정도
(z) 그리고 그림자의 색상을 나타낸다.

예제를 실행시킨 결과를 그림 2-10에서 확인할 수 있다.

예제 2-7   **ex2-7FontText.html**

```
<!Doctype html>
<html><head><title>예제2-7폰트와텍스트</title>
<meta charset="utf-8">
<!--<link type="text/css" rel="stylesheet" href="ex2-1color.css">-->
<style>
 body { font : bold 14px sans-serif; }
 #fr{color:blue;}  #se{direction:rtl;} #th{letter-spacing:10px;}
 #fo{line-height:30px; text-decoration:line-through;}
 #fi{text-align:center; text-decoration:underline;}
 #si{text-decoration:overline;}  #se{text-indent:2px;}
 #ei{text-transform:lowercase;} #ni{text-shadow: 5px 10px 5px black;}
 </style>
</head>
<body>
    <h1 id="fr">문자의 색상</h1>        <h1 id="se">문자의 방향</h1>
    <h1 id="th">문자의 간격</h1>        <h1 id="fo">문자의 줄의 높이, 취소선</h1>
    <h1 id="fi">문자의 수평정렬, 밑줄</h1>
    <h1 id="si">문자의 장식, 윗줄</h1>     <h1 id="se">문자의 들여쓰기</h1>
    <h1 id="ei">LETTER TRANSFORM</h1>
    <h1 id="ni">문자의 그림자</h1>
</body></html>
```

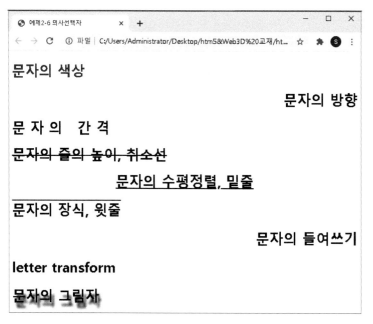

그림 2-10 Font와 Text

2.3.8 색상

컴퓨터 그래픽을 포함한 TV, 영상매체들은 객체의 색상을 표현하기 위해 빛의 3원소인 빨강(Red), 초록(Green), 그리고 파랑색(Blue)를 사용한다. 실제로 3원색을 적절히 혼합하면 현실세계의 모든 색상을 표현할 수 있다. 3원색을 모두 혼합하면 흰색을 만들 수 있으며 빨강색과 초록색을 혼합하면 노랑색이 만들어 진다.

메모리의 한계로 표현할 수 있는 색상은 한정된다. 컴퓨터의 모든 데이터 단위는 비트(bit)이다. 컴퓨터 그래픽에서는 RGB를 표현하기 위해서 각각 8비트씩 할당하고 있다. 8비트가 표현할 수 있는 색상의 수는 256가지이다. 각 RGB가 8비트씩 이므로 $256^3 =$ 16777216 가지의 색상을 나타낼 수 있다. 다소 한정된 숫자이지만 인간의 시각은 이를 구별하지 못하며 RGB에 각각 8비트씩 부여하여 표현한 색상을 트루칼라(True Color)라고 한다. 트루칼라는 RGB 이외에도 투명한 배경을 위하여 8비트를 추가적으로 할당해서 최대 32비트로 색상을 표현한다. 24비트 트루칼라의 이미지 파일은 jpg가 있으며 png와 gif는

32비트 이미지 파일이다.

 HTML5에는 RGB 색상의 표현을 위해 색상이름(red,green, blue..) 등으로 나타낼 수 있다. 그러나 색상이름으로 표현할 수 있는 색상의 수는 한정되어 있으므로 간단한 색상을 제외하고는 #FFFFFF와 같이 16진수 표현으로 00 ~ FF사이의 값을 각각 적용하여 색상을 표현하는 것이 일반적이다. 00은 색상이 없는 것으로 표현되어 검정색이 된다. FF의 값은 순수한 자신의 색상을 나타낸다. 만약 흰색을 표현하고 싶다면 RGB 각각의 값을 모두 FFFFFF로 만들어 주면 된다. 또한 보라색을 만들고 싶다면 RB는 FF의 값을 갖지만 G값은 00이 된다. 그 밖의 다른 색상들은 00 ~ FF사이의 값들을 적절히 조절하여 표현할 수 있다. 표 2-3은 일반적으로 사용되는 색상 테이블 값을 나타낸 것이다.

 예제 2-8 프로그램에서 <h1>에 대해 배경색을 색상이름 "blue"로 선언하였다.

```
h1 {background-color: blue; }
```

 클래스 선택자(p.a,p.b,p.c,p.d)와 아이디 선택자(#a,#b,#c,#d)는 16진수 표현에 의한 색상값을 이용하여 색상을 표현하였다. 프로그램 실행결과 그림 2-11에서 보듯이 16진수에 의한 색상 표현은 다양한 색상들을 표현할 수 있다.

```
p.a {Background-color: #6495ed;}
p.b {Background-color: #007800;}
p.c {Background-color: #4500ff;}
p.d {Background-color: #888888;}
p#a {Background-color: #fff000;}
p#b {Background-color: #ff10f0;}
p#c {Background-color: #f01010;}
p#d {Background-color: #10f010;}
```

표 2-3 RGB 값과 색상 테이블

RGB	색상	RGB	색상	RGB	색상
FF0000		00FF00		0000FF	
880000		008800		000088	
220000		002200		000022	
FFFF00		00FFFF		FF00FF	
888800		008888		880088	
888800		002222		220022	
FFFF88		88FFFF		FFFFFF	
888822		228888		888888	
2222FF		AA2222		222222	

예제 2-8   color.html

```
<!DOCTYPE html>
<html>
<head><meta charset="utf-8"><title>색상표현</title>
        <style>
        h1 {Background-color: blue; }
        p.a {Background-color: #6495ed;} p.b {Background-color: #007800;}
        p.c {Background-color: #4500ff;} p.d {Background-color: #888888;}
        p#a {Background-color: #fff000;} p#b {Background-color: #ff10f0;}
        p#c {Background-color: #f01010;} p#d {Background-color: #10f010;}
        </style>
</head>
<body>
    <h1>CSS 색상표현</h1>
    <p class="a">Color #6495ed;</p>    <p class="b">Color #007800;</p>
```

```
        <p class="c">Color #4500ff;</p>      <p class="d">Color #888888;</p>
        <p id="a">Color #fff0000;</p>      <p id="b">Color #fff0f0;</p>
        <p id="c">Color #f0f0f0;</p>      <p id="d">Color #80f080;</p>
    </body>
</html>
```

그림 2-11 색상표현

2.3.9 경계선(border)

html 문서내의 모든 태그는 경계선과 박스의 스타일을 지정할 수 있다.

경계선은 경계선의 종류(style), 경계선의 폭(width) 그리고 색상(color) 3가지 속성을 갖는다. 이들은 각각 표현할 수도 있으며 border 스타일만 사용해서 3가지 속성을 동시에 표현할 수도 있다. 동시에 표현할 경우 속성의 순서는 상관없이 사용가능하다.

```
border-style: solid; //경계선의 종류
border-width: 2px; //경계선의 폭
border-color; red; //색상표현
border: 2px solid red; //경계선의 3가지 속성 모두 표현
```

경계선의 종류는 예제에서와 같이 8가지가 있다.

```
<p style="border: dotted 2px green;">dotted</p> //점선(dotted)
<p style="border: dashed 4px #ff0000;">dashed</p> //대쉬선(dashed)
<p style="border: solid  8px #ff00ff; ">solid</p> //실선(solid)
<p style="border: double 16px #00ffff;">double</p> //이중실선(double)
<p style="border: groove 22px #880099;">groove</p> //그루브(입체양각)
<p style="border: ridge  32px #aa11cc ; ">ridge</p> //릿지(입체양각)
<p style="border: inset  32px #888800; ">inset</p>  //인셋(입체음각)
<p style="border: outset 32px #777777;">outset</p> //아웃셋(입체음각)
```

예제 2-9에서 모든 <p>에 경계선 스타일을 적용하여 8가지 경계선을 나타내었다. groove, ridge, inset, outset은 선의 굵기가 너무 작으면 눈으로 확인하기 어렵다.

<div>에 할당된 id의 #brdr 속성은 경계선이 한 줄의 문단 단위가 아니라 그룹단위로 경계선을 설정할 수 있음을 나타내고 있다.

```
#brdr{ border:4px dashed black;}
<div id="brdr">
```

그림 2-12에 예제 2-9를 실행한 경계선의 종류를 볼 수 있다.

예제 2-9　border.html

```
<!DOCTYPE html>
<html>
<head><title>경계선스타일(BorderStyle)</title><meta charset="utf-8">
<style> h1 { border-style: solid;} #brdr{ border:4px dashed black;}</style>
</head>
<body>
    <div id="brdr">
    <h1>경계선의 속성과 스타일</h1>
    <p style="border: none">none.</p>
```

```
        <p style="border: dotted 2px green;">dotted</p>
        <p style="border: dashed 4px #ff0000;">dashed</p>
        <p style="border: solid  8px #ff00ff;">solid</p>
        <p style="border: double 16px #00ffff;">double</p>
        <p style="border: groove 22px #880099;">groove</p>
        <p style="border: ridge  32px #aa11cc;">ridge</p>
        <p style="border: inset  32px #888800;">inset</p>
        <p style="border: outset 32px #777777;">outset</p>
    </div>
</body>
</html>
```

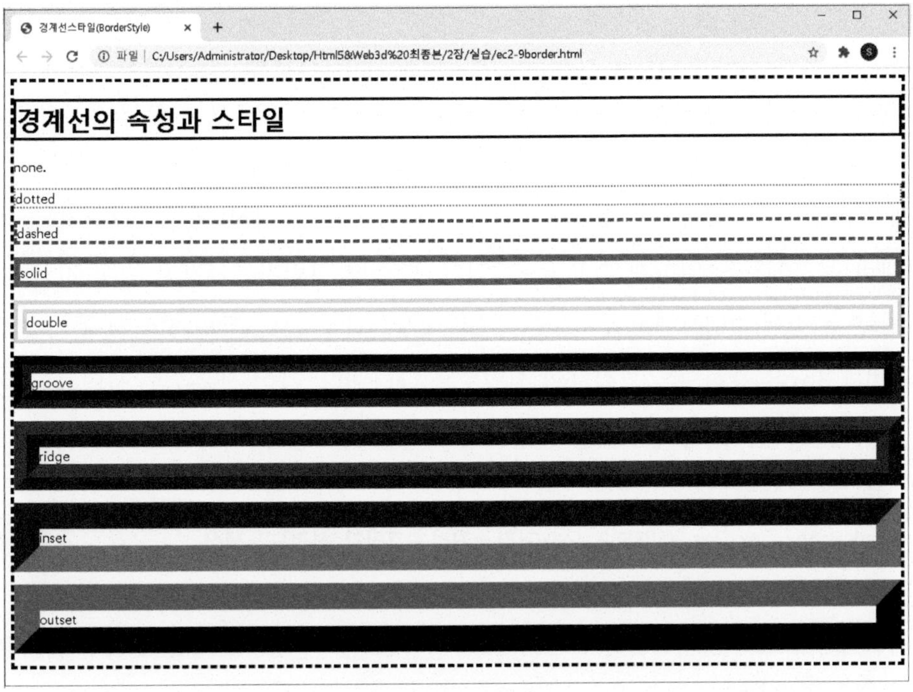

그림 2-12 경계선 속성

2.3.10 박스(box)와 그림자(shadow)

경계선과 유사하게 다양한 형태의 박스를 설정할 수 있다. 박스의 크기는 width와 height 속성을 이용하여 크기 값을 설정한다.

```
width: 100px; height: 50px; //100×50크기 박스
background-color: yellow; //박스 색상
```

예제 2-10에서는 <p>와<div>는 id 선택자 #target1과 #target2를 이용하여 박스에 둘러 쌓인 문자를 표현하였다.

```
#target1{width: 100px; height: 50px; background-color: yellow;}//100×50 노랑박스
#target2{width:200px;height:100px;background-color: #000088;}// 초록박스
```

예제 2-10에서 <h1>태그는 박스와 함께 박스의 그림자를 설정하였다. 그림자는 박스 뿐만 아니라 문자에도 동일하게 적용할 수 있다. 박스의 그림자는 4가지 속성 값을 갖는다. 첫 번째와 두 번째 값(5px,5px)은 원본 박스에서 x축과 y축으로부터 떨어진 거리를 나타낸다. 세 번째 3px은 표현되는 그림자의 선명도를 나타낸다. 값이 작을수록 선명하고 큰 값은 넓고 흐리게 나타난다. 마지막 값은 그림자의 색상을 나타낸다.

```
box-shadow:5px 5px 3px #888888;// x거리,y거리, 그림자 선명도, 색상
```

경계선이나 박스의 모서리를 둥근 모양으로 만들고 싶다면 border-radius속성을 사용한다.

```
border-radius:20px;//둥근 모서리
```

프로그램 실행결과는 그림 2-13에 나타내었으며 박스의 형태를 볼 수 있다.

그림 2-13 박스와 그림자

예제 2-10   boxShow.html

```html
<!DOCTYPE html>
<html>
<head><title>박스와 그림자</title>
<meta charset="utf-8">
    <style>
    #target1 {width: 100px; height: 50px; background-color: yellow;}
    #target2 {width: 200px; height: 100px; background-color: #000088;}
    </style>
</head>
<body>
    <p id="target1">이것은 p요소입니다. </p>
    <div id="target2">이것은 div요소입니다.</div>
    <h1 style="width:200px; height:100px; box-shadow:5px 5px 3px #888888;">
        박스그림자</h1>
        <h1 style="width:200px; height:50px; background:blue;
        box-shadow:5px 5px 3px #770000;border-radius:20px">
        둥근박스</h1>
</body>
</html>
```

2.3.11 표시(display)

html 태그 요소들은 표시방법에 있어서 블록(block)과 인라인(inline)방법으로 분류된다. 블록요소는 <h>나<p> 등과 같이 문단 단위로 표시되는 요소를 말하며 <i>,<a>,<b> 처럼 줄 바뀜 없이 사용되는 요소를 인라인 요소라 한다. 블록 요소와 인라인 요소는 display 스타일 속성을 이용하여 서로 변경가능하다.

예제 2-11은 대표적인 블록 요소로 <li>를 인라인으로 표시하는 방법을 나타낸 것이다.

```
//id Olist항목을 인라인으로 표시하기
#OList li {display:inline; border: 1px solid red;}
    <ol id="OList">   //블록요소로서 <li>항목들은 줄바뀜되어 표시된다.
    <li>List</li>          <li>Software</li>
    <li>Convergence</li>   <li>Dept.</li>
    <li>Contact</li>
</ol>
```

이와 유사하게 인라인 요소 <i>,<b>,<a>요소들을 블록 요소로 표시하기 위해선 각 태그에 동일한 아이디 #block을 부여하고 display를 inline로 설정하면 된다.

```
#block {display:block;}
<i id="block">이탤릭</i>          <sup id="block">위첨자</sup>
<sub id="block">아래첨자</sub>    <a id="block"href="#">링크</a>
```

그림 2-14와 같이 블록 요소는 인라인 요소로 변경되고 인라인 요소는 블록 요소로 변경되어 표시되는 것을 볼 수 있다.

| 예제 2-11 | display.html |

```
<!DOCTYPE html>
<html>
<head><title>display 속성</title><meta charset="utf-8">
```

```
        <style>
        #OList li {display:inline; border: 1px solid red;}
        #block {display:block;}
        </style>
</head>
<body>
    <ol id="OList">
        <li>List</li>           <li>Software</li>
        <li>Convergence</li>    <li>Dept.</li>
        <li>Contact</li>
    </ol>
        <i id="block">이탤릭</i>        <sup id="block">위첨자</sup>
        <sub id="block">아래첨자</sub>   <a id="block"href="#">링크</a>
</body>
</html>
```

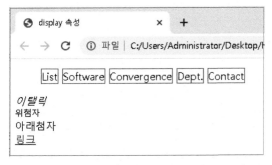

그림 2-14 Display

2.3.12 마진(margin)과 패딩(padding)

웹 문서의 UI(User Interface)를 디자인하기 위해서는 요소의 위치를 설정하는 것은 매우 중요하다. html의 시멘틱 요소 <header>,<nav>,<article> 등을 이용해 웹 문서를 디자인할 경우 요소들의 배치에 따라 디자인의 성격이 달라진다.

margin과 padding은 웹 문서의 콘텐츠간의 여백을 정의함으로써 웹문서를 디자인한다. margin은 콘텐츠간의 여백을 정의하고 padding은 콘텐츠 안에서의 여백을 정의한다.

그림 2-15는 예제 2-12를 실행한 화면에 설명을 덧붙인 것이다.

marging과 padding은 각각 화면의 위(top), 오른쪽(right), 아래(bottom) 그리고 왼쪽(left)의 속성을 갖고 있으며 단순히 margin이나 padding이라하면 4개의 속성을 모두 같은 값으로 지정하는 것이다. 만약 다음과 같이 위와 왼쪽의 margin을 따로 정의하고 싶다면 margin-top:20px; margin-left:40px;으로 정의하면 된다. padding은 4개의 면이 모두 20px로 동일하게 정의되었다.

```
body {margin-top:20px; margin-left:140px; padding:20px;}
```

그림 2-15에서 보는 바와 같이 <body>의 스타일은 브라우저 창의 화면을 기준으로 margin의 속성을 정의한다. 화면의 상단(margin-top), 오른쪽(margin-right), 아래쪽(margin-bottom) 그리고 왼쪽(margin-left)이 된다. 만약 마진의 스타일이 아래와 같이 정의 되었다면 순서는 위쪽, 오른쪽, 아래쪽 그리고 왼쪽의 순으로 지정된다.

```
margin:20px 30px 30px 25px;
```

body의 padding은 눈에 보이지 않지만 그림 2-15에서 파랑색 선으로 표시된 영역이다. 예제 2-12에서는 <div>를 사용하여 빨강색 영역을 표시하였고 파랑색 영역은 다른 콘텐츠와의 여백을 나타낸다. padding 역시 margin과 같이 top, right, bottom 그리고 left 속성을 가진다.

body 스타일에서 padding:20px로 설정하였으며 body안의 콘텐츠들은 20px의 여백이 주어진다.

```
#target1 {width: 200px; height: 50px; background:#00ffff; margin:30px;}
#target2 {width: 200px; height: 100px;background:#ffff00 ;padding:30px;}
```

body 스타일의 마진과 패딩이 문서 전체 영역의 여백을 설정하는 것이라면 태그와 아이디 스타일은 각 콘텐츠의 여백을 설정한다. 그림 2-15에서 빨강색 영역 안이 마진과 패딩을 나타낸다. #target1은 margin:30px로 파랑색 박스가 위쪽의 <p>, 왼쪽 빨강색 선의 경계 그리고 아래쪽의 노랑색 박스로부터 각각 30px의 여백이 주어진다.

#target2는 padding:10px로 노랑색 박스 안의 여백이 모두 10px 여백이 생긴다. margin
과 padding 값에 따라 박스의 위치는 변하게 된다.

그림 2-15 마진과 패딩

예제 2-12   marginPadding.html

```
<!DOCTYPE html>
<html>
<head><title>마진(margin)과 패딩(padding)</title>
<meta charset="utf-8">
    <style>
    body {margin-top:20px; margin-left:140px;padding:20px;}
    #target1 {width: 200px; height: 50px; background:#00ffff; margin:30px; }
    #target2 {width: 200px; height: 100px;background:#ffff00 ;padding:10px;}
    </style>
</head>
<body>
    <div id="bd" style="border:1px solid red;">
    <p>body {margin-top:20px; margin-left:140px;padding:20px;}</p>
    <h1 id="target1" style="box-shadow:5px 5px 3px #888888;">margin:30px; </h1>
    <h1 id="target2" style="box-shadow:5px 5px 3px #770000;border-radius:20px">
    padding:10px;</h1>
```

```
      </div>
   </body>
</html>
```

2.3.13 위치 설정(position)

html 요소들의 마진과 패딩은 콘텐츠간의 여백과 관련하여 UI를 디자인하는 것이라면 요소의 위치는 콘텐츠의 위치를 정하여 UI를 디자인하는 방법이다.

CSS를 이용한 위치 설정방법은 다음과 같이 4가지가 있다.

① 정적위치(static position) : 웹 문서의 태그 순서에 따라 정상적인 위치로 설정(기본값).
② 상대위치(relative position) : 주변 콘텐츠의 위치에 따라 상대적인 위치로 설정.
③ 절대위치(absolute position) : 정적위치가 아닌 요소를 기준으로 위치 설정
④ 고정위치(fixed position) : 윈도우 화면의 크기가 변화(스크롤) 되어도 고정된 위치 설정

절대위치는 문서 내에 정적위치 이외의 위치로 선언된 선행 콘텐츠를 기준으로 위치를 설정한다. 만약 다른 위치요소 없이 정적위치로만 선행 콘텐츠가 선언되었다면 <body> 문서의 최고 왼쪽상단을 기준으로 위치를 설정한다. 고정 위치의 경우는 브라우저 화면의 크기에 상관없이 스크롤이 되어도 항상 고정된 위치에 표시된다.

4개의 #stt,#rel,#abs,#fxd 스타일은 각각 정적(static), 상대(relative), 절대(absolut) 그리고 고정(fixed) 위치로 선언하였다.

```
<p id="stt" style="top:50px;">position:static</p>  //정적
<div id="rlt" style="top:25px; left:50px;">position:relative</div>  //상대
<p id="abs" style="right:150px;">position:absolute; </p>  //절대
<div id="fxd" style="right:200px;">position:fixed; </div>  //고정
```

정적#stt는 정상적인 위치이므로 정상적인 위치에 박스가 표시되며 #rlt의 경우 상대적인

위치이므로 #stt로부터 top:25px 그리고 left:50px에 위치한다. #abs의 경우의 절대 위치 기준은 #rlt가 기준이 되므로 right:150px에 위치한다. #fxd는 고정된 위치 right:200px이므로 그림 2-16과 같이 스크롤 하여도 #fxd는 해당 위치에 고정된다.

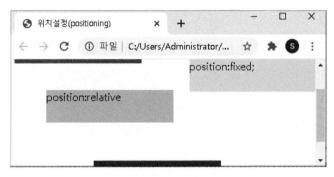

그림 2-16 콘텐츠 위치(Positioning)

예제 2-13	postion.html

```
<!DOCTYPE html>
<html><head>
<title>위치설정(positioning)</title>
<meta charset="utf-8">
    <style>
    #stt { position:static; width:200px;height:50px;background:#ff0000;}
    #rlt { position:relative; width:200px;height:50px;background:#11ff00;}
    #abs { position:absolute; width:200px;height:50px;background:#0000ff}
    #fxd { position:fixed; width:200px;height:50px;background:#00ffff}
    </style></head>
<body>
    <p id="stt" style="top:50px;">position:static</p>
    <div id="rlt" style="top:25px; left:50px;">position:relative</div>
    <p id="abs" style="right:150px;">position:absolute; </p>
    <div id="fxd" style="right:200px;">position:fixed; </div>
</body>
</html>
```

2.3.14 계층화(z-index)

position 속성을 이용하면 콘텐츠 요소들을 겹치게 놓을 수 있다. 이때 각 요소들은 문서에 나열된 태그의 순서로 배치되기 때문에 맨 마지막에 선언된 태그가 최상위에 놓이게 된다. 만약 나열된 순서와 상관없이 원하는 콘텐츠 순서로 나열하고 싶다면 z-index 속성을 사용한다. z-index에 부여된 숫자가 클수록 가장 상위에 놓이게 된다. 예제 2-14에서는 z-index의 값을 나열된 태그의 순서로 z-index:20에서 0까지 부여하였다.

```
#Box1 { position: absolute; width: 100px; height: 100px;
    background: red; z-index: 20; }
#Box2 { position: absolute; top: 30px; left: 30px;
    width: 100px; height: 100px;  background: blue; z-index: 10;}
#Box3 { position: absolute; top: 60px; left: 60px;
    width: 100px; height: 100px;  background: green;  z-index: 0;}
```

z-index의 값은 음의 정수도 가능하며 숫자의 크기에 상관없이 정수 값이 클수록 최상위 계층에 놓임으로써 콘텐츠를 계열화 시킬 수 있다. 프로그램의 실행결과를 그림 2-17에서 보듯이 계층화가 반대로 이루어진 것을 알 수 있다.

██ 예제 2-14   **zIndex.html**

```
<!DOCTYPE html>
<html><head>
<title>위치설정(positioning)</title>
<meta charset="utf-8">
    <style>
        #Box1 { position: absolute; width: 100px; height: 100px;
            background: red; z-index: 20; }
        #Box2 { position: absolute; top: 30px; left: 30px;
            width: 100px; height: 100px;  background: blue; z-index: 10;}
        #Box3 { position: absolute; top: 60px; left: 60px;
            width: 100px; height: 100px;  background: green;  z-index: 0;}
```

```
    </style>
</head>
<body>
    <div id="Box1">Number #1 Z-index=20</div>
    <div id="Box2">Number #2 Z-index=10</div>
    <div id="Box3">Number #3 Z-index=0</div>
</body>
</html>
```

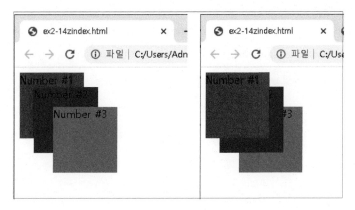

그림 2-17 z-index

| 참고사이트 및 자료 |

1. https://www.w3.org/Consortium/

2. https://www.w3schools.com/css/default.asp

3. https://www.w3schools.com/css/css_intro.asp

4. https://www.w3schools.com/css/css_syntax.asp

5. https://www.w3.org/TR/2011/WD-html5-20110525/elements.html

6. https://www.w3.org/standards/webdesign/htmlcss.html

7. 천인국, "HTML5&CSS3&Javascript", 2013

CHAPTER **3**

Web3D

3.1 Web3D 개념

3.2 X3Dom 구조

3.1 Web3D 개념

Web3D는 X3D라 부르며 X3D는 eXtensible 3 Dimension의 약자로 2004년 국제표준 (ISO/IEC 19775:2004)으로 지정된 3차원 모델링 언어이다. 그러나 X3D는 2004년에 처음으로 표준으로 지정된 것이 아니라 1994년에 제안된 VRML을 모체로 하고 있다.

VRML은 Virtual Reality Modeling Language의 약자로 1997년 국제표준(ISO/IEC 14772-1)으로 지정된 3차원 모델링 언어이다. VRML에는 기본적인 입체도형들이 정의되어 있으며 입체도형들을 조합하여 현실의 물체와 가상공간을 만들 수 있다. 가상공간에서는 애니메이션, 사운드 등을 삽입하여 사용자와 상호작용이 가능하다. 그러나 VRML은 주변 환경과 기술적인 요소들로 인해 상업적으로 성공하지 못하고 다음 버전인 X3D로 발전하였으며 HTML5에서 X3D를 표현하기 위한 X3DOM(Document Object Model)의 형태로 발전하였다.

X3D와 X3DOM은 VRML의 스펙(Specification)을 따르기 때문에 VRML의 사용법을 습득하면 HTML5와 X3DOM을 이용하여 가상공간을 웹에서 구현하기가 보다 수월하다.

현재 VRML은 Cortona3D http://cortona3d.com 회사에서 3D 물체의 모델링 프로그램으로 지원하고 있다. VRML의 사용법에 관심 있는 독자들을 위해 부록으로 VRML 관련 자료를 첨부한다. 표 3-1은 VRML의 역사와 특징에 대해 간단히 나타내었다.

표 3-1 VRML의 역사와 특징

VRML 버전		특징
VRML1.0	특징	1. 1994년 Tim Berners-Lee와 Dave Raggette가 3차원 환경의 필요성을 주장하면서 HTML 개념과 유사한 VRML을 사용. Markup은 3차원 개념에 맞게 Modeling으로 변경. 2. VRML 1.0 규약은 이미 널리 사용되고 있던 실리콘 그래픽스의 오픈 인벤터(Open Inventor) ASCII파일포맷을 기초로 제정. 3. 실리콘 그래픽에서 대중화를 위한 CosmoPlayer라는 VRML 뷰어를 제작.
	문제점	1. 상호작용이 지원되지 않음으로서 웹에서 중요한 애니메이션과 사운드가 제공되지 않음. 2. 당시 HTML은 문자위주의 정보를 표현하였고 네트워크의 최적화가 VRML보다 정교하지 못함으로 인해 인터넷에서 VRML을 표현하기에는 많은 한계성이 표출.

VRML 버전		특징
VRML2.0	특징	1. VAG(VRML Architecture Group)는 1996년 실리콘 그래픽스의 "Moving Worlds" 제안을 받아 1996년 VRML2.0 규약을 제정. 2. 표 1-2에서와 같이 다양한 기능을 추가로 지원하며 VRML 1.0과는 차별성을 표출. 3. Web3D 기반의 초석을 다짐.
	문제점	1. 국제 표준으로 제정되지는 못한 상태.
VRML97	특징	1. VRML2.0의 스펙(Specification)과 관련한 문서와 기능의 수정을 통해 3차원 그래픽 언어의 국제표준(ISO/IEC DIS 14772-1)으로 VRML97이 제안. 2. Web3D의 국제적 표준으로서 다양한 응용프로그램을 지원. 3. 자체적으로 수정하고 보완하여 2002년 새로운 표준안을 제정.
	문제점	1. 방대한 스펙으로 인하여 인터넷에서 3D 물체를 기술하는데 많은 문제점이 발생. 2. 당시의 컴퓨터 시스템과 네트워크 문제점으로 VRML 형식의 3D를 인터넷으로 표현하는데 한계성 표출. 3. 2004년 VRML97을 대체할 X3D가 국제 표준으로 제정.

X3D는 XML을 기반으로 웹상에서 3차원 물체를 모델링하고 정보를 제공하는 것을 목적으로 하고 있으며 VRML을 모체로 하기 때문에 VRML의 모든 특징을 공통으로 포함하고 있으며 표 3-2에 VRML과 X3D의 특징을 나타내었다.

표 3-2 VRML과 X3D의 특징(출처: 가상현실 증강현실과 VRML)

특징	설명
독립적인 전용 브라우저	1. VRML/X3D는 웹을 기반으로 하는 언어이기 때문에 3D를 보기 위해선 전용뷰어가 필요. 2. 전용뷰어는 물체의 이동, 회전 등을 기본적으로 제공하며 웹브라우저에서 독립적인 플랫폼으로 존재.
아바타의 탐색기능/상호작용 (Navigation and Interaction)	1. 가상공간의 주체는 관찰자로서 가상공간을 탐색하는 기본 기능을 제공. 2. 가상공간에서 사용자와 상호작용을 지원.
Web 3D 그래픽 국제 표준 (ISO Specification)	1. 3D 국제표준 언어. 3DMax와 같이 비표준 언어로 만들어진 3D 물체는 VRML/X3D 파일형태로 변경사용. 2. VRML/X3D 관련 기술은 모두 공개 3. 실시간을 전제로 하기 때문에 파일의 크기는 작아 ASCII 형태의 파일로 구성. 4. 별도의 비용 없이 웹에서 표현 가능.

특징	설명
SAI (Scene Authoring Interface) 외부 프로그램 연동	1. X3D는 외부 프로그램과 X3D 프로그램간의 상호작용을 위하여 SAI를 지원. 2. JAVA나 JavaScript와 같은 외부의 다른 응용프로그램과 결합 가능. 3. 외부 프로그램과 연동 가능하므로 단순한 상호작용뿐만 아니라 복잡한 기술도 효과적으로 표현.
다른 프로그램과의 호환성	1. 3차원 그래픽 툴인 3DMax 등 다른 응용프로그램과의 호환 가능. 2. C, Visual Basic 그리고 JAVA 등과 같은 프로그램의 인터페이스를 지원하며 게임과 같은 역동적인 프로그램에 적합.

X3D는 VRML 기반의 확장된 개념이므로 HTML을 이용하여 구현이 가능하기도 하지만 XML을 기반으로 구성되는 것이 가장 큰 특징이다. 따라서 X3D는 VRML의 특징뿐만 아니라 XML의 특징도 포함하고 있다. 이러한 특징은 HTML5와 직접적으로 호환되지 않는다.

VRML과 X3D로 이루어진 웹문서에서 3D 물체를 보기 위해선 Cortona3d 회사에서 지원하는 3D 전용뷰어나 JAVA 가상머신(Virual Machine)을 이용한 뷰어를 설치해야 한다. 이러한 문제점을 극복하기 위해서 X3D에서는 HTML5 기반에서 Web3D를 구현하고 볼 수 있는 X3Dom을 지원한다.

X3Dom을 HTML5 문서에서 사용하기 위해선 <body>내에 <x3d>....</x3d> 삽입하여 3D 물체를 직접 렌더링(rendering)할 수 있다. <audio>나<video>와 마찬가지로 <x3d>태그는 CSS와 javascript 코드로 기술되어 HTML5내에 표현 가능함으로 VRML이나 X3D와 같이 독립적인 전용뷰어를 설치할 필요가 없다.

3.2 X3Dom 구조

X3Dom은 HTML5와 완벽히 호환된다. 비록 HTML5가 국제표준이긴 하지만 지속적으로 확장되고 있는 것과 마찬가지로 X3Dom 역시 표준이지만 계속하여 기능을 업데이트하고 있으므로 아직 지원되지 않는 3D 물체들이 있으니 이점 유의하기 바란다.

예제 3-1은 가장 단순한 X3Dom구조의 HTML코드를 나타낸 것으로 실행결과를 그림 3-1에 나타내었다.

x3dom 코드는 1장에서 배웠던 HTML 코드와 거의 유사하며 <head>..</head>사이에 다음과 같은 코드를 반드시 추가해야 한다.

```
<link rel='stylesheet' type='text/css' href="http://www.x3dom.org/x3dom/release/x3dom.css"/>
<script type="text/javascript" src="http://code.jquery.com/jquery-1.7.2.js"></script>
<script type="text/javascript" src="http://www.x3dom.org/x3dom/release/x3dom.js"></script>
```

X3Dom의 태그는 HTML5의 표준 코드가 아니기에 X3Dom에서 사용하는 태그의 행동 방식을 웹브라우저에게 알려주어야 한다. x3dom.css는 2장에서 배웠던 CSS파일로서 외부 스타일로 X3Dom 태그의 표현방식을 나타낸다. 따라서 예제 3-1의 프로그램을 실행하기 위해서는 `href="http://www.x3dom.org/x3dom/release/x3dom.css"` **사이트의 X3Dom.css** 파일을 참조해야 한다. 모든 X3Dom 문서는 위의 스타일을 반드시 참조해야하는 필수 조건이다.

예제 3-1	HTML5에서 Web3D 구현

```
<!DOCTYPE html>
<html>
<head>
    <meta charset='utf-8'></meta>
    <title>Web3D,VR,가상현실,X3D,Box 만들기</title>
<link rel='stylesheet' type='text/css' href="http://www.x3dom.org/x3dom/release/x3dom.css"/>
<script type="text/javascript" src="http://code.jquery.com/jquery-1.7.2.js"></script>
<script type='text/javascript' src="http://www.x3dom.org/x3dom/release/x3dom.js"></script>
</head>
<body id='main'>
<h1>HTML5에서 Web3D 구현</h1>
<X3D> <!--showStat='true' showLog='true' 대소문자 구분 없음-->
    <Scene>
        <Shape>
            <Box size='2 2 2'></Box>
            <Appearance>
            <Material diffuseColor='1 0 0'></Material>
            </Appearance>
```

```
        </Shape>
      </Scene>
  </X3D>
  </body>
  </html>
```

그림 3-1 Web3D 표현

X3Dom.css 스타일이 X3Dom 태그의 표현방식이라면 jquery-1.7.2.js와 X3Dom.js는 X3Dom 태그의 행동방식을 나타내는 javascript 코드이다. javascript 코드는 후반에 메소드 중심으로 배울 예정이지만 javascript 코드는 html문서를 능동적으로 사용자와 상호작용하는 기능을 담당한다.

앞으로 기술하게 될 모든 X3Dom 문서는 위의 3가지 코드를 <head>...</head> 사이에 반드시 포함해야 한다.

```
<X3D><Scene>...</Scene></X3D>
```

<X3D> 요소는 html문서와 마찬가지로 태그의 쌍으로 이루어져 있으며 <body>처럼 3차원 공간의 시작을 나타내는 헤더의 표현이다. <Scene>과 </Scene>안에 기술되는 내용은 3차원 물체를 기술하기 위한 코드가 되며 가상공간에서 표현되는 물체들은 반드시 이 안에 위치해야 된다. <X3D>와 <Scene> 요소는 3D 공간을 제어하기 위한 여러 속성을 갖고 있다.

```
<Shape>
    <Box size='2 2 2'></Box>
    <Appearance>
    <Material diffuseColor='1 0 0'></Material>
    </Appearance>
</Shape>
```

3차원 물체를 기술하기 위한 X3Dom 코드이다. 위의 코드는 그림 3-1과 같이 빨강색의 박스를 만들기 위한 X3Dom 형식의 코드이다. X3Dom은 웹브라우저에 직접 표현가능하다.

X3D는 xml 형태로 문서의 데이터만 보여주고 3D 물체를 보기 위해선 전용 브라우저를 별도로 설치해야 한다. 그러나 X3D에서 만들어진 .x3d파일을 X3Dom에서 유효하게 사용할 수 있다. 부록의 X3D 스펙을 살펴보기 바란다.

X3Dom 코드는 노드(node)와 필드(field)로 구성되어 있다. 노드는 X3Dom에서 3D 물체의 형태를 기술하는 구성요소이며 필드는 노드의 특성을 기술하는 구성요소로서 변수 값을 가진다. 위의 예에서 대문자로 이루어진 Shape, Box Appearance 그리고 Material이 노드가 된다. 과거 VRML/X3D에서는 노드는 반드시 대문자로 기술하였으나 HTML5에서 대소문자를 구분하지 않기 때문에 X3Dom에서도 대소문자는 구분하지 않는다. 그러나 X3D를 이용하기 위해선 대소문자를 구분해서 쓰는 습관을 들이는 것이 좋다.

하나의 노드는 하나 혹은 다수의 필드로 구성되어 있어 여러 개의 필드를 포함할 수 있다.

```
<Box size='2 2 2'></Box> //Box노드는 size 필드를 포함.
<Material diffuseColor='1 0 0'> //Material 노드는 diffuseColor 필드를 포함
```

노드는 또 다른 노드를 포함할 수 있으며 같은 노드라도 필드의 값에 따라 다양한 형태의 3D 물체를 구현할 수 있다. 위의 예제에서는 <Shape>노드가 <Box>와 <Appearance> 노드를 자식으로 포함하고 있다.

프로그램 실행결과에서 초기화면은 2차원 처럼 보이는 사각형을 보게 된다. 이는 박스를 정면에서 바라보기 때문에 사각형으로 보이는 것이며 마우스를 움직이면 마우스의 움직임에 따라 박스가 회전하는 모양을 볼 수 있다.

X3D에는 100여개 이상의 노드가 정의 되어있다. VRML이 54개의 노드를 포함하고 있는 것에 비하면 매우 많은 노드가 확장되었다. X3D의 노드에 대한 필드의 변수 값을 어떻게 지정하느냐에 따라 현실 세계의 물체를 거의 나타낼 수 있다. 노드와 필드의 관계를 정의한 VRML과 X3D 스펙은 공개되어 있으며 부록에 수록되어 있다. X3Dom를 이용하여 3D를 구현하고자 한다면 X3D의 스펙의 내용을 수시로 살펴보아야 한다.

3.2.1 X3D노드

X3D 스펙에는 100여개 이상의 노드에 대해 정의하고 있으며 그림 3-2와 3-3과 같이 각 노드는 계층구조를 가지고 있다. X3D 노드의 계층구조 안에는 표준 VRML 노드를 모두 포함하고 있다.

그림 3-2에서 모든 X3D 노드는 X3DNode로 부터 파생되었음을 알 수 있다. X3DNode는 X3DChildNode, metaObject 노드 등을 포함하여 16개의 자식노드를 기능별로 분리하여 포함하고 있다. X3DNode의 자식노드인 X3DChildNode는 또 다시 24개의 자식노드를 포함하고 각각의 X3D를 포함한 자식노드들은 자신의 자식노드를 포함한다. 여기서 X3D 문자가 포함된 객체는 추상적 의미로 최종 자식노드(X3D 문자가 포함되지 않은 객체)를 분류하기 위한 기준으로만 제공된다. 이처럼 X3D는 자식노드간의 계층구조를 이루고 있으며 최종 자식노드가 실제적으로 X3D를 구현하는 노드가 된다. 이러한 최종 자식노드들은 다음과 같은 특징을 가진다.

- 각 노드는 Box, Group, Script 등과 같이 하나의 이름을 가진다.
- 각 노드가 가지는 필드 값에 따라 같은 이름의 노드를 구분할 수 있다.
- 각 노드는 다른 노드의 참조를 위해 이름을 부여하고 재사용할 수 있다.(DEF/USE)
- 각 노드는 이름을 재사용하여 이벤트(Event)를 받거나 전송할 수 있다.
- 각 노드의 동작 방식은(3D 랜더링, 이벤트 행위) X3D 뷰어에 이미 정의되어 있다.

X3D노드의 X3Dom의 구현은 아직도 진행 중이다. X3D의 많은 수의 노드가 X3Dom으로 구현 가능하지만 아직 개발이 되지 않은 노드들도 있다. 또한 X3Dom으로 구현된 노드

라 하더라도 웹브라우저의 특성에 따라 실행되는 것과 실행되지 않는 노드가 있다. 즉, 구글의 크롬 브라우저에서 실행되는 노드라 하더라도 마이크로소프트의 엣지(Edge)에서는 실행되지 않을 수 있으니 이점 유의하기 바란다.

```
X3DNode
 +- X3DProtoInstance
 +- X3DAppearanceNode -+- Appearance
 +- X3DAppearanceChildNode -+- FillProperties
 |                          +- LineProperties
 |                          +- X3DMaterialNode -+- Material
 |                          +- X3DTextureNode -+- X3DTexture2DNode -+- ImageTexture (X3DUrlObject)*
 |                          |                  |                    +- MovieTexture (X3DSoundSourceNode, X3DUrlObject)*
 |                          |                  |                    +- PixelTexture
 |                          |                  +- MultiTexture
 |                          +- X3DTextureTransformNode -+- X3DTextureTransform2DNode -+- TextureTransform
 |                                                      +- MultiTextureTransform
 +- X3DGeometryNode -+- Arc2D
 |                   +- ArcClose2D
 |                   +- Box
 |                   +- Circle2D
 |                   +- Cone
 |                   +- Cylinder
 |                   +- Disk2D
 |                   +- ElevationGrid
 |                   +- Extrusion
 |                   +- GeoElevationGrid
 |                   +- IndexedLineSet
 |                   +- LineSet
 |                   +- PointSet
 |                   +- Polyline2D
 |                   +- Polypoint2D
 |                   +- Rectangle2D
 |                   +- Sphere
 |                   +- Text
 |                   +- TriangleSet2D
 |                   +- X3DComposedGeometryNode -+- IndexedFaceSet
 |                   |                           +- IndexedTriangleFanSet
 |                   |                           +- IndexedTriangleSet
 |                   |                           +- IndexedTriangleStripSet
 |                   |                           +- TriangleFanSet
 |                   |                           +- TriangleSet
 |                   |                           +- TriangleStripSet
 |                   +- X3DParametricGeometryNode -+- NurbsCurve
 |                                                 +- NurbsSweptSurface
 |                                                 +- NurbsSwungSurface
 |                                                 +- X3DNurbsSurfaceGeometryNode -+- NurbsPatchSurface
 |                                                                                 +- NurbsTrimmedSurface
 +- GeoOrigin
 +- X3DGeometricPropertyNode -+- X3DColorNode -+- Color
 |                            |                +- ColorRGBA
 |                            +- X3DCoordinateNode -+- Coordinate
 |                            |                     +- CoordinateDouble
 |                            +- HAnimDisplacer     +- GeoCoordinate
 |                            +- X3DNormalNode -+- Normal
 |                            +- X3DTextureCoordinateNode -+- MultiTextureCoordinate
 |                                                         +- TextureCoordinate
 |                                                         +- TextureCoordinateGenerator
 +- X3DFontStyleNode -+- FontStyle
 +- MetadataDouble (X3DMetadataObject)*
 +- MetadataFloat (X3DMetadataObject)*
 +- MetadataInteger (X3DMetadataObject)*
 +- MetadataSet (X3DMetadataObject)*
 +- MetadataString (X3DMetadataObject)*
 '
```

그림 3-2 X3D 노드 구조 (1)

```
+- Contour2D
+- NurbsTextureCoordinate
+- X3DNurbsControlCurveNode -+- ContourPolyline2D
|                            +- NurbsCurve2D
+- X3DChildNode -+- X3DBindableNode -+- Fog
|                                    +- GeoViewpoint
|                                    +- NavigationInfo
|                                    +- Viewpoint
|                                    +- X3DBackgroundNode -+- Background
|                                                          +- TextureBackground
|                +- Inline (X3DUrlObject, X3DBoundedObject)*
|                +- StaticGroup (X3DBoundedObject)*
|                +- X3DShapeNode -+- Shape (X3DBoundedObject)*
|                +- X3DGroupingNode (X3DBoundedObject)* -+- Anchor
|                                                        +- Billboard
|                                                        +- Collision (X3DSensorNode)*
|                                                        +- EspduTransform
|                                                        +- GeoLocation
|                                                        +- GeoLOD
|                                                        +- Group
|                                                        +- HAnimJoint
|                                                        +- HAnimSegment
|                                                        +- HAnimSite
|                                                        +- LOD
|                                                        +- Switch
|                                                        +- Transform
|                +- NurbsSet (X3DBoundedObject)*
|                +- NurbsOrientationInterpolator
|                +- NurbsPositionInterpolator
|                +- NurbsSurfaceInterpolator
|                +- HAnimHumanoid (X3DBoundedObject)*
|                +- ReceiverPdu (X3DBoundedObject)*
|                +- SignalPdu (X3DBoundedObject)*
|                +- TransmitterPdu (X3DBoundedObject)*
|                +- X3DInterpolatorNode -+- ColorInterpolator
|                                        +- CoordinateInterpolator
|                                        +- CoordinateInterpolator2D
|                                        +- GeoPositionInterpolator
|                                        +- NormalInterpolator
|                                        +- OrientationInterpolator
|                                        +- PositionInterpolator
|                                        +- PositionInterpolator2D
|                                        +- ScalarInterpolator
+- X3DLightNode -+- DirectionalLight
|                +- PointLight
|                +- SpotLight
+- X3DScriptNode (X3DUrlObject)* -+- Script
+- X3DSensorNode -+- TimeSensor (X3DTimeDependentNode)*
|                 +- Collision (X3DGroupingNode)*
|                 +- X3DEnvironmentalSensorNode -+- ProximitySensor
|                 |                               +- VisibilitySensor
|                 +- X3DKeyDeviceSensorNode -+- KeySensor
|                 |                          +- StringSensor
|                 +- X3DNetworkSensorNode +- LoadSensor
|                 +- X3DPointingDeviceSensorNode -+- X3DDragSensorNode -+- CylinderSensor
|                                                 |                     +- PlaneSensor
|                                                 |                     +- SphereSensor
|                                                 +- X3DTouchSensorNode -+- GeoTouchSensor
|                                                                        +- TouchSensor
+- X3DSoundNode -+- Sound
+- X3DTimeDependentNode -+- TimeSensor (X3DSensorNode)*
|                        +- X3DSoundSourceNode -+- AudioClip (X3DUrlObject) *
|                                               +- MovieTexture (X3DTexture2DNode, X3DUrlObject)
+- X3DSequencerNode -+- BooleanSequencer
|                    +- IntegerSequencer
+- X3DTriggerNode -+- BooleanTrigger
|                  +- IntegerTrigger
|                  +- TimeTrigger
+- BooleanFilter
+- BooleanToggle
+- X3DInfoNode --+- GeoMetadata
                 +- WorldInfo

                                    * = Derived from multiple interfaces
```

그림 3-2-1 X3D 노드 구조 (2)

3.2.2 X3Dom 필드(Field)

필드는 노드를 정의하기 위한 데이터 타입이다. 필드는 노드의 자료형에 따라 단일 값을 가진 SF(Single Field)형과 다중 값을 가진 MF(Multiple Field)형이 있다. 필드를 구성하는 요소는 속성, 자료형, 이름 그리고 변수 값으로 정의된다. 표 3-3에 Box 노드에 대한 필드 구성요소를 나타내었다.

표 3-3 Box 노드의 필드 구성 요소

속성	자료형	이름	변수 값
initializeOnly	SFVec3f	size	2 2 2

필드의 각 요소별 종류와 의미는 다음과 같다.

① 속성 : 속성의 종류와 의미는 표 3-4와 같이 4가지의 속성이 있다. initializeOnly를 제외한 세 가지 속성은 센서 등을 이용한 이벤트를 설정할 때 중요하게 사용되는 요소이다.

② 자료형 : 필드가 가질 수 있는 변수의 데이터 형태를 나타낸다. 자료형이 단일 값일 경우는 SF(Single Field)를 나타내며 다중 값일 경우는 MF(Multiple Field)를 나타낸다. MF의 다중 값의 내용들은 따옴표(' ')안에 쉼표(,)를 사용하여 각각의 값을 구분할 수 있다. 속성과 자료형은 이벤트와 애니메이션을 적용하기위해서는 필수적으로 이해해야 하므로 항상 속성과 자료형을 확인하며 노드를 구현하여야 한다.

③ 이름 : 해당 노드에서 실질적으로 표현되는 필드의 이름이다.

④ 변수 값 : 해당 노드의 실질적인 데이터 값을 나타낸다.

이벤트나 애니메이션 없이 단순히 가상공간에 물체를 표현하기 위해서는 이름과 변수 값만을 사용한다. 예를들어 Box를 표현하기 위해서는 정육면체의 크기 size에 대한 변수 값만을 적용하면 정육면체를 표현할 수 있다. 그러나 가상공간에서 사용자와의 상호작용을 이루기 위해서는 반드시 속성과 자료형에 대해 이해를 해야 한다. 이후 이벤트에 대해 언급할 때 그 이유를 알아보자.

표 3-4는 필드의 속성에 따른 의미이며 표 3-5는 각 속성에 대한 자료형의 의미로서 일부분은 생략되었다. 이벤트에 대한 내용은 X3Dom에서 매우 중요한 의미를 가진다. X3Dom이 단순한 3D 모델링을 벗어나 애니메이션이나 사용자와의 인터페이스를 구현하기 위해서 반드시 이해를 해야 하는 부분이다. 노드의 필드와 속성은 이벤트를 구현하기 위해서는 javascript와 연관되어지므로 표 3-4와 3-5의 내용을 주의 깊게 살펴보아야 한다.

표 3-4 속성의 종류와 의미

속성	의미
initializeOnly/field	상수와 같은 의미로 한번 정의되면 그 값을 변경할 수 없다.
inputOutput/ exposedField	변수와 같은 의미로 프로그램의 실행 중 항시 값의 변경이 가능하다. 이벤트에서 값을 받을 수도 있고 다른 노드에게 이벤트 값을 전송할 수도 있다.
inputOnly/eventIn	이벤트를 받기만 하는 속성이다.
outputOnly/eventOut	이벤트를 발생하기만 하는 속성이다.

표 3-5 자료형의 종류와 의미

단일값(SF)	다중값(MF)	내용	기본값
SFBool	–	불리언(Boolean)값	TRUE/FALSE
SFFloat	MFFloat	32비트 실수 값	SF-0.0, MF-' '
SFInt32	MFInt32	32비트 정수 값	SF-0, MF-' '
SFTime	MFTime	시간을 절대, 상대 값으로 표현	SF-1, MF-' '
SFVec2f	MFVec2f	2차원 실수 좌표 값	SF-xy, MF-' '
SFVec3f	MFVec3f	3차원 실수 좌표 값	SF-xyz, MF-' '
SFColor	MFColor	R,G,B로 구성된 색상 값	SF-rgb, MF-' '
SFImage	–	2차원 이미지로서 8비트에서 32비트로 구성된 이미지 표현	SF-rgb
SFNode	MFNode	단일/다중 노드를 포함	SF-NULL,MF-' '
SFRotation	MFRotation	회전축과 회전각도 값	SF-xyzθ, MF-' '
SFString	MFString	" "안에 문자열을 표현	SF-"", MF-' '
SFColorRGBA	MFColorRGBA	투명색을 추가한 RGB 색상값	SF-rgba, MF-' '
SFDouble	MFDouble	64비트 실수 값	SF-0.0, MF-' '
SFVec2d	MFVec2d	2차원 double 실수 좌표 값	SF-xy, MF-' '

3.3 환경 설정

3.3.1 X3Dom 요소의 환경설정

<X3D> 요소는 3차원 공간의 환경을 설정하기 위하여 표 3-6과 같이 다양한 속성을 제공한다. 각 속성들의 사용법은 예제 3-2와 같으며 실행결과를 그림 3-3에 나타내었다.

예제 3-2	<X3D> 속성

```html
<!DOCTYPE html>
<html>
<head>
    <meta charset='utf-8'></meta>
    <title> X3D 속성 </title>
<link rel='stylesheet' type='text/css' href="http://www.x3dom.org/x3dom/release/x3dom.css"/>
<script type="text/javascript" src="http://code.jquery.com/jquery-1.7.2.js"></script>
<script type='text/javascript' src="http://www.x3dom.org/x3dom/release/x3dom.js"></script>
</head>
<body id='main'>
<h1>HTML5에서 Web3D 구현</h1>
<X3d showLog='true' showStat='true' showProgress='true' promitiveQuality='high' useGeoCache='true' disableKeys='false' altimg='"http://web3d.org"' runtimeEnabled='true'>
    <Scene>
        <Shape>
            <Box size='2 2 2'></Box>
            <Appearance>
            <Material diffuseColor='1 0 0'></Material>
            </Appearance>
        </Shape>
    </Scene>
</X3d>
</body>
</html>
```

　　그림 3-3을 보면 <X3D> 속성에 의해 현재 X3D 장면에 대한 상태 창 등을 볼 수 있다. 다음은 <X3D>속성과 설명을 나타낸 것이다.

표 3-6 x3dom 환경설정

showLog='true' : 로깅(logging) 콘솔(console)의 표시 유무(화면 하단에 위치)
showStat='true' : 상태창의 표시 유무(화면 오른쪽에 위치)
showProgress='true' : 장면이 로딩(loading) 중임을 표시 유무
PrimitiveQuality='high' : 노드의 렌더링 정도(high, medium, low, float)
useGeoCache=' true' : 랜더링 중인 물체에 대한 캐시(cache)를 사용할지의 여부
disableKeys='false' : 키보드 사용 여부
disable(Touch/DoubleClick/RightDrag/LeftDrag) : 마우스 사용여부
altimg='"http://web3d.org"' :이미지가 표시되지 않을 경우 이미지 경로 표시
runtimeEnabled='true' :실시간 사용여부
maxActiveDownloads : 최대 가능한 다운로드 수(기본값:40)

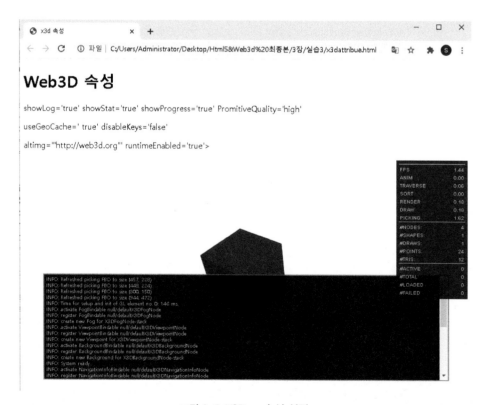

그림 3-3 X3Dom 속성 설정

3.3.2 X3Dom 탐색모드

X3Dom 장면은 3차원으로 이루어져 있으며 마우스나 키보드로 공간을 이동하며 탐색하거나 관찰할 수 있다. 2차원 웹 문서는 마우스로 스크롤(Scroll)하면 내용들을 볼 수 있지만 X3Dom에서는 Z축이 존재하여 이동이 가능하다. 기본적으로 관찰(Examine), 걷기(Walk), 비행(Fly), 올려보거나 내려다보는 헬리콥터(Helicoter), 자세히 살펴보는 Look at, 관찰모드와 유사한 턴테이블(Tuntable) 그리고 게임(Game) 모드가 있다. 마우스와 키보드로 장면 내에서 제어가 가능하며 위의 모드들에 대한 사용법은 다음과 같다.

- **Examine (keyboard:e)**

기능		마우스버튼
회전	Rotation	왼쪽/오른쪽+Shfit
상하좌우	Pan	중앙/왼쪽+Ctrl
확대	Zoom	오른쪽/휠/왼쪽+Alt
중심회전		왼쪽버튼 두 번 클릭

- **Walk (keyboard:w)**

기능		마우스버튼
전진	Foward	왼쪽
후진	Backward	오른쪽

- **Fly (keyboard:f)**

기능		마우스버튼
전진	Foward	왼쪽
후진	Backward	오른쪽

- **Look at (keyboard:i)**

기능		마우스버튼
안으로 이동	Move in	왼쪽
밖으로 이동	Move out	오른쪽

■ Helicopter (keyboard:h)

기능	마우스버튼	
전진	Foward	왼쪽

■ 초기모드 ()

기능	마우스버튼	
초기화면	Reset	r
모두표시	Show All	a
수평조절	Uright	u

■ Game (keyboard:g)

기능	마우스버튼	
전진	Forward	위쪽 화살키
후진	Backward	아래쪽 화살키
Strafe left		왼쪽 화살키
Strafe R		오른쪽 화살키

3.3.3 크롬 웹서버(WebServer)

※ 본 절은 생략해도 무관하다.

HTML5로 이루어진 웹 문서는 크롬에서 잘 동작한다. 크롬은 1장에서 살펴본 바와 같이 HTML5 구현 점수도 높고 이용자 점유율도 가장 높다. 그러나 X3Dom으로 이루어진 문서 중 외부파일과 관련된 장면들에 대해서 클라이언트(Client) 내에서 실행할 경우 표시가 되지 않는 경우가 있다. 이것은 크롬이 웹브라우저의 보안 정책상 파일 내에 참조(url)된 다른 문서에 접근하는 것을 금지하고 있기 때문이다. 클라이언트에서는 참조된 문서를 금지하고 있지만 서버(Server)에서 실행할 경우에는 문제가 없다. 그러나 엣지(Edge) 브라우저의 경우는 클라이언트에서 문제없이 실행이 된다.

대표적인 외부 링크 참조의 경우는 이미지와 외부파일 링크이다. X3Dom에서는 외부파일 링크를 <Inline>을 통해 지원하고 있으며 이미지 표현 방법은 <ImageTexture> 그리고 동영상 표현은 <MovieTexture>를 통해 표현 가능하다.

개발자를 위한 크롬 웹서버(WebServer)를 만드는 방법은 비교적 간단하며 서버의 조건으로 웹서비스가 가능한 IP주소가 필수적이다. 다음 절차에 따라 크롬 서버를 간단히 만들어 보자.

1. 그림 3-4a와 같이 크롬 브라우저의 검색 창에 WebServer for Chrome을 입력하고 클릭

그림 3-4a chrome 브라우저 검색 창에 WebServer for Chrome 입력

2. chrome 웹 스토어에서 앱 실행을 클릭

그림 3-4b chrome 웹 스토어

3. 서버 옵션 설정

그림 3-4c 서버 옵션 설정

다음 항목들에 대해 체크한다.

1. Run in Background (백그라운드에서 실행)
2. Accessible on local network (내부 네트워크 접근 가능 : X3Dom 내부파일 접근 가능)
3. index.html (서버의 첫 번째 기본 페이지 이름 index.html)
4. WebServer 실행 폴더

"CHOOSE FOLDER"를 클릭한 하면 그림 3-4e와 같이 웹에 게시할 X3Dom 문서들이 포함 된 폴더를 선택한다.

그림 3-4d WebServer Url과 실행 폴더

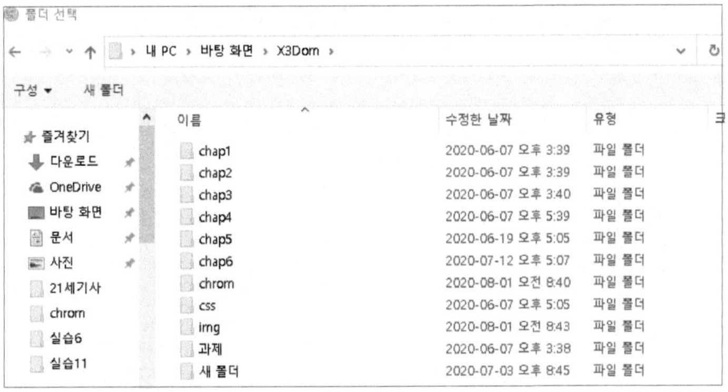

그림 3-4e 서버 폴더 선택

5. Web Server URL 클릭

그림 3-4d에서 서버 주소 http://127.0.0.1:8887과 http://192.168.219.103:8887를 볼 수 있다. 둘 중 하나의 url 주소를 클릭하면 앞서 설정한 폴더의 내용이 웹에 게시된다. 물론 가상의 URL 이기 때문에 내 컴퓨터에서만 서버로 동작한다. 그림 3-4에서 가상의 서버 주소 http://127.0.0.1:8887로 외부파일과 이미지가 정상적으로 로딩 되어 실행되는 모습을 볼 수 있다.

그림 3-4 가상서버

| 참고사이트 및 자료 |

1. http://www.web3d.org/X3D/specifications/

2. https://www.x3dom.org/

3. http://www.web3d.org/X3D/content/examples/help.html

4. https://www.web3d.org/html-3d

5. https://doc.instantreality.org/tutorial/

6. https://doc.X3Dom.org/author/configuration.html

7. 박경배 "가상현실 증강현실과 VRML", pp17~24, 21세기사, 2012

8. 박경배 외1 "Web3D 디자인을 위한 예제 중심의 X3D?", pp24~27, 글로벌출판사, 2008

9. https://doc.x3dom.org/tutorials/basics/hello/HelloX3DOM.html

CHAPTER **4**

가상공간과 기본물체

4.1 NavigationInfo 노드

NavigationInfo 노드는 가상공간을 항해하기 위한 가상의 관찰자(avatar)를 설정하기 위한 노드이다. 3D의 가상공간을 구축하고 현실 세계에서와 같이 항해하고 탐색하기 위해서는 관찰자를 정확히 설정할 필요가 있다.

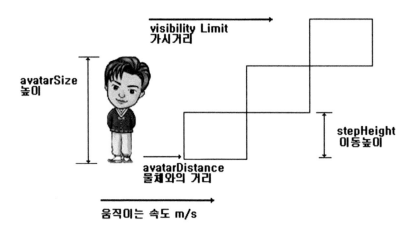

그림 4-1 Navigation(항해)의 개념(출처:예제중심의 X3D)

그림 4-1에서 보는바와 같이 가상의 공간을 탐색하고 항해하기 위해 우선 설정해야 요소는 관찰자의 크기, 이동속도, 물체와의 충돌거리, 이동높이 그리고 관찰자가 볼 수 있는 가시거리(Visibility Limit) 등이다. 또한 현실 세계에서와 마찬가지로 물체들을 보기 위해선 태양과 같은 광원이 존재하여야 한다. 이러한 광원 역시 NavigationInfo 노드에서 설정한다.

가상공간에서 관찰자가 현실세계에서와 같은 움직임을 정의하기 위해서는 관찰자의 키를 설정해야 한다. 관찰자의 키 설정은 다른 물체들의 크기와 위치에 따라 다른 형태로 나타날 수 있다. 관찰자의 키가 설정되면 물체와의 충돌거리와 이동높이를 설정해야 한다. 가상공간이라 하더라도 높은 장애물을 통과하거나 넘어갈 수 있도록 해선 안 된다. 이와 아울러 관찰자의 이동속도나 가시거리 등을 설정하는 것도 세밀하게 가상공간을 설정하는 요소가 된다.

이와 같이 NavigationInfo는 가상공간을 자유롭게 항해하고 탐색하기 위한 속성을 설정하는 노드이다. 표 4-1은 NavigationInfo 노드의 필드와 속성을 나타낸 것이다.

표 4-1 NavigationInfo 노드

exposedField	MFFloat	avatarSize	[0.25,1.6,0.75]	#[0,∞)
exposedField	SFBool	headlight	TRUE	
exposedField	SFFloat	speed	1.0	#[0,∞)
exposedField	MFString	type	["WALK","ANY"]	
exposedField	SFFloat	visibilityLimit	0.0	#[0,∞)
eventIn	SFBool	set_bind		
eventOut	SFBool	tsBound		

- set_bind : 바운딩 노드의 스택관련 필드로서 주어진 노드를 스택의 최상위로 혹은 최상위에서 움직일 때 사용된다. 사용자는 여러 NavigationInfo 노드를 설정할 수 있지만 한 시점에서는 오직 하나의 NavigationInfo 만이 적용된다. FALSE 이면 스택에서 제거되고 다음 NavigationInfo 노드가 적용된다.

- avatarSize : 아바타(avatar)란 가상공간에서 관찰자를 나타내는 분신의 의미이다. 일반적으로 게임이나 채팅 사이트에서는 아바타를 만들어 가상공간에서 시각적인 이미지를 제공하고 있다. avatarSize는 세 가지의 세부적인 환경설정을 할 수 있다. 환경설정의 내용으로는 Avatar Distance, Avatar Height, Avatar Step Height가 있다.

① Avatar Distance : 관찰자와 다른 물체 간에 충돌을 감지하는 거리이다. 기본 값은 0.25로 관찰자와 다른 물체 간에 설정된 값 이하로는 서로 충돌되어 더 이상 그 방향으로는 진행할 수 없다.

② Avatar Height : 관찰자의 신장 크기로서 가상공간을 탐색하기 위한 관찰자의 눈높이라 생각해도 된다. 기본 값은 1.6으로서 현실에서 신장 160cm를 가진 사람이다. X3D에서 길이의 단위는 미터(meter)를 적용한다. 따라서 1.6은 1.6[m]을 의미한다.

③ Avatar Step Height : 관찰자가 장애물을 건너 올라갈 수 있는 최대 높이이다. 만약 장애물의 높이가 Step Height보다 높으면 더 이상 진행하지 못하고 Avatar Distance에서 설정된 값 때문에 충돌하게 된다. 기본 값은 0.75로서 계단이나 언덕을 만들때 충돌하지 않기 위해서는 이보다 적은 값으로 물체를 만들어야 한다.

- headlight : -z 축으로 향하는 기본 빛으로 현실 세계의 빛과 같다. 기본 값은 TRUE로서 빛이 존재하지만 FALSE 값을 사용하면 빛을 제거할 수 있다. 만약 인공조명을 사용하려면 headlight를 Off 시켜야 그 효과를 볼 수 있다.
- speed : 아바타가 가상공간을 이동하는 속도로서 초당 움직이는 거리(m/sec)의 비율을 설정한다.
- transitionType : 화면의 전환 방법을 나타낸다. 즉 현재의 장면에서 다른 시점으로 변경되었을 때 화면의 전환 방법을 나타낸다.

① LINEAR : 화면의 전환은 선형적(Linear)으로 이루어진다. 즉 급격한 장면의 변화가 아닌 한 시점에서 다른 시점으로 완만한 변화를 일으키며 해당 장면으로 이동한다.
② TELEPORT : 화면의 전환이 순간적(Teleport)으로 이루어진다. 한 장면에서 다른 장면으로 순식간에 전환된다.
③ ANIMATE : 화면의 전환이 애니메이션 기법으로 이루어진다.

- type : 가상공간을 항해하는 형태를 설정한다. 3장 참조

① EXAMINE : 관찰 모드이다. 사용자는 물체를 회전하며 관찰할 수 있다.
② WALK : 현실세계와 마찬가지로 중력이 작용하며 걷는 모드이다. 바닥이 없으면 아래로 추락할 수 있다.
③ FLY : WALK 형태와 동일하나 중력이 무시되어 날아다닐 수 있다.
④ LOOKAT : 물체의 한 부분을 세밀히 관찰하기 위한 모드이다.
⑤ ANY : 앞서 언급한 모든 형태가 가능하다. 이 모드에서는 BSContact의 메뉴에 의해 사용자가 관찰모드를 선택할 수 있다.
⑥ NONE : 어떠한 관찰모드도 사용하지 않는다. 사용자는 초기 모습만을 보게 된다.

- visibilityLimit : 아바타의 가시거리(visible distance)를 나타낸다. 가시거리보다 먼 물체는 보이지 않는다. visibilityLimit의 값은 0.0~∞이며 0이면 ∞와 같다.
- bindTime : NavigationInfo 노드가 현재 장면에 결합(bind)된 순간에 발생된 시간이다. 이벤트 항목으로 이후에 사용자가 bindTime 등을 임의로 설정할 수 있다.

- isBound : NavigationInfo가 현재 장면에 결합되었는지를 나타내는 필드이다. 만약 false 값을 가지면 현재 NavigationInfo는 무시된다.
- transitionComplete : 화면의 전환이 완료되었는지를 나타낸다.

그림 4-2는 예제 4-1의 프로그램을 실행한 결과를 나타낸 것이며 headlight를 'false'로 하고 type을 'examine'으로 하게되면 그림 4-3과 같이 나타난다.

```
type='"walk" "any"'  //examine, fly, hellycopter, game 모드 변경가능.
```

walk 모드에서 마우스 왼쪽 버튼을 누르면 전진하고 오른쪽 버튼을 누르면 후진한다. examine 모드에서는 왼쪽 버튼을 클릭한 채로 움직이면 물체를 관찰할 수 있다.

type을 설정할 때 단일 따옴표(' ')안에 ' "examine","any" ' 형태로 삽입해야 한다.

```
headLight='true'    //빛의 유무를 나타낸다. 'false'값으로 설정하면 빛이 없는 상태.
avatarSize='"0.25 1.8 0.75"'//관찰자(Avatar)설정: 충돌거리(0.25), 키(180cm), 무릎(0.75)
speed='3' //이동 속도를 나타낸다. 1~5의 값을 가지며 높을수록 빠름.
visiblityLimit='0.0'  //가시거리  0.0은 무한대의 거리를 나타낸다.
```

예제 4-1   **NaviationInfo 노드를 이용한 항해 정보 설정**

```
<!DOCTYPE html>
<html>
<head>
<title>항해설정(NaviationInfo)</title>
<meta charset='utf-8'/>
<script type="text/javascript" src="http://code.jquery.com/jquery-1.7.2.js"></script>
<script type='text/javascript' src="http://www.x3dom.org/x3dom/release/x3dom.js"></script>
<linkrel='stylesheet'type='text/css' href="http://www.x3dom.org/x3dom/release/x3dom.css"/>
</head>
<body id='main'>
<p>type='"walk" "any"'  headLight='true'
    avatarSize='"0.25 1.8 0.75"' speed='3' visiblityLimit='0.0'</p>
```

```
<X3D width='100%' height='640px'> <!--showStat='true' showLog='true' -->
<Scene>
    <NavigationInfo type='"walk" "any"' headLight='true'
    avatarSize='"0.25 1.8 0.75"'  speed='3' visiblityLimit='0.0'>
    </NavigationInfo>
    <Transform translation='-2 0 0'>
    <Shape><Box size='2 2 2'/></Box>
    <Appearance><Material diffusecolor='0.6 0 0'></Material></Appearance>
    </Shape></Transform>
    <Transform translation='2 0 0'>
    <Shape><Box size='2 2 2'/></Box>
    <Appearance><Material diffusecolor='0 0 1' ></Material></Appearance>
    </Shape></Transform>
    </Scene></X3D>
</body>
</html>
```

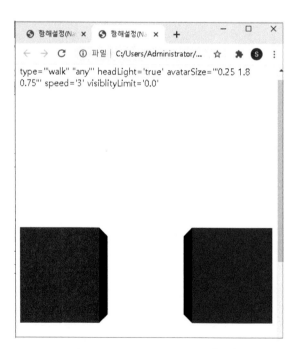

그림 4-2 NaviationInfo headlight(true)

예제 4-1a와같이 type='"examine" "any"'로 변경하고 headlight ='false'로 하면 그림 4-3과 같이 물체의 색상은 보이지 않고 검은 형체만 나타난다. 항해모드 "any"가 포함되어 있을 경우 "walk"와 "examine" 모드는 key 값 'w'와 'e'를 누르면 언제든지 항해모드가 변경된다.

예제 4-1a	NavigationInfo 노드를 이용한 항해 정보 설정

```html
<!DOCTYPE html>
<html>
<head>
<title>항해설정(NaviationInfo)</title>
<meta charset='utf-8'/>
<script type="text/javascript" src="http://code.jquery.com/jquery-1.7.2.js"></script>
<script type='text/javascript' src="http://www.x3dom.org/x3dom/release/x3dom.js"></script>
<linkrel='stylesheet'type='text/css' href="http://www.x3dom.org/x3dom/release/x3dom.css"/>
</head>
<body id='main'>
<p>type='"walk" "any"'  headLight='true'
    avatarSize='"0.25 1.8 0.75"' speed='3' visiblityLimit='0.0'</p>
<X3D width='100%' height='640px'> <!--showStat='true' showLog='true' -->
<Scene>
    <NavigationInfo type='"walk" "any"' headLight='true'
    avatarSize='"0.25 1.8 0.75"'  speed='3' visiblityLimit='0.0'>
    </NavigationInfo>
    <Transform translation='-2 0 0'>
    <Shape><Box size='2 2 2'/></Box>
    <Appearance><Material diffusecolor='0.6 0 0'></Material></Appearance>
    </Shape></Transform>
    <Transform translation='2 0 0'>
    <Shape><Box size='2 2 2'/></Box>
    <Appearance><Material diffusecolor='0 0 1' ></Material></Appearance>
    </Shape></Transform>
    </Scene></X3D>
</body>
</html>
```

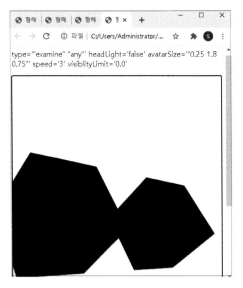

그림 4-3 Examine과 headlight false

4.2 Shape 노드

가상공간에 물체를 표현하기 위해서는 기본적으로 3D 물체를 표현하기 위한 Shape 노드를 사용하여야 한다. 3D 공간에서 물체의 이동과 더불어 물체의 회전, 크기 변환 등의 작업을 위해서는 3D 공간 좌표에 대한 이해가 필요하다.

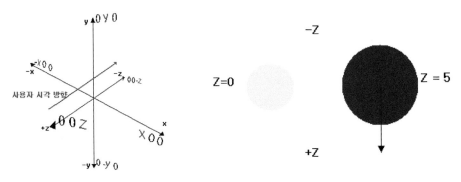

그림 4-4 3D 공간 좌표의 개념   그림 4-5 z 값에 따른 물체의 이동

그림 4-4는 2차원의 모니터에 표현되는 3D 공간의 좌표를 나타낸 것이다. x축은 모니터의 수평 방향인 가로축이며 y축은 세로축인 수직 방향이다. 기존의 2D 이미지는 이처럼 x, y축으로 설정되지만 가상의 3D를 만들기 위하여 사용자가 모니터를 보는 방향으로 z축을 추가하여 가상의 3D 공간을 구성하였다.

그림 4-4는 시각적인 효과를 위하여 시계방향으로 회전을 하였으며 현실세계와 다르게 원점을 기준으로 음의 좌표축을 갖는다. 그림에서 보는 바와 같이 3D 공간의 좌표는 항상 (x, y, z) 쌍으로 이루어지며 그림의 붉은색 문자처럼 첫 번째 값은 x, 두 번째 값은 y 그리고 마지막 값이 z축의 값이 된다. 그림에서 x, y, z축이 만나는 교차점의 좌표는 가상공간의 중앙으로서 (x, y, z)의 값은 모두 0이다. 이를 기준으로 양의 값과 음의 값으로 결정된다.

2D에서 x, y는 이미지의 크기를 나타내지만 3D에서 z축은 원근감을 나타나내기 위한 축이다. 그림 4-5는 같은 크기의 물체를 z축의 값에 따라 표현한 것이다. 노란색의 구는 z=0인 위치에 있어 z=5인 파란색 구보다 상대적으로 작게 보인다. 따라서 z의 값이 클수록 물체는 상대적으로 크게 보이게 된다. 공간 좌표와 다르게 물체 모양은 음의 값이 없는 크기만을 고려해야 한다.

3D 물체를 표현하기 위한 노드는 Shape 노드이다. Shape는 모양을 의미하는 추상적인 단어다. 이와 같이 추상적인 개념이 필요한 이유를 그림 4-6을 통해 살펴보자.

누군가 모양(Shape)이라고 한다면 머릿속에는 구체화 되지는 않지만 그림 4-6의 왼편 그림과 같이 추상적인 기하학적(geometry) 모양이 떠오를 것이다. 이를 구체화하기 위해선 원, 또는 사각형이라고 언급을 해야지만 추상적인 모양(Shape)에서 구체적인 기하학적 (geometry) 모양이 된다. 그러나 아직도 모양의 형태만 정의되었지 해당 모양의 외형은 설

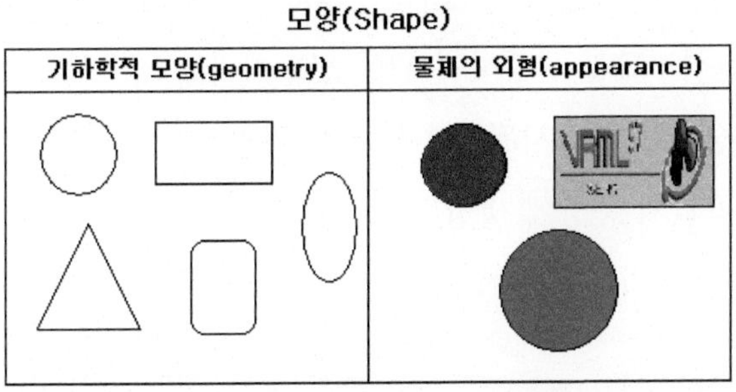

그림 4-6 Shape 노드에 대한 개념이해

정되지 않았다. 물체는 모양만으로 결정되는 것이 아니라 그림 4-6의 오른쪽 그림과 같이 외형(Appearance)에 따라 느껴지는 정도가 달라진다. 모양이 가지는 속성에는 물체의 형태를 나타내는 기하학적 특성과 물체의 외형을 나타내는 외형적인 특성이 존재한다.

Shape 노드는 표 4-2와 같이 geometry와 appearance 필드를 기본적인 속성으로 가지고 있으며 부가적으로 metadata, bBoxCenter, bBoxSize 필드를 포함하고 있다. Shape 노드를 이용하여 3D 물체를 표현하기 위해서는 반드시 geometry 필드를 포함해야 한다.

appearance 필드는 geometry 필드에 적용될 외형적 특성을 나타내므로 geometry 필드가 정의된 후 appearance 필드가 적용된다. 아쉽게도 Shape 노드만을 이용해서는 아무런 3D도 만들어 지지 않는다. 그 이유는 Shape는 추상적인 개념으로 물체의 기하학적(geometry) 특성을 나타내는 geometry가 NULL 값이기 때문이다.

SFNode형이 NULL 값을 가지면 또 다른 geometry 노드가 필요하다. Shape 노드를 통해 3D 물체를 만들기 위해서는 geometry 필드를 통해 반드시 하나 이상의 기하노드가 정의되어야 한다.

표 4-2 Shape 노드

exposedField	SFNode	appearance	NULL
exposedField	SFNode	geometry	NULL

- appearance : geometry 필드에서 정의되는 노드의 외형적인 특성을 나타낸다. 일반적으로 Appearance 노드를 포함하며 물체의 색상, 이미지 등 시각적인 특성을 설정하기 위한 필드이다.
- geometry : 물체의 구체적인 형태인 Box, Cone, Sphere, Cylinder 등과 같이 기하학적 형태를 가지는 자식노드를 설정하기 위한 필드이다.
- bBoxCenter : 가상공간에 표시될 3D 물체의 위치이다. 기본 값이 (0 0 0)이기 때문에 3D 물체는 가상공간의 중앙에 생성된다.
- bBoxSize : 3D 물체의 가능한 크기를 나타낸다. [-1 -1 -1]은 무한대의 크기까지 가능하다.

4.2.1 Box 노드

Shape 노드의 geometry를 통해 가상공간에 3D 물체를 기술하기 위하여 육면체(Box)를 정의하여 X3Dom의 기본개념을 이해하자. Box 노드의 필드와 속성은 표 4-3에 나타내었다.

표 4-3 Box 노드

field	SFVec3f	size	2 2 2	#[0, ∞)

- size : Box 크기를 x,y,z의 3D 값으로 크기를 결정한다. 크기의 범위는 0에서 무한대이며 기본 크기는 [2, 2, 2]이다.
- solid : 표시할 면의 상태를 나타낸다. false이면 양면에서 나타나며 true이면 한 면만 표시한다.

Box 노드는 그림 4-7의 3D 박스의 특성을 적용하여 그림 4-8과 같이 3D 공간상에 육면체를 정의한다. Box 노드의 필드는 육면체의 크기를 정의하는 size와 면의 상태를 나타내는 solid 값을 가진다. 또한 두 필드는 initialOnly 속성을 가진다. 즉 상수로서 한번 값이 정해지면 프로그램 도중에 값을 변화시키지 못한다.

```
<Box size='2 2 2'></Box>  //Box는 x,y,z의 크기를 갖는 size 필드로 표현
```

size의 자료형은 SFVec3f 로서 3D 공간상에 단일 3차원 벡터좌표 값을 가진다. 기본 값은 [2, 2, 2]이며 값의 범위는 0에서 무한대(∞)의 값을 가진다. size[0]은 x, size[1]은 y, size[2]는 z의 크기 값으로 배열 구조이다.

예제 4-2는 Shape 노드와 Box 노드를 이용하여 기본크기의 정육면체를 나타내는 예제이다. 그림 4-8에서와 같이 초기화면은 3D 공간의 원점(0,0,0)에 정육면체가 정면으로 표현되어 사각형의 형태로 나타난다. 그러나 왼쪽 마우스 버튼을 누른채 회전을 시켜보면 3차원의 정육면체임을 알 수 있다. 만약 크기를 변경하고자 한다면 size의 값을 조정해야 한다.

```
<Box size='2 4 3'></Box>  // x=2, y=4, z=3 크기를 갖는 박스
```

예제 4-2	정육면체(Box) 만들기

```
<!DOCTYPE html>
<html>
<head>
    <meta charset='utf-8'></meta>
    <title>Web3D,VR,가상현실,X3D,Box 만들기</title>
    <script type="text/javascript" src="http://code.jquery.com/jquery-1.7.2.js"></script>
    <script type='text/javascript' src="http://www.x3dom.org/x3dom/release/x3dom.js"></script>
    <link rel='stylesheet' type='text/css' href="http://www.x3dom.org/x3dom/release/x3dom.css"/>
</head>
<body id='main'>
<X3D > <!--showStat='true' showLog='true' -->
    <Scene>
        <Shape> <Box size='2 2 2'></Box></Shape>
    </Scene>
</X3D>
</body>
</html>
```

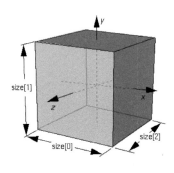

그림 4-7 Box 노드의 특성

그림 4-8 박스 만들기

색상을 가진 박스를 표현하고자 한다면 Appearance 노드를 사용해야 한다. Appearance 노드는 자식 노드를 포함하고 있으며 색상을 표현하는 <Material> 노드를 다음과 같이 추가해야 한다. Material 노드의 diffuseColor 필드의 색상 성분에 의하여 그림 4-9와 같이 빨강색(diffuseColor='1 0 0')의 Box를 랜더링 할 수 있다.

```
<Appearance><Material diffuseColor='1 0 0'></Material></Appearance>
```

    <Appearance> 노드와 <Material>노드의 색상 표현 방법은 기본 기하도형을 이해한 후 빛의 특성과 함께 배운다.

그림 4-9 빨강색으로 표현된 Box

📋 **응용문제**

두 개의 박스를 이용하여 여러 모양을 만들 수 있다. 박스의 크기를 조절하여 다음과 같은 십자가 모양을 만드시오.

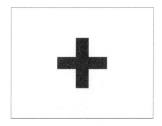

박스 응용문제

4.2.2 Cone 노드

    Cone 노드는 원뿔형태의 물체를 정의한다. 표 4-4에 Cone 노드의 필드와 속성을 정의하였다. Cone 노드의 속성은 원뿔의 밑면반지름(bottomRadius), 높이(height), 옆면(side) 그리고 바닥면(bottom)이다. Cone 노드에서의 solid 필드는 옆면 혹은 바닥면이 제거 되었을 경우 Cone 내부를 표현할 것인지를 결정하게 된다.

표 4-4 Cone 노드

field	SFFloat	bottomRadius	1	#(0,∞)
field	SFFloat	height	2	#(0,∞)
field	SFBool	side	TRUE	
field	SFBool	bottom	TRUE	

- bottomRadius : 원뿔의 밑면반지름 크기를 나타낸다.
- height : 기본 값은 2로서 원뿔의 높이를 나타낸다.
- side : 원뿔 옆면의 표시여부를 불(Bool) 값으로 나타낸다. false이면 옆면은 나타나지 않는다.
- bottom : 밑면의 표시여부를 불 값으로 나타낸다. false이면 밑면은 나타나지 않는다.

```
// 밑면반지름(bottomRadius)=2, 높이(height)=4 원뿔
<Cone radius='2' height='4'> </cone>
```

그림 4-10은 예제 4-3의 원뿔 모양을 랜더링한 결과이다. 원뿔은 밑면반지름과 높이의 특성을 기본적으로 가지며 바닥(bottom)과 옆면(side)의 속성을 false로 한다면 표시하지 않을 수 있다. 그림 4-11은 옆면의 속성 side='false'로 하였을 때 결과 화면이다. 화면과 같은 형태를 보기 위해서는 왼쪽 마우스 버튼을 누른 상태에서 회전해야한다.

그림 4-11과 같이 실행결과에서는 원 형태의 모양만 나타난다. side 필드는 원뿔의 옆면을 정의하는 것으로 'false'로 하게 되면 옆면을 표시하지 않는다. solid 필드는 면의 표시 상태를 나타낸 것으로 'true'이면 단면을 나타내고 'false'이면 양면을 나타낸다. 만약 side 필드가 'false'이고 solid가 'true'이면 단면으로 표시되기 때문에 원뿔 안쪽의 면은 보이지 않고 바깥면만 면이 보이게 된다.

예제 4-3	원뿔(Cone) 만들기

```
<!DOCTYPE html>
<html>
<head>
<meta http-equiv='Content-Type' content='text/html;charset=utf-8'/>
<title>원뿔(Cone)만들기,Web3D,VR,가상현실,X3D</title>
<script type='text/javascript" src="http://code.jquery.com/jquery-1.7.2.js'></script>
<script type='text/javascript' src="http://www.x3dom.org/x3dom/release/x3dom.js"></script>
<link rel='stylesheet' type='text/css' href="http://www.x3dom.org/x3dom/release/x3dom.css"/>
</head>
<body id='main'>
<X3D > <!--showStat='true' showLog='true' -->
    <Scene>
    <Shape><Cone bottomRadius='2' height='4'></Cone>
    <Appearance><Material diffuseColor='0 0 1'></Material></Appearance>
    </Shape>
    </Scene>
</X3D>
</body>
</html>
```

그림 4-10 원뿔(Cone) 만들기

만약 Cone의 옆면이나 밑면이 보이지 않길 원한다면 예제 4-3처럼 side='false' bottom='false' 값으로 설정하면 된다. 예제는 side='false'로 설정한 경우로 그림 4-11과 같이 밑면만 보이게 된다.

```
// 옆면을 표시하지 않음
<Cone bottomRadius='2' height='4' side='false' solid='false'></Cone>
```

예제 4-3a **원뿔(Cone) 만들기-옆면 표시하지 않기**

```
<!DOCTYPE html>
<html>
<head>
<meta http-equiv='Content-Type' content='text/html;charset=utf-8'/>
<title>원뿔(Cone)만들기,Web3D,VR,가상현실,X3D</title>
<script type='text/javascript' src="http://code.jquery.com/jquery-1.7.2.js'></script>
<script type='text/javascript' src="http://www.x3dom.org/x3dom/release/x3dom.js"></script>
<link rel='stylesheet' type='text/css' href="http://www.x3dom.org/x3dom/release/x3dom.css"/>
</head>
<body id='main'>
<X3D > <!--showStat='true' showLog='true' -->
    <Scene>
    <Cone bottomRadius='2' height='4' side='false' solid='false'></Cone>
    <Appearance><Material diffuseColor='0 0 1'></Material></Appearance>
    </Shape>
    </Scene>
</X3D>
</body>
</html>
```

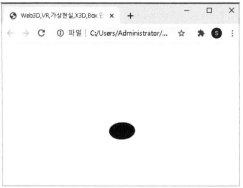

그림 4-11 side가 표시되지 않은 원뿔

📋 **응용문제**

그림과 같이 밑면과 옆면이 각각 다른 색상을 갖는 원뿔을 만드시오.

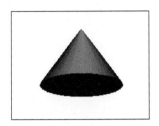

Cone 응용

4.2.3 Cylinder 노드

Cylinder 노드는 원기둥 형태의 물체를 정의한다. 표 4-5에 Cylinder 노드의 필드와 속성을 정의하였다. Cylinder 노드의 속성은 원기둥의 반지름(radius), 높이(height), 옆면(side), 윗면(top) 그리고 바닥면(bottom)을 가진다.

표 4-5 Cylinder 노드

field	SFFloat	height	2	#[0,∞)
field	SFFloat	radius	1	#[0,∞)
field	SFBool	bottom	TRUE	
field	SFBool	side	TRUE	
field	SFBool	top	TRUE	

- height : 기본 값은 2로서 원기둥의 높이를 나타낸다.
- radius : 0이상의 값으로 원기둥의 반지름 크기를 나타낸다.
- bottom : 밑면의 표시 여부를 불 값으로 나타낸다.
- side : 옆면의 표시 여부를 불 값으로 나타낸다. false이면 옆면은 나타나지 않는다.
- top : 윗면의 표시 여부를 불 값으로 나타낸다.

예제 4-4는 높이 3 그리고 반지름이 2인 원기둥의 형태를 나타낸 것으로 그림 4-12에서 확인할 수 있다.

```
//반지름2와 높이3을 갖는 원기둥
<Cylinder radius='2' height='3'></Cylinder>
```

예제 4-4   원기둥(Cylinder) 만들기

```
<!DOCTYPE html>
<html>
<head>
<meta http-equiv='Content-Type' content='text/html;charset=utf-8'/>
<title>원기둥(Cylinder)만들기,Web3D,VR,가상현실,X3D</title>
<script type='text/javascript" src="http://code.jquery.com/jquery-1.7.2.js'></script>
<script type='text/javascript' src="http://www.x3dom.org/x3dom/release/x3dom.js"></script>
<link rel='stylesheet' type='text/css' href="http://www.x3dom.org/x3dom/release/x3dom.css"/>
</head>
<body id='main'>
<X3D > <!--showStat='true' showLog='true' -->
   <Scene>
        <Shape><Cylinder radius='2' height='3'></Cylinder>
        <Appearance><Material diffuseColor='0 1 1'></Material></Appearance>
        </Shape>
   </Scene>
</X3D>
</body>
</html>
```

그림 4-12 원기둥(Cylinder) 만들기

예제 4-4a와 같이 옆/위/바닥면의 값을 각각 'false'로 하고 solid 값을 'true'에서 'false'로 변경해 보라. 원기둥의 내부 면은 solid 값이 'true'일 경우 보이지 않지만 'false'인 경우에는 그림 4-13과 같이 원의 내부를 볼 수 있다.

// 윗면(top)과 아랫면(bottom)이 false 값을 가질 때 solid는 false 값을 가져야 안쪽 면이 보이게 된다.
<Cylinder radius='2' height='4' top='false' bottom='false' solid='false'> </Cylinder>

예제 4-4a	원기둥(Cylinder) 만들기

```
<!DOCTYPE html>
<html>
<head>
<meta http-equiv='Content-Type' content='text/html;charset=utf-8'/>
<title>원기둥(Cylinder)만들기,Web3D,VR,가상현실,X3D</title>
<script type='text/javascript" src="http://code.jquery.com/jquery-1.7.2.js'></script>
<script type='text/javascript' src="http://www.x3dom.org/x3dom/release/x3dom.js"></script>
<link rel='stylesheet' type='text/css' href="http://www.x3dom.org/x3dom/release/x3dom.css"/>
</head>
<body id='main'>
<X3D > <!--showStat='true' showLog='true' -->
    <Scene>
        <Shape>
        <Cylinder  radius='2'  height='4'  top='false'  bottom='false'  solid='false'>
        </Cylinder>
        <Appearance><Material diffuseColor='0 1 1'></Material></Appearance>
        </Shape>
    </Scene>
</X3D>
</body>
</html>
```

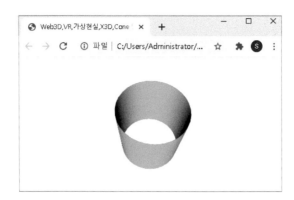

그림 4-13 위아래 면이 없는 원기둥

📋 응용문제

실린더의 크기와 높이를 달리하면 그림과 같은 모양을 만들 수 있다. 예제 그림과 같은 모양을 만드시오.

Cylinder 응용

4.2.4 Sphere 노드

Sphere 노드는 구형태의 물체를 나타내며 표 4-6에 Sphere 노드의 필드를 정의하였다. Sphere 노드의 속성은 구의 반지름 radius로 나타낸다.

표 4-6 Sphere 노드

field	SFFloat	radius	1	#(0,∞)

- radius : 구의 반지름 크기를 정의하며 기본 반지름은 1이다. 유효범위는 0에서 무한대 값이다.

예제 4-5는 반지름 3의 크기를 가지는 구를 나타낸 것으로 그림 4-14에 실행결과를 나타내었다.

// 반지름 3의 크기를 갖는 구 모양

```
<Sphere radius='3'></Sphere>
```

예제 4-5 **구(Sphere) 만들기**

```html
<!DOCTYPE html>
<html>
<head>
<meta http-equiv='Content-Type' content='text/html;charset=utf-8'/>
<title>구(Sphere)만들기,Web3D,VR,가상현실,X3D</title>
<script type="text/javascript" src="http://code.jquery.com/jquery-1.7.2.js"></script>
<script type='text/javascript' src="http://www.x3dom.org/x3dom/release/x3dom.js"></script>
<link rel='stylesheet' type='text/css' href="http://www.x3dom.org/x3dom/release/x3dom.css"/>
</head>
<body id='main'>
<p>구(Sphere) 만들기 radius='3'</p>
<X3D > <!--showStat='true' showLog='true' -->
    <Scene>
        <Shape><Sphere radius='3' ></Sphere>
        <Appearance><Material diffuseColor='0 1 0'></Material></Appearance>
        </Shape>
    </Scene>
</X3D>
```

```
</body>
</html>
```

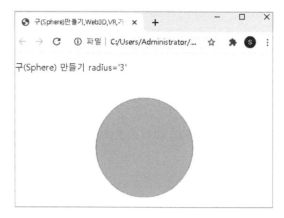

그림 4-14 구(Sphere)만들기

📋 **응용문제**

박스, 실린더, 구를 이용하여 그림과 같은 형태를 만드시오.

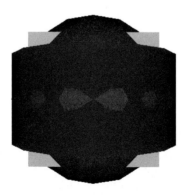

Sphere, Box, Cylinder 응용

4.3 점, 선, 면 만들기

4.3.1 점(PointSet)

3D 공간에 점을 표시하기 위해서는 우선 점의 좌표(Coordinate)와 색상이 필요하다.

PointSet 노드는 3D 공간상에 점들을 표현하기 위하여 사용하며 점을 표현하기 위해서는 좌표(Coordinate)와 색상이 필요하다. 표 4-7은 PointSet 노드의 속성이며 coord는 좌표를 설정하기 위해 Coordinate 노드를 포함하며 color는 색상표현을 위해 Color 노드를 포함한다.

표 4-7 PointSet 노드

exposedField	SFNode	color	NULL
exposedField	SFNode	coord	NULL

- attrib : 사용자 정의의 셰이더(shader) 프로그램으로서 점의 속성을 지정한다.
- color : Color 노드를 포함한다.
- coord : Coordinate 노드를 포함한다.
- fogCoord : 각 점에 대한 안개 효과를 적용하기 위해 자식 노드의 좌표를 가진다.

점을 표시하기 위해서는 3D 좌표가 필요하며 이를 위해 Coordinate 노드를 사용한다. 표 4-8은 Coordinate 노드의 속성을 나타낸 것으로 점을 표현하기 위해서는 x, y, z 축의 MFVec3f point 필드가 필요하다. MFVec3f는 다수의 좌표 표현이 가능하므로 각 좌표 값은 콤마(,)를 이용하여 구분한다.

표 4-8 Coordinate 노드

exposedField	MFVec3f	point	[]	#$(-\infty, \infty)$

- point : 3D 공간에 좌표를 표시하기 위한 x, y, z의 좌표 값

Color 노드는 Coordinate 노드에 의해 적용된 좌표 값의 색상을 지정하는 노드이다. 노드는 표 4-9와 같이 color 필드를 가지며 점의 색상을 결정한다. color는 Red(R), Green(G), Blue(B)의 혼합으로 색상을 나타낸다. R,G,B 모두 0인 값을 가지면 해당 색상이 전혀 표현이 안 되어 검정색으로 나타난다. 반면에 R=1, G=1 ,B=1로서 모두 1인 값을 가지면 R+G+B가 혼합되어 흰색으로 나타난다.

표 4-9 Color 노드

exposedField	MFColor	color	[]	#[0,1]

- color : R,G,B 요소로 점의 색상을 나타낸다.

예제 4-6은 3D 공간좌표 point='0 0 0, 3 0 0, -3 0 0'에 검은색의 점을 표현하기 위한 프로그램으로 그림 4-15에 결과를 나타냈다.

```
<PointSet>
    <Coordinate point='0 0 0, 3 0 0, -3 0 0'></Coordinate>
</PointSet>
```

예제 4-6　　**PointSet을 이용한 점 만들기**

```
<!DOCTYPE html>
<html>
<head>
<meta http-equiv='Content-Type' content='text/html;charset=utf-8'/>
<title>점(PointSet) 만들기 ,Web3D,VR,가상현실,X3D</title>
<script type="text/javascript" src="http://code.jquery.com/jquery-1.7.2.js"></script>
<script type='text/javascript' src="http://www.x3dom.org/x3dom/release/x3dom.js"></script>
<link rel='stylesheet' type='text/css' href="http://www.x3dom.org/x3dom/release/x3dom.css"/>
</head>
<body id='main'>
<X3D > <!--showStat='true' showLog='true' -->
```

```
<Scene>
    <Shape>
    <PointSet>
    <Coordinate point='0 0 0, 3 0 0, -3 0 0'></Coordinate></PointSet>
    </Shape>
</Scene></X3D>
</body>
</html>
```

그림 4-15 검은색 점 만들기

만약 색상을 가진 점을 표현하고자 한다면 <Color> 요소로 color='1 0 0, 0 1 0, 0 0 1'로 초록, 빨강, 파랑색의 세 점을 표현하며 그림 4-15a에 세 개의 점이 찍힌 결과를 나타내었다. point와 color의 요소는 1:1 대응되기 때문에 point의 수와 color의 수는 항상 같아야 한다. 만약 1:1 대응이 되지 않거나 color 값이 없다면 검정색으로 표현된다.

<Color> 요소가 없이 색상을 표현하려면 <Material diffuseColor='0 1 0'>으로 3개의 점이 모두 초록색으로 표시된다.

```
// 빨강색, 초록색, 파랑색 점 표현
<Color color='1 0 0, 0 1 0, 0 0 1'></Color>
```

예제 4-6a	PointSet을 이용한 색상 점 만들기

```
<!DOCTYPE html>
<html>
<head>
<meta http-equiv='Content-Type' content='text/html;charset=utf-8'/>
<title>점(PointSet) 만들기 ,Web3D,VR,가상현실,X3D</title>
<script type="text/javascript" src="http://code.jquery.com/jquery-1.7.2.js"></script>
<script type='text/javascript' src="http://www.x3dom.org/x3dom/release/x3dom.js"></script>
<link rel='stylesheet' type='text/css' href="http://www.x3dom.org/x3dom/release/x3dom.css"/>
</head>
<body id='main'>
<X3D > <!--showStat='true' showLog='true' -->
<Scene><Shape>
    <PointSet>
        <Coordinate point='0 0 0, 3 0 0, -3 0 0'></Coordinate>
        <Color color='1 0 0, 0 1 0, 0 0 1'></Color>
    </PointSet>
    </Shape>
</Scene></X3D>
</body>
</html>
```

그림 4-15a 색상을 가진 점(PointSet) 만들기

📋 **응용문제**

x, y, z 축 −3, 3에 각기 다른 색상을 갖는 점을 나타내시오.

4.3.2 선(IndexedLineSet)

3D 공간에 선을 그리기 위해서는 IndexedLineSet 노드를 사용한다. 선을 그리기 위해서는 최소 2개의 점이 필요하고 공간에서 해당하는 두 점을 이어주면 선을 만들 수 있다. 공간에 점을 표시하기 위해서는 Coordinate와 Color 노드가 사용된다. 표 4-10에서 보는바와 같이 점 좌표에 대한 색인(coordIndex) 필드로서 적용됨을 명심하기 바란다.

표 4-10 IndexedLineSet 노드

eventIn	MFInt32	set_coordIndex		
eventIn	MFInt32	set_colorIndex		
exposedField	SFNode	color	NULL	
exposedField	SFNode	coord	NULL	
field	MFInt32	colorIndex	[]	#(-1,∞)
field	SFBool	colorPerIndex	TRUE	
field	MFInt32	coordIndex	[]	#(-1,∞)

- colorIndex : Color 노드에 적용된 각 점의 색상에 대한 인덱스 값이다.
- colorPerVertex : 선의 색상을 적용하는 방법을 나타낸다. true 값을 가지면 점의 색상을 기준으로 선이 나타나며 false이면 선의 색상은 한 색상으로 나타난다.
- coordIndex : Coordinate 노드에서 사용된 각 점의 좌표에 대한 인덱스 값으로 점의 좌표를 선언한 순서대로 색인 값은 0부터 시작하여 정수로 증가한다. 마지막 값은 반드시 -1이 되어야 선 그리기가 완성된다.

```
// 선 그리기 명령
<IndexedLineSet coordIndex='0 1 -1, 1 2 -1, 2 0 -1'>
// 점 좌표
<Coordinate point='-2 0 0, 0 4 0, 2 0 0'></Coordinate>
// 점 색상
<Color color='1 0 0, 0 1 0, 0 0 1'></Color>
```

3D 공간좌표 point='-2 0 0, 0 4 0, 2 0 0'에 점을 표시하고 각각의 점에 대해 색상 color='1 0 0, 0 1 0 ,0 0 1'로 빨강, 초록, 파랑색의 세 점을 표시하였다. 이때, 점의 좌표 지정순서와 색상의 지정순서는 색인(index)으로 등록된다. 가장 먼저 지정된 좌표(-2 0 0)이 0을 가지며 순차적으로 1씩 증가한다. 이 색인 값은 coordIndex 필드에서 사용한다.

예제 4-7의 coordIndex='0 1 -1, 1 2 -1, 2 0 -1'은 색인 값을 이용한 선 그리기이다. 첫 번째 항목 [0 1 -1]은 색인의 첫 번째 좌표(-2 0 0)과 두 번째 좌표(0 4 0)를 이어 선으로 그리라는 명령이다. coordIndex의 [-1]은 첫 번째 색인 값[0]과 두 번째 색인 값[1]로 선에 대한 완성이다. 마찬가지로 coordIndex='1 2 -1 2 0 -1'은 (0 4 0)과 (2 0 0) 좌표인 1번과 2번의 색인을 선으로 그리고 (2 0 0)과 (-2 0 0)좌표 2번과 0번을 선으로 완성하라는 의미가 된다. 반드시 색인의 마지막 값은 -1이 된다. 그림 4-16을 보면 RGB 색상으로 표현된 그라데이션 (gradation) 선으로 만들어진 삼각형을 볼 수 있다.

colorPerVertex='false' 값은 단일색상의 선을 구성하는데 사용되지만 X3Dom에선 이 기능이 아직 구현되지 않은 것으로 보인다.

예제 4-7　　**IndexedLineSet을 이용한 선 만들기**

```
<!DOCTYPE html>
<html>
<head>
<meta http-equiv='Content-Type' content='text/html;charset=utf-8'/>
<title>선(IndexedLinetSet) 만들기 ,Web3D,VR,가상현실,X3D</title>
<script type="text/javascript" src="http://code.jquery.com/jquery-1.7.2.js"></script>
<script type='text/javascript' src="http://www.x3dom.org/x3dom/release/x3dom.js"></script>
<link                       rel='stylesheet'                       type='text/css'
href="http://www.x3dom.org/x3dom/release/x3dom.css"/>
</head>
<body id='main'>
<p>선(IndexedLinetSet) 만들기</p>
<X3D> <!--showStat='true' showLog='true' -->
    <Scene>
        <Shape>
        <IndexedLineSet coordIndex='0 1 -1, 1 2 -1, 2 0 -1'>
```

```
        <Coordinate point='-2 0 0, 0 4 0, 2 0 0'></Coordinate>
        <Color color='1 0 0, 0 1 0, 0 0 1'></Color>
        </IndexedLineSet>
        </Shape>
    </Scene>
</X3D>
</body>
</html>
```

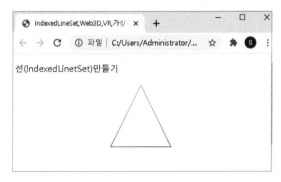

그림 4-16 선(IndexedLineSet)

📋 **응용문제**

1. 선을 이용하여 오각형모양을 만드시오.
2. 3차원 구조를 갖는 x, y, z 좌표축을 만드시오.

4.3.3 면(IndexedFaceSet) 만들기

IndexedFaceSet 노드는 3D 공간상에 면을 만들기 위하여 사용한다. 간단한 상자를 포함하여 얼굴과 같이 복잡한 모양을 만드는데 사용된다. 3D그래픽에서는 IndexedFaceSet과 같은 개념으로 면을 만든다. 면을 만들기 위해서는 세 개 이상의 점이 필요하며 점의 수에 의해 면의 형태가 결정된다. IndexedLineSet에서와 마찬가지로 공간상의 세 점 이상을 이어주면 면으로 표현할 수 있으며 각 점들은 색인 값으로 지정된다.

표 4-11은 IndexedFaceSet 노드의 다양한 필드를 나타내고 있으며 앞서 살펴본 중복된 필드들은 설명에서 생략하였다. 각 기능에 따라 같은 면들도 다른 특성을 가지고 나타나게 된다.

표 4-11 IndexedFaceSet 노드

eventIn	MFInt32	set_coordIndex		
eventIn	MFInt32	set_colorIndex		
eventIn	MFInt32	set_normalIndex		
eventIn	MFInt32	set_texCoordIndex		
exposedField	SFNode	color	NULL	
exposedField	SFNode	coord	NULL	
exposedField	SFNode	normal	NULL	
exposedField	SFNode	texCoord	NULL	
field	SFBool	ccw	TRUE	
field	MFInt32	colorIndex	[]	$\#(-1,\infty]$
field	SFBool	colorPerIndex	TRUE	
field	MFInt32	coordIndex	[]	$\#(-1,\infty]$
field	SFFloat	creaseAngle	0	$\#(-1,\infty]$
field	MFInt32	normalIndex	[]	$\#(-1,\infty]$
field	SFBool	normalPerIndex	TRUE	
field	SFBool	solid	TRUE	
field	MFInt32	texCoordIndex	[]	$\#(-1,\infty]$

- set_colorIndex, set_coordIndex, set_normalIndex, set_texCoordIndex, : colorIndex, coordIndex, normalIndex 그리고 texCoordIndex의 다중 값을 이벤트로서 입력받기 위한 필드들이다.
- convex : 면의 형태를 지정한다. 볼록면의 여부를 나타내는 것으로 false이면 평면으로 지정된다.
- creaseAngle : 면과 면이 만나는 모서리를 처리하는 방법을 나타낸다. 근접한 면의 경우 날카롭게 표시되지만 지정된 값보다 작으면 모서리를 부드럽게 처리한다.
- normalIndex : 점이나 면에 적용할 Normal 노드의 vector 색인 값이다.
- normalPerVertex : vector의 색인 값에 대한 적용 방법으로 false이면 점에 true이면 면에 적용한다.

- texCoordIndex : 2차원 이미지의 좌표 색인 값이다.

| 예제 4-8 | IndexedFaceSet을 이용한 면 만들기 |

```html
<!DOCTYPE html>
<html>
<head>
<meta http-equiv='Content-Type' content='text/html;charset=utf-8'/>
<title>면(IndexedFacetSet) 만들기 ,Web3D,VR,가상현실,X3D</title>
<script type="text/javascript" src="http://code.jquery.com/jquery-1.7.2.js"></script>
<script type='text/javascript' src="http://www.x3dom.org/x3dom/release/x3dom.js"></script>
<link rel='stylesheet' type='text/css' href="http://www.x3dom.org/x3dom/release/x3dom.css"/>
</head>
<body id='main'>
<p>면(IndexedFacetSet) 만들기</p>
<X3D> <!--showStat='true' showLog='true' -->
    <Scene>
        <Shape>
        <IndexedFaceSet coordIndex='0 1 2 -1' solid='false'>
            <Coordinate point='0 0 0, 0 2 0, 2 0 0'></Coordinate>
            <Color color='1 0 0, 0 1 0, 0 0 1'></Color>
        </IndexedFaceSet></Shape>
    </Scene>
</X3D>
</body>
</html>
```

그림 4-17 면(IndexedFaceSet) 만들기

예제 4-8은 세 점의 좌표 point='0 0 0, 0 2 0, 2 0 0'을 이용하고 coordIndex='0 1 2 -1' 값으로 면을 설정하여 그림 4-17과 같은 삼각면이 만들어 진다.

```
// 면 인덱스
<IndexedFaceSet coordIndex='0 1 2 -1' solid='false'>
//점 좌표
    <Coordinate point='0 0 0, 0 2 0, 2 0 0'/></Coordinate>
// 점 색상
    <color color='1 0 0, 0 1 0, 0 0 1'></color>
```

예제 4-9 **IndexedFaceSet을 이용한 피라미드 모양 만들기**

```
<!DOCTYPE html>
<html>
<head>
<meta http-equiv='Content-Type' content='text/html;charset=utf-8'/>
<title>피라미드 만들기 ,Web3D,VR,가상현실,X3D</title>
<script type="text/javascript" src="http://code.jquery.com/jquery-1.7.2.js"></script>
<script type='text/javascript' src="http://www.x3dom.org/x3dom/release/x3dom.js"></script>
<link rel='stylesheet' type='text/css' href="http://www.x3dom.org/x3dom/release/x3dom.css"/>
</head>
<body id='main'>
<p>피라미드(pyramid) 만들기</p>
<X3D> <!--showStat='true' showLog='true' -->
    <Scene>
        <Shape>
        <IndexedFaceSet solid='false' colorPerVertex='false' ccw='false'
            coordIndex='0 1 3 2 -1, 0 4 2 -1, 0 4 1 -1, 2 4 3 -1, 1 4 3 -1'>
        <Coordinate point='2 0 2, -2 0 2, 2 0 -2, -2 0 -2, 0 4 0'></Coordinate>
        <Color color='1 0 0, 0 1 0, 0 0 1,1 1 0, 1 0 1'></Color>
        </IndexedFaceSet>
        </Shape>
    </Scene>
</X3D>
</body>
</html>
```

예제 4-9는 5개의 점을 이용한 피라미드를 만든 예제이다. 피라미드를 만들고 관찰하기 위해 solid='false'로 설정하여 양면이 나타나도록 한다. 또한 각 면을 기준으로 색상을 적용하기 위하여 colorPerVertex='false'로 한다. 피라미드는 4개의 삼각면과 밑면을 이루는 1개의 사각면으로 이루어져 있다.

먼저 면을 만들기 위해서는 point='2 0 2, -2 0 2, 2 0 -2, -2 0 -2, 0 4 0'로서 피라미드를 이루는 5개의 좌표를 설정한다. 좌표가 설정되면 순서대로 색인 값이 적용되기 때문에 앞서 살펴본 삼각면과 같이 색인 값 coordIndex='0 1 3 2 -1, 0 4 2 -1, 0 4 1 -1, 2 4 3 -1, 1 4 3 -1'을 이용하여 면을 완성한다.

예제에서는 그림 4-18과 같이 밑면을 이루는 사각면 [0 1 3 2 -1]을 만들고 4개의 삼각면을 만들었다. 만약 면이 아닌 좌표를 기준으로 색상을 적용하고자 한다면 colorPerIndex='true'로 설정한다. 점을 이용하여 면을 만들때 반드시 주의해야 할 점은 point의 적용된 각 점의 좌표 순서는 coordIndex에서 색인으로 사용되므로 반드시 순서를 일치하여 색인 값을 조절한다.

ccw는 counter clock wise의 약자로 반 시계 방향을 의미한다. 면을 렌더링 할 때 시계방향으로 적용할지 반시계 방향으로 적용할지를 결정한다. 양면의 경우는 상관없지만 단면의 경우는 앞면이나 뒷면 중 한 면만 나타나게 된다.

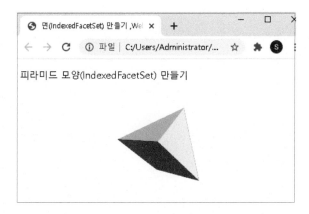

그림 4-18 단일색상 면 만들기(ColorPervertex)

4.3.4 Text 노드

Text노드는 3D 공간상에 문자를 입력할 수 있는 노드이다. Html 문서처럼 한글을 포함한 어떤 문자도 지원가능하며 3D 공간에서 문자의 표현은 상당히 매력적이다. 표 4-12에 Text 노드의 필드를 나타내었다.

표 4-12 Text 노드

exposedField	MFString	string	[]	
exposedField	SFNode	fontStyle	NULL	
exposedField	MFFloat	length	[]	#[0,∞)
exposedField	SFFloat	maxExtent	0.0	#[0,∞)

- string : 3D 공간상에 표시되는 문자열
- fontStyle : FontStyle 노드를 포함하며 문자열의 속성을 설정한다.
- length : 문자열의 길이를 설정
- maxExtent : 문자열의 최대 길이를 설정

예제 4-10은 string 필드를 이용한 'Welcome 3D World' 문자를 표현한 예이다. string 필드의 안에 표현하고자 하는 문자를 단일 따옴표(' ')에 삽입한다.

```
<Text string='Welcome 3D World'></Text>
```

그림 4-19에서 그 결과를 볼 수 있다. 해당 문자를 회전시켜 보면 두께가 없음을 알 수 있다. 즉 문자는 2D로 표현 된다.

예제 4-10	Text노드를 이용한 문자 삽입

```html
<!DOCTYPE html>
<html>
<head>
<meta http-equiv='Content-Type' content='text/html;charset=utf-8'/>
<title>Text 표현하기 ,Web3D,VR,가상현실,X3D</title>
<script type="text/javascript" src="http://code.jquery.com/jquery-1.7.2.js"></script>
<script type='text/javascript' src="http://www.x3dom.org/x3dom/release/x3dom.js"></script>
<link rel='stylesheet' type='text/css' href="http://www.x3dom.org/x3dom/release/x3dom.css"/>
</head>
<body id='main'>
<p>Text 입력하기</p>
<X3D> <!--showStat='true' showLog='true' -->
    <Scene>
        <Shape>
            <Text string='Welcome 3D World'></Text>
            <Appearance><Material diffuseColor='1 0 1'></Material></Appearance>
        </Shape>
    </Scene>
</X3D>
</body>
</html>
```

그림 4-19 Text노드를 이용한 문자표현

만약 여러 줄에 걸쳐 문자열을 나타내고 싶다면 예제 4-11과 같이 각 문자열을 따옴표에 각 각 삽입하고 따옴표를 쉼표(,)로 구분하여 입력하면 그림 4-20과 같이 줄 바꿈 되어 표현된다.

```
<Text string='"Welcome 3D World","환영합니다. Web3D에 오신것을"'></Text>
```

예제 4-11   줄 바꿈 문자열 삽입

```
<!DOCTYPE html>
<html>
<head>
<meta http-equiv='Content-Type' content='text/html;charset=utf-8'/>
<title>Text 입력하기 ,Web3D,VR,가상현실,X3D</title>
<script type="text/javascript" src="http://code.jquery.com/jquery-1.7.2.js"></script>
<script type='text/javascript' src="http://www.x3dom.org/x3dom/release/x3dom.js"></script>
<link rel='stylesheet' type='text/css' href="http://www.x3dom.org/x3dom/release/x3dom.css"/>
</head>
<body id='main'>
<p>Text 입력하기</p>
<X3D> <!--showStat='true' showLog='true' -->
    <Scene>
        <Shape>
            <Text string='"Welcome 3D World","환영합니다. Web3D에 오신것을"'></Text>
            <Appearance><Material diffuseColor='1 0 1'></Material></Appearance>
        </Shape>
    </Scene>
</X3D>
</body>
</html>
```

그림 4-20 문자열 줄 바꿈

4.3.5 FontStyle 노드

만약 문자열의 글씨체나 정렬방법 등 세부적인 사항들을 조절하고 싶다면 Text 노드의
속성 fontStyle 필드에 FontStyle 노드를 이용한다. 표 4-13는 FontStyle 노드의 필드를 나타
낸 것이다.

표 4-13 FontStyle 노드

field	SFString	family	"SERIF"	
field	SFBool	horizontal	TRUE	
field	MFString	justify	"BEGIN"	
field	SFString	language	""	
field	SFBool	leftToRight	TRUE	
field	SFFloat	size	1.0	#[0,∞)
field	SFFloat	spacing	1.0	#[0,∞)
field	SFString	style	"PLAIN"	
field	SFBool	topToBottom	TRUE	

- family : 글씨체를 정의한다. 기본은 SERIF이고 SAN, TYPEWRITER 글씨체를 사용할 수
  있다.
- horizontal : 문자열의 표시 방향을 나타낸다. 만약 FALSE 값을 가지면 수직방향으로 문
  자열이 나타난다.
- justify : 문자열의 정렬 방법으로 BEGIN, FIRST, MIDDLE, END가 있다. BEGIN과
  FIRST는 첫 문자를 중심으로 한 왼쪽 정렬이며, MIDDLE는 중앙 정렬 그리고 END는
  오른쪽 문자를 중심으로 한 오른쪽 정렬을 나타낸다.
- language : 국제표준기구(ISO)의 문자를 표현하기 위한 언어 표시
- leftToRight : 문자열을 쓰는 방향으로 TRUE이면 왼쪽에서 오른쪽으로 문자열을 표시한다.
- size : 글씨의 크기를 설정
- spacing : 문단 사이의 줄 간격이다.
- style : 문자의 폰트(font) 유형으로 PLAIN, BOLD, ITALIC, BOLDITALIC이 있다.

- topToBottom : 수직으로 문자열을 삽입한 기능. 만약 FALSE 이면 아래에서 위로 문자열을 나타낸다.

예제 4-12는 FontStyle 노드의 필드를 이용하여 'Welcome 3D World' 문자의 size와 style을 달리 적용한 프로그램이다. 프로그램의 실행결과를 그림 4-21에서 확인할 수 있다.

예제 4-12   FontStyle

```
<!DOCTYPE html>
<html>
<head>
<meta http-equiv='Content-Type' content='text/html;charset=utf-8'/>
<title>FontStyle ,Web3D,VR,가상현실,X3D</title>
<script type='text/javascript" src='http://code.jquery.com/jquery-1.7.2.js'></script>
<script type='text/javascript' src="http://www.x3dom.org/x3dom/release/x3dom.js"></script>
<link rel='stylesheet' type='text/css' href="http://www.x3dom.org/x3dom/release/x3dom.css"/>
</head>
<body id='main'>
<p>FontStyle</p>
<X3D> <!--showStat='true' showLog='true' -->
    <Scene>
        <Shape>
            <Text string='Welcome 3D World'>
            <FontStyle style='bold' justify='begin' size='2'></FontStyle>
            </Text>
            <Appearance><Material diffuseColor='1 0 0'></Material>
        </Appearance></Shape>
        <Shape>
            <Text string='Welcome 3D World'>
            <FontStyle style='italic' justify='end' size='5'></FontStyle>
            </Text>
            <Appearance><Material diffuseColor='1 0 1'></Material>
        </Appearance></Shape>
    </Scene></X3D>
</body></html>
```

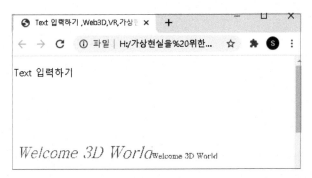

그림 4-21 FontStyle

| 참고사이트 및 자료 |

1. http://www.web3d.org/X3D/content/README.X3D-Edit.html

2. http://www.web3d.org/X3D/specifications/ISO-IEC-19775-X3DAbstractSpecification/Part01/components/core.html

3. http://www.web3d.org/X3D/specifications/ISO-IEC-19775-X3DAbstractSpecification/Part01/components/Shape.html

4. http://www.web3d.org/X3D/specifications/ISO-IEC-19775-X3DAbstractSpecification/Part01/components/geometry3D.html

5. http://www.parallelgraphics.com/products/vrmlpad/

6. 박경배 "3D 가상홈페이지 만들기", 21세기사, 2007

7. 박경배외1 "예제 중심의 X3D". 글로벌출판사, 2008

CHAPTER 5

물체의 이동과 변형

5.1 Transform 노드

Transform 노드는 3D의 물체를 이동(translation)/회전(rotation) 혹은 크기조절(scale) 등을 위해 사용되는 그룹노드이다. 그룹노드란 하나 이상의 다수노드를 자식노드로서 포함할 수 있는 노드를 의미한다. 따라서 지금까지 하나의 물체만을 정의하였던 것과 달리 Transform 노드를 이용하면 다수의 자식노드들을 정의할 수 있으며 여러 물체들을 한 장면에 나타낼 수 있다.

표 5-1은 Transform 노드의 필드를 나타낸 것이다.

표 5-1 Transform 노드

eventIn	MFNode	addChildren		
eventIn	MFNode	removeChildren		
exposedField	MFNode	children	[]	#$(-\infty,\infty)$
exposedField	SFVec3f	center	0 0 0	[]
exposedField	SFRotation	rotation	0 0 1 0	#$[-1,1],(-\infty,\infty)$
exposedField	SFVec3f	scale	1 1 1	#$[0,\infty)$
exposedField	SFRotation	scaleOrientattion	0 0 1 0	#$[-1,1],(-\infty,\infty)$
exposedField	SFVec3f	translation	0 0 0	#$(-\infty,\infty)$
field	SFVec3f	bBoxCenter	0 0 0	#$(-\infty,\infty)$
field	SFVec3f	bBoxSize	-1 -1 -1	#$[0,\infty)$or -1, -1,-1

- addChildren : 이벤트를 위한 필드이다. javascript 언어의 appendChild() 함수를 통해 그룹노드 안에 새로운 자식노드들을 추가할 수 있다.
- removeChildren : 이벤트를 위한 필드이다. javascript 언어의 removeChild() 함수를 통해 그룹노드 안의 자식노드를 제거할 수 있다.
- center : 회전시키는 물체의 회전중심을 지정한다. 회전중심의 기본 값은 원점(0,0,0)이 며 다른 필드보다 항상 먼저 적용된다. rotation 필드와 함께 사용하며 center만 독립적으로 사용될 수 없다. center에 대해 잘못 이해하고 적용할 경우 생각지 못한 결과가 나타난다.

- children : 그룹(Group) 노드에 속한 노드들은 반드시 children 필드를 갖는다. 자식 노드들은 그룹 노드의 영향과 속성을 그대로 이어 받는다. Transform 노드는 자식노드를 가질 수 있지만 자신도 자식 노드에 포함될 수 있다.
- rotation : 물체를 임의의 축을 기준으로 회전시키는 역할을 한다. 회전각도는 라디안(radian)을 적용한다.
- scale : x, y, z의 각 방향으로 크기조절 역할을 하며 0이상의 값을 갖는다.
- scaleOrientation : scale을 적용하기 전에 scale의 방향을 적용하는 필드이다.
- translation : 물체의 좌표를 지정하여 해당 좌표로 물체를 이동한다. 따라서 좌표는 해당 물체의 위치로 부터 상대 거리이다.

5.1.1 translation

translation은 Transform 내의 모든 자식 노드들을 지정된 좌표만큼 이동하여 표현한다. 예제 5-1은 translation을 이용하여 Box, Cone 그리고 Sphere를 나타낸 것이다. 예제에서는 하나의 Transform 노드에 하나의 자식노드 Shape 노드를 나타내었지만 Transform 노드 안에는 하나 이상의 노드를 포함시킬 수 있다.

```
<Transform translation='-3 0 0'> // 박스를 x축으로 -3 이동
<Transform translation='0 0 0'> // 원뿔을 원점에 위치
<Transform translation='3 0 0'> // 구를 x축으로 3 이동
```

| 예제 5-1 | Transform 노드의 translation 필드 |

```
<!DOCTYPE html>
<html>
<head>
<meta http-equiv='Content-Type' content='text/html;charset=utf-8'></meta>
<title>Transform노드-translation,Web3d,가상현실,X3D</title>
<script type="text/javascript" src="http://code.jquery.com/jquery-1.7.2.js"></script>
<script type='text/javascript' src="http://www.x3dom.org/x3dom/release/x3dom.js"></script>
<link rel='stylesheet'type='text/css' href="http://www.x3dom.org/x3dom/release/x3dom.css"/>
```

```
</head>
<body id='main'>
<p>Transform노드-translation</p>
<X3D><Scene>
<Transform translation='-3 0 0'>
 <Shape><Box></Box>
  <Appearance><Material diffuseColor='1 0 0'></Material></Appearance>
 </Shape></Transform >
<Transform translation='0 0 0'>
 <Shape> <Cone></Cone>
  <Appearance><Material diffuseColor='0 1 0'></Material></Appearance>
 </Shape></Transform >
<Transform translation='3 0 0'>
 <Shape> <Sphere></Sphere>
  <Appearance><Material diffuseColor=' 0 1'></Material></Appearance>
 </Shape></Transform >
</Scene></X3D>
</body></html>
```

translation 필드의 자료형은 SFVec3f로서 3D 좌표계에서 이동할 x, y, z의 거리를 나타
낸다. translation은 x, y, z의 좌표 값이 아니라 x, y, z의 이동 거리이다. translation의 기준
이 원점(0, 0, 0)일 경우에는 translation의 x, y, z를 좌표 값으로 인식해도 무방하지만 기준
이 원점이 아닐 경우에는 그 결과가 다르게 나타난다. 예제의 경우 세 개의 물체는 원점의

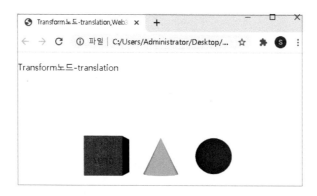

그림 5-1 Transform 노드 – translation

원뿔을 기준으로 translation='-3 0 0', translation='3 0 0'을 적용하였다. 따라서 그림 5-1
과 같이 박스는 x축으로 -3만큼 이동하여 표현되고 구는 양의 x축 방향으로 3만큼 이동하
여 세 물체는 서로 중첩되지 않고 한 장면에 표현되었다.

📋 응용문제

x, y, z 각각의 축(-3, +3)에 물체들을 위치 생성하시오.

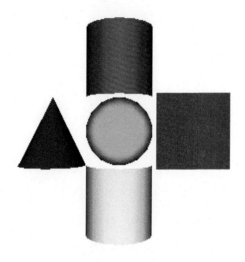

translation을 이용한 물체 응용

5.1.2 rotation

rotation은 Transform 내의 자식노드들을 임의의 축을 기준으로 회전시킨다. rotation의
자료형은 SFRotation으로서 그림 5-2와 같이 3D 좌표계에서 회전시킬 축 x, y, z와 회전각
도(Angle)로서 4개의 인자 값을 가진다. 회전축은 x, y, z 축 중 하나 이상을 지정하고 이에
따른 회전 각도를 나타내면 된다. 회전축의 지정은 1로서 나타내고 회전하지 않는 축은 0이
된다. 만약 x축과 y축으로 동시에 회전을 시키고자 한다면 '1 1 0'이 된다.

회전축이 결정되면 회전 각도를 나타내는데 각도(degree)가 아닌 라디안(radian)을 사용
한다. 라디안이란 각도의 360도법을 원의 둘레 길이로 표현한 것이다. 라디안과 각도의 변
환에 대해 이해하기 위하여 그림 5-3을 보자.

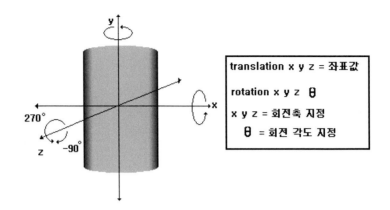

그림 5-2 rotation의 개념(출처: 예제 중심의 X3D)

반지름이 1인 원의 경우 원의 둘레 길이는 2πr로 2π가 된다. 그림에서와 같이 원의 반 바퀴를 돌 경우는 π가 되며 원을 일주하게 되면 2π가 된다. π는 대략 ≒3.14이므로 180°의 경우는 3.14가 되며 360°의 경우는 ≒ 2×3.14 = 6.28이 된다. 따라서 물체를 x축으로 360° 회전한 경우는 rotation='1 0 0 6.28'로 지정하면 된다. 다른 회전각도의 경우는 회전각도 360°에 대한 라디안 값인 6.28에서 유추하면 쉽게 구할 수 있다.

회전각도 라디안은 음의 값으로 표현이 가능하다. 라디안 값이 음의 값을 갖는 경우는 회전의 방향이 바뀌기 때문에 회전의 방향도 정확히 이해해야 한다. 예를들어 그림 5-4와 같이 z축으로 270°(≒4.71) 회전시킨 실린더는 z축으로 -90°(≒-1.571) 회전한 경우와 동일하다. z축 방향의 경우 시계 방향은 음의 라디안 값을 가지며 반시계 방향은 양의 라디안 값을 갖는다.

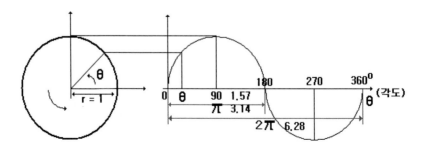

그림 5-3 라디안과 각도의 관계(출처: 예제중심의 X3D)

rotation을 통한 물체의 회전에 있어서 주의해야 할 점은 각 회전축을 중심으로 물체를 회전시킨 결과에 대한 예측이 가능해야 한다. 만약 원기둥의 경우 y축을 기준으로 회전을 하였다면 모양은 변함이 없다.

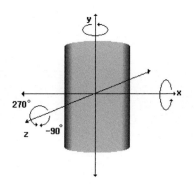

그림 5-4 rotation 방향

그림 5-5는 x, y, z 축으로 각각 45도 회전한 물체의 모양을 나타낸 것이다.

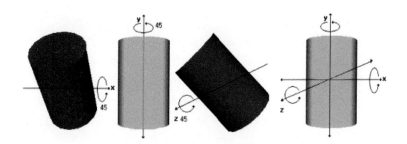

그림 5-5 회전축과 각도에 따른 물체의 모양

예제 5-2는 rotation 필드를 이용하여 세 개의 실린더를 x축, x,z 축 그리고 z축으로 각각 90도씩 회전시킨 프로그램으로 그림 5-6에 회전 결과를 나타냈다. 실린더이기 때문에 좌우가 대칭되어 y축으로 회전시켜도 변화는 없다. x축과 z축의 회전의 의미를 정확히 이해해야 한다.

```
<Transform translation='-3 0 0' rotation='1 0 0 1.57'> // x축으로 90도(1.57)회전
<Transform translation='0 0 0' rotation='1 0 1 1.57'> // x,z축으로 90도(1.57)회전
<Transform translation='3 0 0' rotation='0 0 1 1.57'> // z축으로 90도(1.57)회전
```

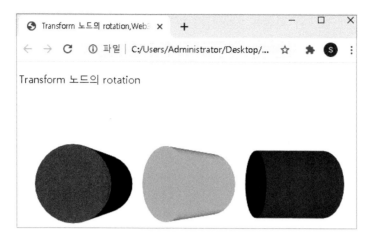

그림 5-6 Transform 노드의 rotation 필드

예제 5-2	Transform 노드의 rotation 필드

```
<!DOCTYPE html>
<html>
<head>
<meta http-equiv='Content-Type' content='text/html;charset=utf-8'></meta>
<title>Transform 노드의 rotation,Web3d,가상현실,X3D</title>
<script type="text/javascript" src="http://code.jquery.com/jquery-1.7.2.js"></script>
<script type='text/javascript' src="http://www.x3dom.org/x3dom/release/x3dom.js"></script>
<link rel='stylesheet'type='text/css' href='http://www.x3dom.org/x3dom/release/x3dom.css'/>
</head>
<body id='main'>
<p>Transform 노드의 rotation</p>
<X3D><Scene>
<Transform translation='-3 0 0' rotation='1 0 0 1.57'>
 <Shape> <Cylinder></Cylinder>
  <Appearance><Material diffuseColor='1 0 0'></Material></Appearance>
 </Shape></Transform >
<Transform translation='0 0 0' rotation='1 0 1 1.57'>
 <Shape> <Cylinder></Cylinder>
  <Appearance><Material diffuseColor='0 1 0'></Material></Appearance>
 </Shape></Transform >
<Transform translation='3 0 0' rotation='0 0 1 1.57'>
```

```
<Shape> <Cylinder></Cylinder>
 <Appearance><Material diffuseColor='0 0 1'></Material></Appearance>
</Shape></Transform >
</Scene></X3D>
</body></html>
```

📋 **응용문제**

다음과 같이 원뿔을 x,z축으로 45도 회전시키시오.

원뿔의 회전

5.1.3 scale

3D 물체의 크기를 조절하기 위해서는 scale 필드를 사용한다. scale의 자료형은 SFVec3f 로서 Transform 노드에 포함된 자식노드들의 크기를 x, y, z 각 방향으로 비례적으로 늘이 거나 줄일 수 있다. scale의 기본 값은 '1 1 1'로서 1을 기준으로 1보다 크면 해당되는 방향 으로 크기는 커지며 1보다 작다면 크기는 작아진다.

| 예제 5-3 | Transform 노드의 scale 필드 |

```
<!DOCTYPE html>
<html>
<head>
```

```html
<meta http-equiv='Content-Type' content='text/html;charset=utf-8'></meta>
<title>Transform 노드의 scale 필드,Web3d,가상현실,X3D</title>
<script type="text/javascript" src="http://code.jquery.com/jquery-1.7.2.js"></script>
<script type='text/javascript' src="http://www.x3dom.org/x3dom/release/x3dom.js"></script>
<link rel='stylesheet'type='text/css' href="http://www.x3dom.org/x3dom/release/x3dom.css"/>
</head>
<body id='main'>
<p>Transform 노드의 scale 필드</p>
<X3D><Scene>
<Transform translation='-3 0 0' scale='2 1 1'>
 <Shape> <Cylinder></Cylinder>
  <Appearance><Material diffuseColor='1 0 0'></Material></Appearance>
 </Shape></Transform >
<Transform translation='0 0 0' scale='1 2 1'>
 <Shape> <Cylinder></Cylinder>
  <Appearance><Material diffuseColor='0 1 0'></Material></Appearance>
 </Shape></Transform >
<Transform translation='3 0 0' scale='1 1 2'>
 <Shape> <Cylinder></Cylinder>
  <Appearance><Material diffuseColor='0 0 1'></Material></Appearance>
 </Shape></Transform >
</Scene></X3D>
</body></html>
```

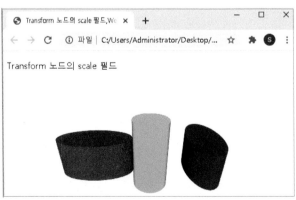

그림 5-7 Transform 노드 - scale

예제 5-3에서는 3개의 실린더에 scale의 값을 x, y, z 축 방향에 대해 각각 2씩 적용하였다. 그림 5-7에서 각 방향으로 크기가 변형된 실린더를 볼 수 있다.

```
scale='2 1 1' //x축 방향 2배 크기
scale='1 2 1' //y축 방향 2배 크기
scale='1 1 2' //z축 방향 2배 크기
```

📋 **응용문제**

Sphere의 scale을 조절하고 회전하여 다음 그림과 같은 모형을 만드시오.

scale과 rotation을 이용한 물체표현

5.1.4 회전중심(center)

물체의 회전중심을 변경하고자 할 경우 사용하는 필드는 center이다. rotation을 통한 물체의 회전은 항상 원점(0,0,0)을 기준으로 회전을 한다. 그러나 경우에 따라서 물체의 회전중심을 원점이 아닌 다른 중심점으로 변경할 필요가 있다. 예를들어 나비의 날개 짓은 각 날개의 중심이 아닌 몸통에 가까운 날개의 끝을 통해 회전이 이루어진다.

center의 자료형은 SFVec3f로서 회전중심 값을 설정한다. center는 회전 중심을 정의하기 때문에 독립적으로 사용되지 않으며 항상 rotation과 같이 사용된다. 즉 center를 통해 회전중심이 변경되면 이후에 rotation이 적용되어 물체는 회전하게 된다. 같은 rotation이라 하더라도 회전중심 값에 따라 결과는 틀려진다. 이를 이해하기 위하여 먼저 그림 5-8을 통해 center에 대한 개념을 이해한 후 예제 5-4를 살펴보자.

① center='0 0 0', rotation='0 0 1 0' : 중앙의 빨강 원기둥으로 회전이 이루어지지 않고 기본 값을 가진다.

② center='1 0 0', rotation='0 0 1 1.57' : 초록색의 원기둥으로서 x축으로 회전중심을 (1 0 0) 이동 후 rotation 값의 z축에 의해 90°회전한 결과이다. 그림에서 왼쪽의 노랑색 화살표를 따라 회전하여 왼쪽 상단으로 치우친 결과를 보인다.

③ center='-1 0 0', rotation='0 0 1 1.57' : 파랑색의 원기둥은 회전중심을 -1 0 0 이동 후 z축을 기준으로 90°회전한 결과이다. 오른쪽 노랑색 화살표 방향으로 회전하여 오른쪽 하단으로 치우친 결과를 나타낸다. 2)의 rotation='0 0 1 1.57'과 같은 값을 갖지만 center 값에 따라 다른 결과를 보인다.

center를 적용할 때 주의해야 할 점은 물체가 (-1 0 0)으로 이동하는 것이 아니라 회전중심만 이동한다는 것을 명심해야 한다. 따라서 같은 회전 값이라 하더라도 회전중심에 따라 물체의 표현위치가 달라진다.

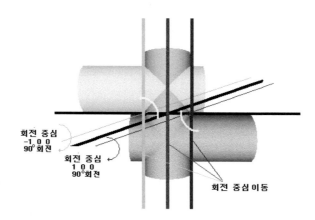

그림 5-8 center 값에 따른 물체의 회전

예제 5-4는 그림 5-8과 같이 실린더를 z축으로 동일하게 90도 회전 시켰을 경우 center의 값에 따라 회전 결과를 나타낸 것이다. z축으로 90도 회전시 회전 중심이 -1 0 0으로 음의 x축을 중심으로 회전하게 되면 초록색 실린더와 같이 위쪽에 위치하게 되고 회전 중심이 1 0 0으로 양의 x축을 중심으로 회전하게 되면 파란색의 실린더처럼 아래쪽에 위치한다.

```
// 회전중심 0 0 0
rotation='0 0 0 1.57' center='0 0 0'
// 회전중심 -1 0 0
rotation='0 0 1 1.57' center='-1 0 0'
// 회전 중심 1 0 0
rotation='0 0 1 1.57' center='1 0 0'
```

예제 5-4	Transform 노드의 center 필드

```
<!DOCTYPE html>
<html>
<head>
<meta http-equiv='Content-Type' content='text/html;charset=utf-8'></meta>
<title>Transform 노드의 center,Web3d,가상현실,X3D</title>
<script type="text/javascript" src="http://code.jquery.com/jquery-1.7.2.js"></script>
<script type='text/javascript' src="http://www.x3dom.org/x3dom/release/x3dom.js"></script>
<link rel='stylesheet'type='text/css' href="http://www.x3dom.org/x3dom/release/x3dom.css"/>
</head>
<body id='main'>
<p>Transform 노드의 center</p>
<X3D><Scene>
<Transform translation='0 0 0' rotation='0 0 1 0' center='0 0 0'>
 <Shape> <Cylinder height='4'></Cylinder>
  <Appearance><Material diffuseColor='1 0 0'></Material></Appearance>
 </Shape></Transform >
<Transform translation='0 0 0' rotation='0 0 1 1.57' center='-1 0 0'>
 <Shape> <Cylinder height='4'></Cylinder>
  <Appearance><Material diffuseColor='0 1 0'></Material></Appearance>
 </Shape></Transform >
<Transform translation='0 0 0' rotation='0 0 1 1.57' center='1 0 0'>
 <Shape> <Cylinder height='4'></Cylinder>
  <Appearance><Material diffuseColor='0 0 1'></Material></Appearance>
 </Shape></Transform >
</Scene></X3D>
</body></html>
```

5.1.5 크기방향조절(scaleOrientation)

scaleOrientation 필드는 scale이 적용되기 전에 크기의 방향을 결정하기 위한 필드로서 자료형은 SFRotation이며 center가 rotation이 설정되었을 때만 적용되듯이 scale 필드가 설정되어 있을 경우에만 적용된다.

scaleOrientation은 실질적으로 회전하는 것이 아니라 scale의 방향만 결정한다.

```
scale='2 1 1' scaleOrientation='1 0 0 1.57' // 스케일 방향과 스케일 축이 동일(x축)
```

그림 5-9 빨강색 실린더를 보면 scale만 적용된 것과 동일하다.

```
scale='1 2 1' scaleOrientation='1 0 0 1.57' // 스케일 방향(x축) 스케일 (y축)
```

그림 5-9 초록색 실린더를 보면 z축 방향으로 scale이 적용된 것처럼 보인다. scale방향이 x축이기 때문에 x방향으로 90도 회전한 후 y축으로 scale을 적용하면 z축 방향에 대한 scale이 적용된 결과로 나타난다.

```
scale='1 1 2' scaleOrientation='1 0 0 1.57' // 스케일 방향(x축) 스케일 (z축)
```

그림 5-9 파랑색 실린더를 보면 y축 방향으로 scale이 적용된 것처럼 보인다. scale방향이 x축이기 때문에 x방향으로 90도 회전한 후 z축으로 scale을 적용하면 y축 방향에 대한 scale이 적용된 결과로 나타난다.

| 예제 5-5 | Transform 노드의 scaleOrientation 필드 |

```
<!DOCTYPE html>
<html>
<head>
```

```
<meta http-equiv='Content-Type' content='text/html;charset=utf-8'></meta>
<title>Transform 노드의 scale 필드,Web3d,가상현실,X3D</title>
<script type="text/javascript" src="http://code.jquery.com/jquery-1.7.2.js"></script>
<script type='text/javascript' src="http://www.x3dom.org/x3dom/release/x3dom.js"></script>
<link rel='stylesheet'type='text/css' href="http://www.x3dom.org/x3dom/release/x3dom.css"/>
</head>
<body id='main'>
<p>Transform 노드의 scale 필드</p>
<X3D><Scene>
<Transform translation='-3 0 0' scale='2 1 1' scaleOrientation='1 0 0 1.57'>
 <Shape> <Cylinder></Cylinder>
  <Appearance><Material diffuseColor='1 0 0'></Material></Appearance>
 </Shape></Transform >
<Transform translation='0 0 0' scale='1 2 1'  scaleOrientation='1 0 0 1.57'>
 <Shape> <Cylinder></Cylinder>
  <Appearance><Material diffuseColor='0 1 0'></Material></Appearance>
 </Shape></Transform >
<Transform translation='3 0 0' scale='1 1 2'  scaleOrientation='1 0 0 1.57'>
 <Shape> <Cylinder></Cylinder>
  <Appearance><Material diffuseColor='0 0 1'></Material></Appearance>
 </Shape></Transform >
</Scene></X3D>
</body></html>
```

그림 5–9 Transform −scaleOrientation

5.2 노드의 정의와 재사용

Transform 노드를 이용하여 3D 공간에 중첩되지 않고 다수의 노드를 사용하여 물체들을 만들 수 있었다. 그러나 다수의 노드를 정의하다 보면 같은 속성과 외형을 갖는 물체들이 존재한다. 이러한 물체들을 일일이 프로그램화 하다보면 단순작업으로 인해 효율이 떨어질 뿐만 아니라 많은 노력과 시간을 허비한다. 이러한 문제점을 제거하고 가상공간을 효율적으로 구현하기 위해서 중복된 노드를 효율적으로 정의해주는 DEF(id)/USE를 제공한다.

DEF란 정의(DEFinition)의 약자이며 USE는 사용한다는 의미이다. 즉 처음 정의한 노드를 DEF로서 이름을 부여하고 이 노드의 속성과 외형을 사용하기 위해서는 USE를 통해 이름만 호출하면 처음 정의한 노드의 속성과 외형을 모두 상속 받을 수 있다. 따라서 프로그램의 효율성은 매우 커지게 된다.

- DEF /id: <X3D 노드   DEF='사용자 정의 이름'>
- USE : <X3D 노드   USE='사용자 정의 이름'>

DEF는 모든 노드에 정의할 수 있으며 use를 통하여 언제든지 재사용 가능하다. X3Dom은 html5 태그 요소의 일부분이기 때문에 DEF 대신 id를 사용하여 재사용할 수 있다.

<X3D 노드 DEF='사용자 정의 이름'>에서 사용자는 기존의 X3D노드를 이용하여 노드를 표현하고 이 노드에 DEF나 id를 통하여 사용자가 정한 이름을 부여한다. 이름을 부여하는 방법은 CSS에서 id 선택자에서 id를 부여하는 방법과 동일하다. 이를 재사용하기 위하여 <X3D 노드   USE='사용자 정의 이름'>을 통하여 USE와 함께 사용자가 부여한 이름을 기입하면 기존 X3D 노드의 외형과 속성을 그대로 부여받은 같은 물체가 표현된다. '사용자 정의 이름'은 대, 소문자 모두 사용 가능하다.

DEF/id와 USE는 Event나 다수의 노드를 정의하는 Group 노드에서 매우 효율적으로 사용할 수 있다. 대부분의 복잡한 물체들은 기본 물체들의 그룹으로 표현된다. 따라서 기본 물체들을 DEF/id를 통하여 정의하고 이를 USE를 통하여 재사용 한다면 매우 편리하며 효율적으로 된다.

Javascript의 이벤트를 이용한 API에는 id가 매우 유용하다. 많은 부분이 id를 이용하여 요소에 접근하고 값을 지정할 수 있다. 그러나 X3D에서는 DEF만 허용하고 id는 허용되지 않는다. X3Dom을 사용할 때는 문제없지만 .x3d 파일 형식을 만들 때 DEF 대신에 id를 사용하면 에러가 발생한다. X3D 파일의 에러는 대부분 노드명에 대한 대소문자와 DEF/id에서 발생한다.

예제 5-6	DEF/USE

```
<!DOCTYPE html>
<html>
<head>
<meta http-equiv='Content-Type' content='text/html;charset=utf-8'></meta>
<title>DEF/USE,Web3d,가상현실,X3D</title>
<script type="text/javascript" src="http://code.jquery.com/jquery-1.7.2.js"></script>
<script type='text/javascript' src="http://www.x3dom.org/x3dom/release/x3dom.js"></script>
<link rel='stylesheet'type='text/css' href="http://www.x3dom.org/x3dom/release/x3dom.css"/>
</head>
<body id='main'>
<p>노드의 DEF/USE</p>
<X3D><Scene>
<Transform translation='-3 0 0' >
 <Shape DEF='cyld'> <Cylinder></Cylinder>
  <Appearance DEF='red'><Material diffuseColor='1 0 0'></Material></Appearance>
 </Shape></Transform >
<Transform translation='0 0 0' >
 <Shape> <Cone></Cone>
  <Appearance use='red'></Appearance>
 </Shape></Transform >
<Transform translation='3 0 0' >
 <Shape use='cyld'></Shape></Transform >
</Scene></X3D>
</body></html>
```

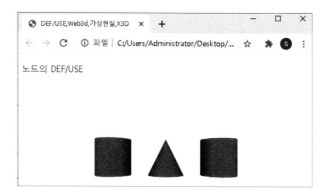

그림 5-10 노드의 정의와 재사용

예제 5-6을 보면 세 개의 물체를 타나내기 위한 코드가 한결 간단해진 것을 알 수 있다. Shape 노드에 대해 'cyld'로 정의하였으며 Appearance 노드는 'red'로 정의하였다.

```
<Shape DEF='cyld'>
<Appearance DEF='red'>
```

Appearance 노드의 속성을 'red'로 정의된 노드를 재사용한다. Shape 노드 역시 'cyld'로 정의된 노드를 재사용하여 그림 5-10과 같이 빨강색의 콘과 실린더를 표현하였다.

```
<Appearance use='red'>
<Shape use='cyld'>
```

css에서 id 선택자 사용하여 태그 요소들을 디자인하듯이 X3Dom에서는 DEF 대신에 id를 사용하여 노드를 재사용할 수 있다.

예제 5-7에서는 첫 번째 Transform 노드를 id='b_Cone'으로 정의하였고 Appearance 노드를 id='blue'로 정의하였다.

```
<Transform translation='0 0 0' id='b_Cone' >
<Appearance id='blue'>
```

두 번째 물체의 Appearance에 use='blue'를 재사용하였다.

```
<Appearance use='blue'>
```

Transform 노드를 재사용하기 위해서는 부모 Transform 노드를 선언하고 재사용된 Transform 노드는 자식노드로 다음과 같이 포함해야 한다.

```
<Transform translation='3 0 0' >
   <Transform use='b_Cone'></Transform>
</Transform >
```

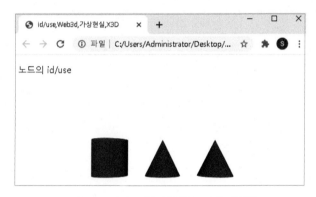

그림 5-11 id/use를 이용한 노드의 재사용

예제 5-7   id/use

```
<!DOCTYPE html>
<html>
<head>
<meta http-equiv='Content-Type' content='text/html;charset=utf-8'></meta>
<title>id/use,Web3d,가상현실,X3D</title>
<script type="text/javascript" src="http://code.jquery.com/jquery-1.7.2.js"></script>
<script type='text/javascript' src="http://www.x3dom.org/x3dom/release/x3dom.js"></script>
<link rel='stylesheet'type='text/css' href="http://www.x3dom.org/x3dom/release/x3dom.css"/>
</head>
<body id='main'>
```

```
<p>노드의 id/use</p>
<X3D><Scene>
<Transform translation='0 0 0' id='b_Cone' >
<Shape> <Cone></Cone>
 <Appearance id='blue'><Material diffuseColor='0 0 1'></Material></Appearance>
</Shape></Transform >
<Transform translation='-3 0 0' >
<Shape><Cylinder></Cylinder>
 <Appearance use='blue'></Appearance>
</Shape></Transform >
<Transform translation='3 0 0' >
<Transform use='b_Cone'></Transform>
</Transform >
</Scene></X3D>
</body></html>
```

5.3 Group 노드

Group 노드는 Transform 노드와 마찬가지로 자식노드를 가지는 그룹노드이다. 의자와 같은 간단한 물체도 여러 개의 박스나 실린더로 구성하여 만든다. 여러 물체로 표현된 복합 물체를 Group 노드로 만들고 DEF(id)/USE 구문과 함께 사용하여 Group 노드를 재사용하면 가상공간의 복잡한 물체들을 손쉽게 표현할 수 있다. 표 5-2는 Group 노드의 필드로서 간단한 속성을 가진다.

표 5-2 Group 노드

eventIn	MFNode	addChildren		
eventIn	MFNode	removeChildren		
exposedField	MFNode	children	[]	#$(-\infty, \infty)$
field	SFVec3f	bBoxCenter	0 0 0	#$(-\infty, \infty)$
field	SFVec3f	bBoxSize	-1 -1 -1	#$[0, \infty]$or -1, -1,-1

예제 5-8은 Group 노드와 DEF(id)/USE를 이용하여 공원의 벤치(bench) 의자를 만든 것으로 그림 5-12에 결과를 나타내었다. 다소 복잡해 보일 수 있지만 id/use를 사용하면 간단히 만들 수 있다.

Group 태그 쌍안에 4개의 Transform 노드를 벤치의자의 앉는 부분으로서 하나의 그룹 id='seat'으로 취급한다.

```
<Group  id='seat'>.....</Group>
```

첫 번째 Transform 노드에 있는 Shape는 벤치의자 중 하나의 막대로서 DEF='bar'로 정의하였고 Shape안의 Appearance는 DEF='brown'로 정의하였다. 나머지 3개의 Transform은 위치만 변경하고 'bar'을 재사용하여 벤치의자의 앉는 부분을 구성하였다.

```
<Shape  DEF='bar'>
<Appearance DEF='brown'>....</Appearance>
<Transform translation='0 0 -.5'><Shape  USE='bar'/></Transform>
```

앉는 부분을 구성하고 이를 'seat' Group으로 정의하였으므로 벤치의자의 등받이 부분은 이를 재사용하여 구성한다.

앞서 선언된 'seat'을 재사용하여 간단히 등받이 부분을 만들 수 있다. 여기서 등받이 부분은 center='0 0 -1.5' rotation='1 0 0 -2'를 적용하여 물체의 이동 없이 회전중심을 z축인 (0 0 -1.5)로 변경한 후 x축으로 (1 0 0 -2) 회전을 하여 구성한다.

```
<Transform center='0 0 -1.5 rotation='1 0 0 -2>
```

벤치의자의 다리부분을 만들고 이를 재사용하기 위하여 <Shape DEF='leg'>로 정의하였다. 다리의 색상은 앞서 정의한 brown을 재사용하였다. 첫 번째 다리는 벤치 왼쪽의 앞다리를 leg로 정의한 것이다. 왼쪽 다리의 위치는 벤치의 크기가 '4 .3 1.5'이므로 다리의 크기를 고려하여 '-1.5 -.5 0'이 되어야 한다. 벤치의자의 폭이 '1.5'되는 이유는 4개의 'bar'을 합한 결과가 벤치의 폭이 된다. 나머지 세 개의 다리는 정의된 'leg'를 재사용하여

나타내며 각 다리의 위치는 왼쪽 다리와 마찬가지로 Transform을 이용하여 의자의 크기에

맞게 각각 x, y, z축으로 이동을 하면 그림 5-12와 같이 벤치의자를 만들 수 있다.

```
<Shape  DEF='leg'>
<Appearance  USE='brown'>
<Shape use='leg'>
```

예제 5-8　　Group 노드를 이용한 벤치의자

```
<!DOCTYPE html>
<html>
<head>
<meta http-equiv='Content-Type' content='text/html;charset=utf-8'></meta>
<title>group ,Web3d,가상현실,X3D</title>
<script type="text/javascript" src="http://code.jquery.com/jquery-1.7.2.js"></script>
<script type='text/javascript' src="http://www.x3dom.org/x3dom/release/x3dom.js"></script>
<link rel='stylesheet'type='text/css' href="http://www.x3dom.org/x3dom/release/x3dom.css"/>
</head>
<body id='main'>
<p>Group</p>
<X3D><Scene>
<Group  id='seat'>
    <Transform>
        <Shape  DEF='bar'><Box  size='4 .3 .4'></Box>
            <Appearance  DEF='brown'>
                <Material  diffuseColor='0.3 0.15 0.0 '></Material>
            </Appearance></Shape></Transform>
    <Transform  translation='0 0 -.5'><Shape  USE='bar'/></Transform>
    <Transform  translation='0 0 -1'><Shape  USE='bar'/></Transform>
    <Transform  translation='0 0 -1.5'><Shape  USE='bar'/></Transform>
</Group>
<Transform  center='0 0 -1.5' rotation='1 0 0 -2'>
<Group  USE='seat'></group></Transform>
<Transform  translation='-1.5 -.5 0'>
    <Shape  DEF='leg'><Box  size='.4 1 .4'></Box>
```

```
<Appearance  USE='brown'></Appearance></Shape></Transform>
<Transform  translation='1.5 -.5 0'><Shape  USE='leg'></Shape></Transform>
<Transform  translation='1.5 -.5 -1.5'><Shape  USE='leg'></Shape></Transform>
<Transform  translation='-1.5 -.5 -1.5'><Shape  USE='leg'></Shape></Transform>
</Scene></X3D>
</body></html>
```

그림 5-12 Group 노드를 이용한 벤치

앞서 만든 벤치 전체를 하나의 Group으로 정의하고 이를 재사용하면 간단히 많은 수의 벤치의자를 만들 수 있다.

예제 5-9는 앞서 만든 벤치를 그룹으로 정의하여 재사용한 예제로 그림 5-13에 세 개의 벤치가 놓여 있는 것을 볼 수 있다.

예제 5-8에서 만들었던 의자 전체를 id='bench' 그룹으로 정의하였다.

```
<!-- bench Group -->
<Group id='bench'>....</Group>
```

use='bench'를 사용하고 translation을 이용하여 각각 x축의 -6과 +6에 위치시키면 그림 5-13과 같이 또 다른 bench를 손쉽게 구현할 수 있다.

```
<Transform translation='-6 0 0'><Transform use='bench'></Transform></Transform>
<Transform translation='6 0 0'><Transform use='bench'></Transform></Transform>
```

위 세 개의 bench를 다시 id='bench-group'으로 선언하고 재사용하면 한번에 세 개씩의 벤치를 만들 수 있다. Transform 노드의 translation과 rotation을 적절히 사용하면 공원 내에 방향과 위치가 다른 많은 수의 벤치가 구현된다.

예제 5-9   Group 노드와 id/use를 이용한 재사용

```
<!DOCTYPE html>
<html>
<head>
<meta http-equiv='Content-Type' content='text/html;charset=utf-8'></meta>
<title>group-bench ,Web3d,가상현실,X3D</title>
<script type="text/javascript" src="http://code.jquery.com/jquery-1.7.2.js"></script>
<script type='text/javascript' src="http://www.x3dom.org/x3dom/release/x3dom.js"></script>
<link rel='stylesheet'type='text/css' href="http://www.x3dom.org/x3dom/release/x3dom.css"/>
</head>
<body id='main'>
<p>Group bench</p>
<X3D><Scene>
<Group id='bench'>
<Group id='seat'>
    <Transform><Shape  DEF='bar'><Box  size='4 .3 .4'></Box>
            <Appearance  DEF='brown'>
                <Material  diffuseColor='0.3 0.15 0.0'></Material>
            </Appearance></Shape></Transform>
    <Transform  translation='0 0 -.5'><Shape  USE='bar'/></Transform>
    <Transform  translation='0 0 -1'><Shape  USE='bar'/></Transform>
    <Transform  translation='0 0 -1.5'><Shape  USE='bar'/></Transform>
</Group>
<Transform  center='0 0 -1.5' rotation='1 0 0 -2'>
<Group  USE='seat'></group></Transform>
<Transform  translation='-1.5 -.5 0'>
    <Shape  DEF='leg'><Box  size='.4 1 .4'></Box>
    <Appearance  USE='brown'></Appearance></Shape></Transform>
<Transform  translation='1.5 -.5 0'><Shape  USE='leg'></Shape></Transform>
<Transform  translation='1.5 -.5 -1.5'><Shape  USE='leg'></Shape></Transform>
<Transform  translation='-1.5 -.5 -1.5'><Shape  USE='leg'></Shape></Transform>
```

```
</Group><!-- bench Group -->
<Transform translation='-6 0 0'><Transform use='bench'>
</Transform></Transform>
<Transform translation='6 0 0'><Transform use='bench'>
</Transform></Transform>
</Scene></X3D>
</body></html>
```

그림 5-13 Bench 재사용

📋 **응용문제**

1. 방향과 위치가 다른 벤치 15개를 group과 id/use를 이용하여 만드시오.
2. 다음 그림과 같은 식탁과 의자를 만드시오.

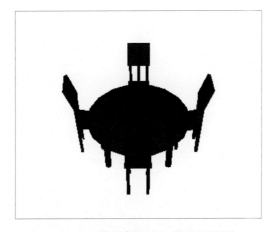

Group 노드를 이용한 식탁 테이블 만들기

| 참고사이트 및 자료 |

1. http://www.web3d.org/X3D/content/README.X3D-Edit.html

2. http://www.web3d.org/X3D/specifications/ISO-IEC-19775-X3DAbstractSpecification

3. https://examples.x3dom.org/example/x3dom_defUse.xhtml

4. https://www.x3dom.org/nodes/

5. https://doc.x3dom.org/gettingStarted/background/index.html

6. 박경배 외1 "3D 가상홈페이지 만들기", pp110~114, 21세기사, 2007

7. 박경배 "예제 중심의 X3D". 글로벌출판사, 2008

8. 박경배 "가상현실 증강현실 VRML",21세기사, 2012

빛(headlignt)의
특성과 색상

6.1 빛과 물체의 색상

4장의 예제 4-2에서 Appearance 필드의 특성이 적용되지 않은 하얀색의 윤곽선만 존재하는 Box를 만들어 보았다. X3Dom에서는 물체의 외형을 세 가지 형태인 색상, 이미지, 동영상으로 나타낼 수 있으며 추가적으로 물체의 선 특성(LineProperties), 면 특성(FillProperties) 그리고 외부 프로그램에 의한 물체의 표현(Shader) 등이 있다.

물체의 외형을 색상으로 나타내는 경우는 html의 색상 표현 방식과 동일하게 색의 3원색인 R(Red), G(Green), B(Blue)의 조합으로 표현된다. 그러나 3차원 물체를 색상으로 표현하는 경우에는 색상뿐만이 아니라 현실 세계에서와 마찬가지로 빛의 특성에 의해 물체의 외형은 달라 보이게 된다. 즉, 물체의 외형적인 특성은 빛을 어떻게 반사하느냐에 따라 물체의 색상도 달라진다. 같은 색상의 물체라도 빛의 유무에 따라 밝은 색과 어두운 색으로 표현되므로 빛은 물체의 외형을 결정하는 시각적 특성이 된다.

6.1.1 물체의 색상 표현

인간이 느끼는 색상은 빛의 다양한 성분 중 가시광선이 물체에 반사된 색상이다. 이처럼 물체에 반사된 색상이 물체의 고유색상이라 할 수 있다. 그러나 현실세계의 태양과 같은 광원은 가상공간에는 존재하지 않는다. 따라서 가상공간에서는 광원은 NavigationInfo 노드에서 제공되는 백색광을 가지는 가상의 빛(headlight)이라 가정하고 적용한다.

가상의 빛을 이용하여 3D 물체의 색상을 표현하기 위해서는 앞서 언급하였던 빛의 특성과 빛에 의해 반사된 물체의 색상을 모두 고려해야 한다. 그러나 현실세계와 달리 무한대로 존재하는 색상을 표현하는 것은 불가능하므로 임의적으로 한정된 색상으로만 물체들의 색상을 나타낸다. HTML과 마찬가지로 물체의 색상을 표현하기 위해서 빛의 3원색인 빨강, 초록, 그리고 파랑색을 사용하고 이들을 적절히 혼합하면 거의 모든 색상을 표현할 수 있다.

X3Dom에서는 RGB 색상의 표현을 위해 html의 표현(0~255 숫자범위)과 달리 각각 0~1 사이의 값을 적용한다. 0~1사이의 값이란 소수 값으로 색상이 표현됨을 의미한다. 간략히 RGB 색상에 대한 의미를 살펴보자. 0은 색상이 없는 것으로 간주되어 RGB의 모든 값이 (0 0 0)을 가지면 검정색이 된다. 1의 값은 순수한 자신의 색상을 나타낸다. 만약 흰색을 표현

하고 싶다면 RGB 각각의 값을 (1 1 1)로 모두 1로 만들어 주면 된다. 또한 노란색으로 물체를 표현하고 싶다면 RG는 1의 값을 갖지만 B의 값은 0이 된다. 그 밖의 다른 색상들은 0~1 사이의 값들을 적절히 조절하여 표현할 수 있으므로 자연계의 모든 색상을 표현할 수 있다고 해도 과언은 아니다.

6.1.2 빛의 특성

빛의 특성을 정확히 이해하기 위해서 그림 6-1처럼 빨강색과 파랑색의 색상(emissive)을 가진 두 개의 Sphere가 태양을 중심으로 양쪽에 있다고 가정하자. 빨간색 구와 같이 광원이 오른쪽 위에 있을 경우에는 구의 특성상 오른쪽 상단에서 빛을 전반사(specular)하여 매우 밝은 부분으로 나타나지만 광원의 반대편은 빛을 전혀 받지 못하게 되어 상대적으로 가장 어두운 색으로 나타나게 된다. 이와 유사하게 상대적으로 오른쪽에 있는 파란색의 구는 빛의 광원이 왼쪽 상단에 위치하여 반사되는 부분은 왼쪽 상단에 밝게 나타난다.

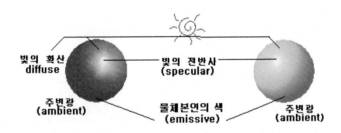

그림 6-1 빛의 특성에 따른 물체의 외형(출처:예제중심의 X3D)

구와 같이 곡면을 가지는 물체는 반사 되는 빛이 물체의 일정 부분으로 확산되어 나타나며 이 부분을 빛의 확산(diffuse)이라 한다. 확산된 물체의 특징은 물체의 색상과 빛의 혼합된 색상으로 나타나게 된다.

상당히 미비하지만 물체의 색상에 영향을 주는 빛으로 주변광(ambient)도 있다. 주변광이란 한 물체가 주변의 다른 물체로 부터 반사된 빛에 의해 영향을 받는 빛을 의미한다. 이처럼 빛의 특성으로 물체에 영향을 주는 요소로는 발산(emissive), 확산(diffuse), 반사(specular), 주변(ambient)광이 있으며 물체의 투명도(transparency)와 반사광 밝기 정도(shininess)를 나타내는 특성도 있다. 이들 각각에 대한 특성을 요약하면 다음과 같다.

- 발산광(emissiveColor) : 물체 고유의 색상으로 광원이 없어도 시각적으로 보이는 색상이다. 현실세계에서는 빛이 없으면 물체가 보이지 않지만 발산광은 광원이 없어도 물체 고유의 색상으로 보이게 된다. 현실세계의 야광물체라 생각하면 무난하지만 발산광 만으로는 입체감이 떨어지게 된다.

- 확산광(diffuseColor) : 반사광의 주변으로 일정부분 확산되는 색상이다. 빛의 입사 각도에 따라 확산광의 색상도 어느 정도 영향을 받는다. 확산광은 시각적으로 물체의 입체감을 느끼게 하는 특성이 있다.

- 반사광(specularColor) : 광원에서 수직으로 물체에 부딪혀 반사되는 색상이다. 일반적으로 곡면을 갖는 물체의 일부 표면에 가장 밝은 부분을 생성한다.

- 주변광(ambientColor) : 여러 물체에서 반사된 빛에 의해 방향성을 상실한 색상으로 물체의 특정 부분에 적용되지 않고 물체 전체에 영향을 주게 된다.

- 반사광의 밝기(shininess) : 반사되는 정도를 나타냄으로 빛의 강도를 표현한다.

- 투명도(transparency) : 유리와 같이 물체의 투명도를 나타낸다.

기본 확산광(diffuseColor)만의 값을 R=0.8, G=0.8, B=0.8로 정의하고 있으며 다른 요소들은 모두 기본 값으로 0을 가지고 있다. 확산광의 0.8은 1에 가까우므로 RGB요소를 모두 혼합하면 흰색에 가까운 색상이 된다. 확산광의 기본 값만을 정의한 이유는 3D 물체가 기본적으로 빛의 확산광에 영향을 받는다는 것을 전제로 하고 있다. 각 값이 1이 아니고 0.8

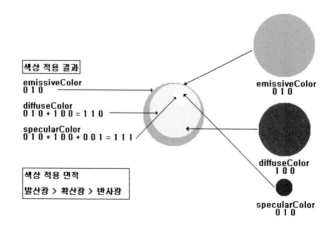

그림 6-2 색상에 따른 물체의 표현(출처:예제중심의 X3D)

인 이유는 인간의 시각적 특성을 고려한 것이다.

그림 6-2는 emissive, diffuse, specular의 색상 관계를 정리하여 나타낸 것으로 초기 선언된 색상과 다르게 물체가 표현됨을 유의하기 바란다. 이들을 사용할 때 주의해야할 점은 다음과 같다.

① emissiveColor는 물체 고유의 색상으로서 적용되는 면적이 가장 넓다. 따라서 emissiveColor를 1 1 1인 흰색으로 적용한다면 diffuseColor와 emissiveColor 성분은 나타나지 않는다.

② diffuseColor의 성분은 다른 요소와 달리 기본 스펙에 (.8 .8 .8)로 정의되어 있다. 따라서 이 성분을 사용하지 않기 위해서는 반드시 (0 0 0)으로 초기화 한다.

③ emissiveColor를 제외한 다른 요소는 혼합된 색상으로 나타나므로 적용 전에 신중히 생각하여야 한다.

6.2 Appearance 노드

Appearance 노드를 적용하기 위해서는 Shape 노드에서 Appearance 노드를 자식노드로서 포함하고 물체의 색상 적용을 위해 Appearance의 세부 속성을 지정하여야 한다.

표 6-1에서 보는 바와 같이 물체의 외형을 정의하기 위한 속성필드는 SFNode로서 fillproperties, lineProperties, Material, shaders, texture, TextureTransform이 있다. 앞서 살펴본 바와 같이 물체의 외형은 색상, 이미지 그리고 동영상 등으로 나타낼 수 있다. 즉 이 필드들을 사용하기 위해서는 각 특성에 맞는 새로운 자식노드를 포함하여야 한다. 이번 절에서는 물체의 외형 색상을 정의하기 위한 Material 필드의 Material 노드에 대해 알아보자.

표 6-1 Appearance 노드

exposedField	SFNode	material	NULL
exposedField	SFNode	texture	NULL
exposedField	SFNode	textureTransform	NULL

- fillProperties : 물체의 다각형 면(polygon)에 적용하기 위한 필드로서 FillProperties 노드를 포함한다. 면에 음영을 나타낼 수 있다.

- lineProperties : 물체를 구성하는 선(line)에 적용하기 위한 필드로서 LineProperties 노드를 포함한다. 선의 형태나 선의 굵기 등을 지정한다.

- material : 물체의 색상을 정의하는 필드로서 Material 노드를 포함한다. 빛의 특성과 색상을 지정하며 투명도 및 밝기 등 부가적인 속성을 지정한다.

- shaders : X3D의 고정된 랜더링 방식이 아닌 사용자 정의의 랜더링 방식을 포함하기 위한 필드이다. hlsl(High Level Shader Language)과 같은 프로그래밍 코드를 포함한다.

- texture : 이미지나 동영상 등을 이용하여 물체의 외면을 꾸며주기 위한 필드로서 ImageTexture 노드와 MovieTexture 노드를 포함하는 필드이다. 가상공간의 물체를 현실세계의 물체처럼 보일 수 있다.

- textureTransform : texture에서 적용한 이미지나 동영상 등을 물체에 적용(maping)할 때 이미지 데이터의 회전, 이동 그리고 크기조절을 위한 필드이다. 이미지의 적용 좌표를 변경하는 TextureTransform 노드를 포함하는 필드이다.

6.3 Material 노드

Appearance 노드를 적용한 후 빛의 특성이 적용된 물체의 색상을 표현하기 위해서는 material 필드에 적용될 자식노드 Material 노드를 이용한다. 표 6-2은 Material 노드의 필드와 속성을 나타낸다. 빛의 특성에 의한 필드들을 포함하고 있다.

표 6-2 Material 노드

exposedField	SFColor	diffuseColor	0.8 0.8 0.8	#[0,1]
exposedField	SFFloat	ambientIntensity	0.2	#[0,1]
exposedField	SFColor	emissiveColor	0 0 0	#[0,1]
exposedField	SFColor	specularColor	0 0 0	#[0,1]
exposedField	SFFloat	shininess	0.2	#[0,1]
exposedField	SFFloat	transparency	0	#[0,1]

- ambientIntensity : 다른 물체로부터 영향을 받은 주변광의 강도를 나타낸다. 기본 값은 0.2이며 1에 가까울수록 주변광의 강도는 커진다.

- diffuseColor : 기본 값은 (0.8 0.8 0.8)이며 반사광 주변의 확산광의 성질을 가진 색상이다. 사용하지 않기 위해서는 반드시 (0 0 0)으로 초기화해야 함을 명심하자.

- emissiveColor : 발산 광으로서 물체 자체의 고유색상이다.

- shininess : 기본 값은 0.2로서 빛의 전반사(specularColor) 부분의 밝기를 나타낸다.

- specularColor : 빛에 의해 직접 반사되는 색상으로 가장 밝은 부분이다.

- transparency : 물체의 투명도를 나타낸다. 1인 값은 빛이 100% 투과하여 물체는 보이지 않게 된다.

6.3.1 diffuseColor

예제 6-1을 통하여 Material 노드의 각 필드 특성을 알아보자. specularColor는 빛의 전반사 부분이다. 전반사 부분만을 표현하기 위하여 specular='1 1 1'만 선언하였지만 diffuse-Color의 기본 값은 '.8 .8 .8'을 갖는다. 따라서 위의 코드는 <Material diffuseColor='.8 .8 .8' specularColor='1 1 1'>같은 코드가 되어 그림 6-3의 맨 좌측 구의 모양처럼 나타난다. 즉 diffuseColor 값이 적용되었다.

```
<Material specularColor='1 1 1'>
```

만약 diffuseColor를 적용하지 않으려면 diffuseColor='0 0 0'으로 반드시 초기화해야 한다. 확산광이 초기화 되면 그림 6-3의 두 번째 그림처럼 확산광은 검정색으로 표현된다.

```
<Material diffuseColor='0 0 0' specularColor='1 1 1'>
```

확산광과 발산광(emissiveColor)으로 물체를 표현하게 되면 diffuseColor의 색상은 발산광의 색상에 영향을 받는다. diffuseColor='0 1 0'으로 초록색으로 선언하였지만 발산 광이 빨강색(1 0 0)으로 표현되었기 때문에 확산광(diffuseColor)은 '0 1 0'+'1 0 0'='1 1 0'으로 되어 노랑색으로 표현된다. 그림 6-3에서 세 번째 구의 주변이 빨강색의 발산광과 노랑색의 확산광으로 표현되었음을 알 수 있다.

```
<Material diffuseColor='0 1 0' emissiveColor='1 0 0'></Material>
```

색상이 적용된 물체를 정확히 표현하기 위해서는 발산광, 확산광, 반사광을 모두 적용해야 한다. 그림 6-3의 네 번째 그림에서 보듯이 파랑색의 발산광과 보라색의 확산광 그리고 하얀색의 반사광을 볼 수 있다.

발산광(emissiveColor)은 물체의 본연의 색상으로 '0 0 1'로 파랑색으로 표현되었지만 확산광(diffuseColor='1 0 0')은 발산광의 영향을 받아 '0 0 1'+'1 0 0'='1 0 1'로서 보라색으로 표현된다. 반사광(speculaColor='0 1 0')은 초록색으로 선언하였지만 발산광과 확산광의 영향을 받아 '0 0 1'+'1 0 0'+'0 1 0'='1 1 1'로 하얀색의 반사광으로 표현된다.

```
<Material diffuseColor='1 0 0' emissiveColor='0 0 1' specularColor='0 1 0'>
```

세 가지 속성으로 물체를 표현할 때 주의해야 할 점은 발산광(emissiveColor='1 1 1')의 설정이다. 발산광은 확산광과 반사광에 영향을 주기 때문에 발산광을 흰색(1 1 1)으로 선언하게 되면 확산광과 반사광 모두 흰색으로 표현되어 그림 6-3의 맨 오른쪽 그림과 같이 윤곽선만 존재하는 구 모양이 된다.

```
<Material diffuseColor='1 0 0' emissiveColor='1 1 1' specularColor='0 1 1'>
```

예제 6-1 **diffuseColor를 이용한 물체의 표현**

```
<!DOCTYPE html>
<html><head>
<meta http-equiv='Content-Type' content='text/html;charset=utf-8'></meta>
<title>Material 색상,Web3D,VR,가상현실,X3D</title>
<script type="text/javascript" src="http://code.jquery.com/jquery-1.7.2.js"></script>
```

```
<script type='text/javascript' src="http://www.x3dom.org/x3dom/release/x3dom.js"></script>
<link rel='stylesheet' type='text/css' href="http://www.x3dom.org/x3dom/release/x3dom.css"/>
</head>
<body id='main'>
<p>Material 노드의 특성 diffuseColor</p>
<X3D> <!--showStat='true' showLog='true' -->
<Scene>
<Transform translation='-3 0 0'>
    <Shape>
    <Sphere></Sphere>
    <Appearance><Material specularColor='1 1 1'></Material>
    </Appearance></Shape>
</Transform>
<Transform translation='-1 0 0'>
    <Shape>
    <Sphere></Sphere>
    <Appearance><Material diffuseColor='0 0 0' specularColor='1 1 1'>
    </Material></Appearance></Shape>
</Transform>
<Transform translation='1 0 0'>
    <Shape><Sphere></Sphere>
    <Appearance><Material diffuseColor='0 1 0' emissiveColor='1 0 0'>
    </Material></Appearance></Shape>
</Transform>
<Transform translation='3 0 0'>
    <Shape><Sphere></Sphere>
    <Appearance><Material diffuseColor='1 0 0' emissiveColor='0 0 1' specularColor='0 1 0'>
    </Material></Appearance></Shape></Transform>
<Transform translation='5 0 0'>
    <Shape><Sphere></Sphere>
    <Appearance><Material diffuseColor='1 0 0' emissiveColor='1 1 1' specularColor='0 1 1'>
    </Material></Appearance></Shape></Transform>
    </Scene></X3D>
</body></html>
```

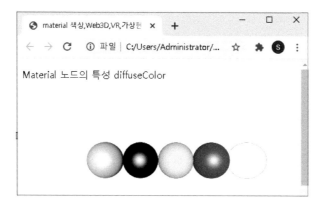

그림 6-3 Material 노드의 특성(diffuseColor)

6.3.2 emissiveColor

빛에 의한 물체의 또 다른 특성을 알아보기 위하여 십자모양의 중앙에 빨강색의 확산광 diffuseColor와 초록색의 발산광 emissiveColor를 가진 원형의 구를 예제 6-2와 같이 삽입 하여 보자.

```
<Material diffuseColor='1 0 0' emissiveColor='0 1 0'></Material>
```

원형의 구를 적용하는 이유는 구와 같이 곡면을 가진 물체는 빛의 반사와 특성이 곡면에 따라 다르기 때문에 specularColor, emissiveColor 등의 빛의 특성을 정확히 이해할 수 있다. 그림 6-4는 빨강색의 diffuseColor='1 0 0'와 초록색의 emissiveColor='0 1 0'로 구를 표현한 결과를 나타내고 있다. 예상과 달리 연한 초록색 바탕에 노랑색(yellow)의 구가 생성 되었다. emissveColor는 물체 본연의 색이고 diffuseColor는 빛의 확산에 의해 표현되는 색상이므로 diffuseColor의 색상은 빨강색과 초록색이 혼합된 형태로 나타난다. 따라서 그림 6-4와 같이 초록색 바탕에 빨강색이 아닌 노란색의 확산으로 나타난다.

예제 6-2	emissiveColor/diffuseColor의 특징

```
<!DOCTYPE html>
<html>
<head>
<meta http-equiv='Content-Type' content='text/html;charset=utf-8'></meta>
<title>Material 색상,Web3D,VR,가상현실,X3D</title>
<script type="text/javascript" src="http://code.jquery.com/jquery-1.7.2.js"></script>
<script type='text/javascript' src="http://www.x3dom.org/x3dom/release/x3dom.js"></script>
<link rel='stylesheet' type='text/css' href="http://www.x3dom.org/x3dom/release/x3dom.css"/>
</head>
<body id='main'>
<p>Material 노드의 특성 emissiveColor</p>
<X3D><Scene>
<Shape><Box  size='1 3 1'></Box>
    <Appearance><Material diffuseColor='0 0 1'></Material></Appearance>
</Shape>
<Shape><Box  size='3 1 1'></Box>
    <Appearance><Material diffuseColor='0 0 1'></Material></Appearance>
</Shape>
<Shape><Sphere  radius='1.1'></Sphere>
    <Appearance><Material diffuseColor='1 0 0' emissiveColor='0 1 0'>
    </Material></Appearance>
</Shape>
</Scene>
</X3D>
```

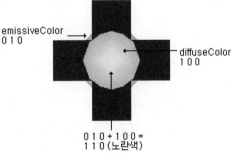

그림 6-4 빛의 발산과 확산

예제 6-3과 같이 headlight='false'로 하여 가상공간에 빛을 제거할 경우(headlight='false') emissiveColor 속성을 제외한 diffseColor 속성은 그림 6-5와 같이 색상 성분이 나타나지 않는다.

```
<NavigationInfo headlight='false'></NavigationInfo>
```

예제 6-3	headlight='false'의 특징

```
<!DOCTYPE html>
<html>
<head>
<meta http-equiv='Content-Type' content='text/html;charset=utf-8'></meta>
<title>Material 색상,Web3D,VR,가상현실,X3D</title>
<script type="text/javascript" src="http://code.jquery.com/jquery-1.7.2.js"></script>
<script type='text/javascript' src="http://www.x3dom.org/x3dom/release/x3dom.js"></script>
<link rel='stylesheet' type='text/css' href="http://www.x3dom.org/x3dom/release/x3dom.css"/>
</head>
<body id='main'>
<p>Material 노드의 특성 emissiveColor</p>
<p>Material 노드의 특성 headlight='false'</p>
<X3D><Scene>
<NavigationInfo headlight='false'></NavigationInfo>
<Shape><Box  size='1 3 1'></Box>
    <Appearance><Material diffuseColor='0 0 1'></Material></Appearance>
</Shape>
<Shape><Box  size='3 1 1'></Box>
    <Appearance><Material diffuseColor='0 0 1'></Material></Appearance>
</Shape>
<Shape><Sphere  radius='1.1'></Sphere>
    <Appearance><Material diffuseColor='1 0 0' emissiveColor='0 1 0'>
    </Material></Appearance>
</Shape>
</Scene></X3D></body></html>
```

그림 6–5 headlight off일때 emissiveColor

6.3.3 specularColor

specularColor는 빛을 정면으로 받는 빛의 전반사 부분으로 물체의 일부분에 나타난다. specularColor의 특성을 이해하기 위해 예제 6-4의 구 모양에 파랑색의 specularColor='0 0 1'의 특성을 삽입하였다.

```
<Material diffuseColor='1 0 0' emissiveColor='0 1 0' specularColor='0 0 1'>
```

그림 6-6을 보면 구의 중앙에 빨강색이 아닌 흰색의 빛이 반사되는 부분이 생성되었다. specularColor(1 0 0)의 색상이 빨강색이 아닌 흰색으로 나타난 이유는 diffuseColor가 emissiveColor와 혼합된 형태로 나타나듯이 specularColor는 emissiveColor, diffuseColor와 모두 혼합된 형태로 나타난다(0 1 0+1 0 0+0 0 1=1 1 1). 따라서 각각의 색상 RGB가 모두 혼합되어 흰색으로 나타난다.

예제 6-4	specularColor의 특징

```
<!DOCTYPE html>
<html>
<head>
<meta http-equiv='Content-Type' content='text/html;charset=utf-8'></meta>
```

```
<title>Material 색상,Web3D,VR,가상현실,X3D</title>
<script type="text/javascript" src="http://code.jquery.com/jquery-1.7.2.js"></script>
<script type='text/javascript' src="http://www.x3dom.org/x3dom/release/x3dom.js"></script>
<link rel='stylesheet' type='text/css' href="http://www.x3dom.org/x3dom/release/x3dom.css"/>
</head>
<body id='main'>
<p>Material 노드의 특성 specularColor</p>
<X3D><Scene>
<Shape><Box  size='1 3 1'></Box>
    <Appearance><Material diffuseColor='0 0 1'></Material></Appearance>
</Shape>
<Shape><Box  size='3 1 1'></Box>
    <Appearance><Material diffuseColor='0 0 1'</Material></Appearance>
</Shape>
<Shape><Sphere  radius='1.1'></Sphere>
    <Appearance>
    <Material diffuseColor='1 0 0' emissiveColor='0 1 0' specularColor='0 0 1'>
    </Material></Appearance>
</Shape></Scene></X3D>
</body></html>
```

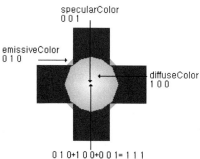

그림 6-6 전반사(specularColor) 특성

6.3.4 transparency (투명도)

유리는 투명성을 가진 물체로서 투명도에 따라 유리 뒤의 물체들을 볼 수 있다. Material 노드의 transparency 필드는 유리와 같은 성질을 표현하도록 한다. transparency를 이용하여 물체 투명도를 조절할 수 있으며 유리의 특성을 잘 표현한다. transparency 필드는 물체의 투명도를 설정하기 위해 색상 값과 마찬가지로 0~1 범위의 값을 가진다. 0의 값은 투명도가 없는 상태이며 1에 가까울수록 물체는 투명하게 나타난다. 물체가 투명하게 표현된다면 빛이 투과하여 뒤에 있는 물체를 볼 수 있다.

예제 6-5는 다소 투명한 십자 모양을 나타내기 위하여 transparency='.1' transparency='.5 transparency='.8'를 적용한 경우로 그림 6-7에 나타내었다.

```
<Material diffuseColor='0 0 1' transparency='.1'>
<Material diffuseColor='0 0 1' transparency='.5'>
<Material diffuseColor='0 0 1' transparency='.8'>
```

투명도가 높게 지정된 물체는 투과성이 높아 뒤의 물체까지 보이게 된다. 만약 투명도가 1로 설정되면 실제로 존재하나 전혀 볼 수 없게 된다.

그림 6-7 투명성(transparency)

예제 6-5   **물체의 투명성(transparency)**

```
<!DOCTYPE html>
<html>
<head>
<meta http-equiv='Content-Type' content='text/html;charset=utf-8'></meta>
<title>Material 투명도(tranparency),Web3D,VR,가상현실,X3D</title>
<script type="text/javascript" src="http://code.jquery.com/jquery-1.7.2.js"></script>
<script type='text/javascript' src="http://www.x3dom.org/x3dom/release/x3dom.js"></script>
```

```
<link rel='stylesheet' type='text/css' href="http://www.x3dom.org/x3dom/release/x3dom.css"/>
</head>
<body id='main'>
<p>Material 노드의 특성 투명도(tranparency)</p>
<X3D><Scene>
<Shape><Box  size='1 3 1'></Box>
    <Appearance><Material diffuseColor='0 0 1' transparency='.1'>
    </Material></Appearance>
</Shape>
<Shape><Box  size='3 1 1'></Box>
    <Appearance><Material diffuseColor='0 0 1' transparency='.5'>
    </Material></Appearance>
</Shape>
<Shape><Sphere  radius='1.1'></Sphere>
    <Appearance>
    <Material diffuseColor='1 0 0' specularColor='0 0 1'  transparency='.8'>
    </Material></Appearance>
</Shape></Scene></X3D>
</body></html>
```

6.3.5 shininess(specularColor의 밝기)/ambientIntensity(주변광)

예제 6-6은 shininess(specularColor의 밝기)/ambientIntensity(주변광)의 영향에 대해 프로그램으로 구현한 것이다. shininess는 빛의 전반사인 specularColor의 밝기 값을 조절한다. specularColor의 기본 값은 .2로서 만약 이를 강하게 하고 싶다면 1에 가까운 값으로 설정한다.

그림 6-8에서 보는 것처럼 shininess(0.1, 0.5, 1) 값에 따라 구의 반사광의 밝기가 다르게 표현된다. ambientIntensity는 물체의 주변광 강도를 나타내는 것으로 광원으로부터 물체에 영향을 미치는 반사광의 양이다. 따라서 주변광은 한 방향성(omnidirection)만을 가지며 주변광의 위치가 아니라 한 물체에 영향을 주는 주변광의 수에 의해 결정된다. 주변광의 종류는 물체 자체가 가진 주변광과 빛이 가진 주변광이 존재한다. 따라서 물체의 모양은 두

주변광의 곱 연산에 의해 표현된다. 광원(headlignt)의 방향은 사용자가 모니터를 바라보는 방향이 -z축이다. 따라서 기본적인 빛과 물체의 주변광만으로는 주변광의 효과를 거의 볼 수 없다.

```
diffuseColor='0 0 1' specularColor='0 1 1' shininess='.1' ambientIntensity='.1'
diffuseColor='0 0 1' specularColor='0 1 1' shininess='.5' ambientIntensity='.5'
diffuseColor='0 0 1' specularColor='0 1 1' shininess='1' ambientIntensity='1'
```

예제 6-6　반사광의 밝기(shininess)와 주변광

```
<!DOCTYPE html>
<html>
<head>
<meta http-equiv='Content-Type' content='text/html;charset=utf-8'></meta>
<title>Material 반사광의 밝기(shininess)와 주변광,Web3D,VR,가상현실,X3D</title>
<script type="text/javascript" src="http://code.jquery.com/jquery-1.7.2.js"></script>
<script type='text/javascript' src="http://www.x3dom.org/x3dom/release/x3dom.js"></script>
<link rel='stylesheet' type='text/css' href="http://www.x3dom.org/x3dom/release/x3dom.css"/>
</head>
<body id='main'>
<p>Material 노드의 반사광의 밝기(shininess)와 주변광</p>
<X3D><Scene>
<Transform translation='-2 0 0'>
<Shape><Sphere  radius='1'></Sphere>
    <Appearance><Material diffuseColor='0 0 1' specularColor='0 1 1'
    shininess='.1' ambientIntensity='.1'></Material></Appearance>
</Shape></Transform>
<Transform translation='0 0 0'>
<Shape><Sphere  radius='1'></Sphere>
    <Appearance><Material diffuseColor='0 0 1' specularColor='0 1 1'
    shininess='.5' ambientIntensity='.5'></Material></Appearance>
</Shape></Transform>
<Transform translation='2 0 0'>
<Shape><Sphere  radius='1'></Sphere>
    <Appearance>
```

```
        <Material diffuseColor='0 0 1' specularColor='0 1 1'
        shininess='1' ambientIntensity='1'></Material></Appearance>
    </Shape></Transform>
    </Scene></X3D>
    </body></html>
```

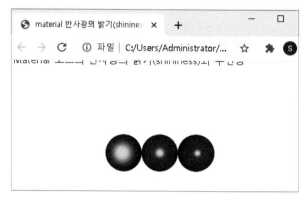

그림 6-8 shininess와 ambientIntensity

6.4 Texture 노드

6.4.1 ImageTexture 노드

빛과 색상만으로는 현실세계에 존재하는 사물들을 현실감 있게 표현하기가 어렵다. 3D 물체를 현실감 있게 표현하기 위해서는 현실 세계의 이미지를 적용하여야 한다.

ImageTexture 노드는 물체의 외형을 정의하는 Appearance 노드의 자식 노드로서 이미지를 3D 공간에 표시하기 위한 노드이다. ImageTexture 노드는 물체에 적용할 2D 이미지를 적용하여 물체의 모양은 변함없지만 외형은 해당되는 이미지로 변환된다. ImageTexture를 이용하면 물체를 세밀히 묘사할 필요가 없이 현실의 물체들을 쉽게 표현할 수 있다. 그러나 ImageTexture가 적용된 물체는 Lighting 컴포넌트가 적용되지 않는다. 즉 headlight를 false로 하여도 이미지가 적용된 물체는 가상공간에서 보이게 된다. 표 6-3은 ImageTexture 노드의 필드로서 현실감 있는 물체의 표현에 유용하게 적용될 수 있다.

표 6-3 ImageTexture 노드

exposedField	MFString	url	[]
field	SFBool	repeatS	TRUE
field	SFBool	repeatT	TRUE

- url : 텍스쳐(texture)가 적용될 이미지의 위치를 알려주는 경로와 파일 이름을 적용하는 필드이다. 상대 경로와 절대 경로를 지정할 수 있다. 프로그램의 원활한 실행을 위해서는 상대경로를 사용하는 것이 편리하다. 해당되는 이미지의 종류는 JPEG, PNG, CGM, GIF 등이 있다. JPEG와 PNG 이미지의 사용을 권장한다.
- repeatS, repeatT : 물체의 각 면에 해당 이미지를 적용하기 위해서 몇 번 분할하여 적용할 것인지를 판단하는 필드이다. repeatS는 수평방향으로의 분할을 repeatT는 수직방향으로의 분할을 의미하며 다음 절의 TextureTransform 노드의 scale 필드와 함께 사용된다. repeatS와 repeatT가 TRUE 값을 가지면 이미지가 처음부터 반복되어 적용되고 FALSE일 경우에는 마지막 픽셀의 정보가 나머지 영역에 적용된다.

ImageTexture는 Html5의 <img>와 유사하게 url필드에서 외부 이미지를 참조하여 나타낸다. 그러나 ImageTexture노드의 외부참조 이미지는 브라우저 마다 보안 정책으로 지원하지 않는 경우가 있다. 구글의 Chrome이나 모질라의 Firefox 브라우저는 특별 옵션을 쓰지 않으면 클라이언트에서 나타나지 않는다. 서버에서 제공할 경우는 표현되지만 학습을 위해 개인 PC에서 작성해서 결과를 볼 때 나타나지 않는 경우가 있다. 마이크로소프트사의 Edge는 문제없이 표현되지만 Chrome은 이미지를 나타내지 않는다. 이러한 문제는 보안정책이나 스택메모리가 원인이라 생각되지만 곧 해결 되리라 생각한다. 3장의 크롬 웹서버를 참조하기 바란다.

Chrome 브라우저의 경우 속성 값에 다음과 같은 옵션을 추가하면 해결될 수 도 있다.

```
chrom.exe --allow-file-access-from-files
```

예제 6-7   ImageTexture 노드

```
<!DOCTYPE html>
<html>
<head>
<meta http-equiv='Content-Type' content='text/html;charset=utf-8'></meta>
<title>ImageTexture,Web3d,가상현실,X3D</title>
<script type="text/javascript" src="http://code.jquery.com/jquery-1.7.2.js"></script>
<script type='text/javascript' src="http://www.x3dom.org/x3dom/release/x3dom.js"></script>
<link rel='stylesheet' type='text/css' href="http://www.x3dom.org/x3dom/release/x3dom.css"/>
</head>
<body id='main'>
<p>ImageTexture 노드</p>
<X3D showStat='true' showLog='true' >
<Scene>
<Transform translation='-3 0 0'>
 <Shape><Box></Box>
  <Appearance><ImageTexture url="../img/X3D_256.jpg"></ImageTexture>
  </Appearance></Shape></Transform>
<Transform translation='-1 0 0'>
 <Shape><Cone></Cone>
  <Appearance><ImageTexture url="../img/cloud.png"></ImageTexture>
  </Appearance></Shape></Transform>
<Transform translation='1 0 0'>
 <Shape><Cylinder></Cylinder>
  <Appearance><ImageTexture url="../img/X3D_256.jpg"></ImageTexture>
  </Appearance></Shape></Transform>
<Transform translation='3 0 0'>
 <Shape><Sphere></Sphere>
  <Appearance><ImageTexture url="../img/cloud.png"></ImageTexture>
  </Appearance></Shape></Transform>
</Scene></X3D>
</body></html>
```

예제 6-7에서는 박스, 원뿔, 원기둥, 구 모양에 X3D_256.jpg와 cloud.png 이미지를 각각
적용하였다. 이미지를 적용하기 위해서는 ImageTexture 노드의 url필드에 이미지의 경로

를 삽입하면 된다. 이미지를 적용할 경우 주의할 점은 이미지의 경로를 정확히 표시해야 한다. 그렇지 않다면 그림 6-9와 같이 이미지는 표시되지 않고 상태창의 에러메시지와 함께 검은 물체 모양만 보이게 될 것이다. 예제에서 이미지의 경로는 현재 파일을 포함한 폴더(folder)와 다른 img 폴더에 이미지가 위치해 있다.

```
<Box></Box><ImageTexture url="../img/X3D_256.jpg"></ImageTexture>
<Cone></Cone><ImageTexture url="../img/cloud.png"></ImageTexture>
<Cylinder></Cylinder><ImageTexture url="../img/X3D_256.jpg"></ImageTexture>
<Sphere></Sphere><ImageTexture url="../img/cloud.png"></ImageTexture>
```

예제를 구글의 크롬 브라우저를 통해 클라이언트로서 실행하면 그림 6-9와 같이 이미지 로딩 화면이 보이면서 각각의 물체에 이미지가 적용되지 않고 검정색의 물체만 보인다. 에러의 유무를 확인하기 위하여 **<X3D showStat='true' showLog='true'> 상태창과 로그 창**을 화면에 표시하였지만 에러는 없는 것으로 나타난다. 크롬에서 이미지를 적용할 경우 서버에서 실행하면 이미지가 표시되지만 클라이언트에서 실행하면 이미지가 보이지 않는 것으로 보고되고 있다. 3장에서 설정한 "Web Server chrome"으로 실행한다.

그림 6-9 크롬(Chrom)에서 이미지 로딩

에러의 유무를 재확인하기 위하여 마이크로소프트사의 에지(Edge)에서 실행한 결과 그림 6-10과 같이 이미지가 표현된 물체를 확인할 수 있다.

이미지는 2차원이기 때문에 3차원 물체에 이미지를 적용하면 면단위로 이미지가 표현된다. 박스의 경우에는 면이 6개이므로 동일한 6개의 이미지가 각 면에 적용됨을 알 수 있다. 원뿔의 경우 옆면과 아랫면을 포함하여 2개의 이미지가 적용되고 실린더는 3개의 면 그리고 구의 경우 1개의 면에 이미지가 적용됨을 알 수 있다. 박스와 같은 평면은 이미지가 왜곡 없이 적용되지만 구나 실린더와 같은 곡면에는 이미지가 왜곡되어 적용된다.

만약 이미지 로딩이 실패하면 그림 6-11과 같은 에러메시지를 상태 창에서 볼 수 있다.

그림 6-10 MS Eedge 실행

그림 6-11 이미지로딩 실패시 에러메시지

6.4.2 TextureTransform 노드

ImageTexture 노드를 이용하여 물체에 이미지를 적용하였을 경우 적용된 이미지에 대한 변형을 위해서는 TextureTransform 노드를 사용해야 한다. TextureTransform 노드 역시 Appearance 노드의 자식노드로서 사용되며 ImageTexture 노드의 repeatS 혹은 repeatT 필드의 값이 'true'이어야만 TextureTransform 노드의 특성을 적용할 수 있다.

TextureTransform 노드의 필드 속성은 표 6-4와 같이 2D 이미지에 대한 변형을 위해 scale, rotation, translation을 가진다. 이것은 Transform 노드의 필드 속성과 이름이 같지만 Transform 노드의 필드는 3D 물체에 대한 변형임을 명심해야 한다.

표 6-4 TexturTransform 노드

exposedField	SFVec2f	center	0 0	#(−∞,∞)
exposedField	SFFloat	rotation	0	#(−∞,∞)
exposedField	SFVec2f	scale	1 1	#(−∞,∞)
exposedField	SFVec2f	translation	0 0	#(−∞,∞)

- center : 2D 이미지에 이동(translation)이나 회전(rotation)을 적용할 경우 회전 중심을 설정하는 필드이다.
- rotation : 회전중심(center)을 기준으로 2D 이미지를 회전시키는 필드이다.
- scale : 적용된 2D 이미지의 크기를 설정하는 필드이다. 예를들어 scale의 값이 '2 2'로 설정되었다면 이미지는 2x2=4로서 한 면에 4장의 이미지가 표현된다.
- translation : 이미지의 좌표축을 일정한 거리만큼 이동시키는 필드

TextureTransform 노드를 이용하여 이미지의 변형을 위한 여러 필드의 개념을 이해하기 위해서는 그림 6-12의 Texture 이미지 좌표에 대한 개념이 필요하다. Texture로 적용된 이

그림 6-12 Texture 이미지 좌표 정의

미지는 이미지의 크기에 상관없이 이미지의 크기 범위를 수평, 수직으로 '0 0 , 1 0, 1 1, 0 1'의 크기 범위를 가진다. 따라서 이미지의 크기에 상관없이 모든 이미지는 0~1사이의 단위로 환산된다.

⑴ translation

예제 6-8은 TextureTransform 노드를 이용하여 4개의 박스에 적용하였다.

이미지의 이동을 위하여 x와 y축으로 각각 .5씩 이동하였다. 이동결과 그림 6-13의 첫 번째 박스와 같이 상하좌우가 바뀐 결과를 확인할 수 있다.

```
<TextureTransform translation='.5 .5'>
```

x축에 대해 .1 그리고 y축에 대해 .9를 이동시킨 결과 그림 6-13의 두 번째 박스와 같이 표현된다.

```
<TextureTransform translation='.1 .9'>
```

x축에 대해 .9 그리고 y축에 대해 .1를 이동시킨 결과 그림 6-13의 세 번째 박스와 같이 표현된다.

```
<TextureTransform translation='.9 .1'>
```

x축에 대해 .4 그리고 y축에 대해 .6를 이동시킨 결과 그림 6-13의 두 번째 박스와 같이 표현된다.

```
<TextureTransform translation='.4 .6'>
```

TextureTransform 노드-translation

그림 6-13 TextureTransform노드-translation

| 예제 6-8 | TextureTransform 노드-translation |

```
<!DOCTYPE html>
<html>
<head>
<meta http-equiv='Content-Type' content='text/html;charset=utf-8'></meta>
<title>TextureTransform 노드-translatio,Web3d,가상현실,X3D</title>
<script type="text/javascript" src="http://code.jquery.com/jquery-1.7.2.js"></script>
<script type='text/javascript' src="http://www.x3dom.org/x3dom/release/x3dom.js"></script>
<link rel='stylesheet' type='text/css' href="http://www.x3dom.org/x3dom/release/x3dom.css"/>
</head>
<body id='main'>
<p>TextureTransform 노드-translation</p>
<X3D><!-- showStat='true' showLog='true' -->
<Scene>
<Transform translation='-3 0 0'>
    <Shape><Box></Box>
        <Appearance><ImageTexture url="../img/cloud.png"></ImageTexture>
        <TextureTransform translation='.5 .5'></TextureTransform>
    </Appearance></Shape></Transform>
<Transform translation='-1 0 0'>
    <Shape><Box></Box>
        <Appearance><ImageTexture url="../img/cloud.png" ></ImageTexture>
        <TextureTransform translation='.1 .9'></TextureTransform>
    </Appearance></Shape></Transform>
<Transform translation='1 0 0'>
    <Shape><Box></Box>
```

```
        <Appearance><ImageTexture url="../img/cloud.png"></ImageTexture>
        <TextureTransform translation='.9 .1'></TextureTransform>
        </Appearance></Shape></Transform>
<Transform translation='3 0 0'>
    <Shape><Box></Box>
        <Appearance><ImageTexture url="../img/cloud.png"></ImageTexture>
        <TextureTransform translation='.4 .6'></TextureTransform>
    </Appearance></Shape></Transform>
</Scene></X3D>
</body></html>
```

(2) scale

TextureTransform 노드의 scale 필드는 그림 6-14와 같이 물체의 면 x, y에 적용되는 화면의 수와 연관된다. 벽돌로 이루어진 벽면과 같은 물체에 적용하면 현실적일 것이다.

예제 6-9에서 적용된 scale 값들은 다음과 같으며 x,y 축의 크기를 적용하는 것이 아니라 각 면에 적용되는 화면의 수와 동일함을 알 수 있다.

```
<TextureTransform scale='2 2'>  //x=2, y=2 화면 수
<TextureTransform scale='3 3'>  //x=3, y=3 화면 수
<TextureTransform scale='1 2'>  //x=1, y=2 화면 수
<TextureTransform scale='2 1'>  //x=2, y=1 화면 수
```

예제 6-9   **TextureTransform 노드-scale**

```
<!DOCTYPE html>
<html>
<head>
<meta http-equiv='Content-Type' content='text/html;charset=utf-8'></meta>
<title>TextureTransform 노드-scale,Web3d,가상현실,X3D</title>
<script type="text/javascript" src="http://code.jquery.com/jquery-1.7.2.js"></script>
<script type='text/javascript' src="http://www.x3dom.org/x3dom/release/x3dom.js"></script>
<link rel='stylesheet' type='text/css' href="http://www.x3dom.org/x3dom/release/x3dom.css"/>
```

```
</head>
<body id='main'>
<p>TextureTransform 노드-scale</p>
<X3D><!-- showStat='true' showLog='true' -->
<Scene>
<Transform translation='-3 0 0'>
    <Shape><Box></Box>
        <Appearance><ImageTexture url="../img/cloud.png"></ImageTexture>
        <TextureTransform scale='2 2'></TextureTransform>
        </Appearance></Shape></Transform>
<Transform translation='-1 0 0'>
    <Shape><Box></Box>
        <Appearance><ImageTexture url="../img/cloud.png" ></ImageTexture>
        <TextureTransform scale='3 3'></TextureTransform>
        </Appearance></Shape></Transform>
<Transform translation='1 0 0'>
    <Shape><Box></Box>
        <Appearance><ImageTexture url="../img/cloud.png"></ImageTexture>
        <TextureTransform scale='1 2'></TextureTransform>
        </Appearance></Shape></Transform>
<Transform translation='3 0 0'>
    <Shape><Box></Box>
        <Appearance><ImageTexture url="../img/cloud.png"></ImageTexture>
        <TextureTransform scale='2 1'></TextureTransform>
        </Appearance></Shape></Transform>
</Scene></X3D>
</body></html>
```

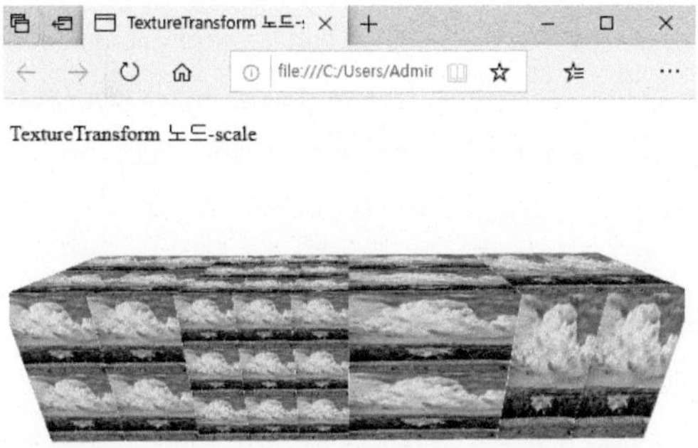

그림 6-14 TextureTransform 노드-scale

(3) rotation

TextureTransform 노드의 rotation 필드는 그림 6-15와 같이 2차원 이미지의 회전을 정의한다. 예제 6-10에서 적용된 rotation은 45도(0.78), 90도(1.57), 180도(3.14) 그리고 270도(4.71) 회전결과가 적용되었다. 각도가 아니라 라디안(radian)으로 적용해야 한다.

```
<TextureTransform  rotation='0.7'>   // 45도(0.78)
<TextureTransform  rotation='1.57'>  // 90도(1.57)
<TextureTransform  rotation='3.14'>  // 180도(3.14)
<TextureTransform  rotation='4.78''> // 270도(4.71)
```

그림 6-15 TextureTransform노드의 rotation

예제 6-10 **TextureTransform 노드- rotation**

```
<!DOCTYPE html>
<html>
<head>
<meta http-equiv='Content-Type' content='text/html;charset=utf-8'></meta>
<title>TextureTransform 노드-rotation,Web3d,가상현실,X3D</title>
<script type="text/javascript" src="http://code.jquery.com/jquery-1.7.2.js"></script>
<script type='text/javascript' src="http://www.x3dom.org/x3dom/release/x3dom.js"></script>
<link rel='stylesheet' type='text/css' href="http://www.x3dom.org/x3dom/release/x3dom.css"/>
</head>
<body id='main'>
<p>TextureTransform 노드-rotation</p>
<X3D><!-- showStat='true' showLog='true' -->
<Scene>
<Transform translation='-3 0 0'>
```

```
<Shape><Box></Box>
    <Appearance><ImageTexture url="../img/cloud.png"></ImageTexture>
    <TextureTransform rotation='0.78'></TextureTransform>
    </Appearance></Shape></Transform>
<Transform translation='-1 0 0'>
    <Shape><Box></Box>
        <Appearance><ImageTexture url="../img/cloud.png" ></ImageTexture>
        <TextureTransform rotation='1.57'></TextureTransform>
        </Appearance></Shape></Transform>
<Transform translation='1 0 0'>
    <Shape><Box></Box>
        <Appearance><ImageTexture url="../img/cloud.png"></ImageTexture>
        <TextureTransform rotation='3.14'></TextureTransform>
        </Appearance></Shape></Transform>
<Transform translation='3 0 0'>
    <Shape><Box></Box>
        <Appearance><ImageTexture url="../img/cloud.png"></ImageTexture>
        <TextureTransform rotation='4.71'></TextureTransform>
        </Appearance></Shape></Transform>
</Scene></X3D>
</body></html>
```

6.4.3 TextureCoordinate 노드

TextureCoordinate 노드는 IndexedFaceSet과 같은 점(point) 좌표로 표현되는 물체에서 2D 이미지의 변형을 적용하기 위해 사용한다.

표 6-5는 TexturCoordinate 노드의 필드 속성에 대해 나타낸 것이다.

표 6-5 TexturCoordinate 노드

exposedField	MFVec2f	point	[]	#$(-\infty, \infty)$

- point : 2D 이미지 좌표의 이미지 크기 영역을 나타낸다.

TextureCoordinate point 필드는 앞서 살펴본 그림 6-12의 Texture 이미지 좌표 정의에서와 같이 '0 0, 1 0, 1 1, 0 1'의 크기 범위를 가진다. point 필드의 크기는 IndexFaceSet 노드에 적용된 이미지의 다양한 크기를 point 필드의 크기로 전환한다. 따라서 IndexedFaceSet에 적용된 이미지를 point 필드에 대해 정확히 이해하지 않고 적용한다면 기대하지 않은 이미지 형태로 나타난다.

예제 6-11은 TextureCoordinate 노드를 이용한 이미지의 변형을 적용한 것이다. 보다 정확한 이해를 위하여 그림 6-17(a)는 point 좌표의 크기를 IndexFaceSet의 크기와 일치하는 point='0 0, 1 0, 1 1, 0 1'로 설정하여 이미지 본래의 형태로 나타났다. 그러나 (b)의 그림은 수평과 수직의 좌표를 (.5 0, 0 .5)로 설정하여 point='0 0, .5 0, 1 1, 0 .5'를 적용하였다. 따라서 그림 6-17 (b)의 그림은 (a) 그림에 빨강색으로 표시된 부분들이 적용되어 이미지가 변형되어 나타난 결과이다.

```
<Coordinate point='0 0 0, 2 0 0, 2 2 0, 0 2 0'></Coordinate>// 점 좌표 설정
// point='0 0 .5 0 1 1 0 .5' 으로 정의하여 이미지 변형(그림 6-17(a) 참조)
<TextureCoordinate texCoordIndex='0 1 2 3 -1' point='0 0, 0.5 0, 1 1, 0 0.5'>
```

TextureCoordinate

그림 6-16 TextureCoordinate 노드

예제 6-11   **TextureCoordinate 노드**

```
<!DOCTYPE html>
<html>
<head>
<meta http-equiv='Content-Type' content='text/html;charset=utf-8'></meta>
<title>TextureTransform 노드-rotation,Web3d,가상현실,X3D</title>
```

```
<script type="text/javascript" src="http://code.jquery.com/jquery-1.7.2.js"></script>
<script type='text/javascript' src="http://www.x3dom.org/x3dom/release/x3dom.js"></script>
<link rel='stylesheet' type='text/css' href="http://www.x3dom.org/x3dom/release/x3dom.css"/>
</head>
<body id='main'>
<p>TextureTransform 노드-rotation</p>
<X3D><!-- showStat='true' showLog='true' -->
<Scene>
<Transform translation='-3 0 0'>
  <Shape><IndexedFaceSet coordIndex='0 1 2 3 -1' solid='false'>
  <Coordinate  point='0 0 0, 2 0 0, 2 2 0, 0 2 0'></Coordinate>
  </IndexedFaceSet>
  <Appearance DEF='img'><ImageTexture url="../img/cloud.png">
  </ImageTexture></Appearance></Shape></Transform>
<Transform translation='0 0 0'>
  <Shape><IndexedFaceSet coordIndex='0 1 2 3 -1' solid='false'>
  <Coordinate point='0 0 0, 2 0 0, 2 2 0, 0 2 0'></Coordinate>
  <TextureCoordinate texCoordIndex='0 1 2 3 -1' point='0 0, 0.5 0, 1 1, 0 0.5'>
  </TextureCoordinate></IndexedFaceSet>
  <Appearance use='img'></Appearance></Shape></Transform>
<Transform translation='3 0 0'>
  <Shape><IndexedFaceSet coordIndex='0 1 2 3 -1' solid='false'>
  <Coordinate point='0 0 0, 2 0 0, 2 2 0, 0 2 0'></Coordinate>
  <TextureCoordinate texCoordIndex='0 1 2 3 -1' point='1 1, 0 0.5, 0 0, 0.5 0'>
  </TextureCoordinate></IndexedFaceSet>
  <Appearance use='img'></Appearance></Shape></Transform>
</Scene></X3D>
</body></html>
```

(a) 0 0, 1 0, 1 1, 0 1

(b) 0 0, .5 0, 1 1, 0 .5

그림 6-17 TextureCoordinate 노드를 이용한 이미지 변형

6.4.4 MovieTexture 노드

MovieTexture 노드는 정적인 이미지가 아닌 동영상을 물체에 적용하기 위한 노드이다.
또한 Sound 노드에 대한 소리 데이터로서 사용되기도 한다. 표 6-6은 MovieTexure 노드의
각 필드를 나타낸 것이다.

표 6-6 MovieTexture 노드

exposedField	SFBool	loop	FALSE	
exposedField	SFFloat	speed	1	#$(-\infty, \infty)$
exposedField	SFTime	startTime	0	#$(-\infty, \infty)$
exposedField	SFTime	stopTime	0	#$(-\infty, \infty)$
exposedField	MFString	url	[]	
field	SFBool	repeatS	TRUE	
field	SFBool	repeatT	TRUE	
eventOut	SFFloat	duration_changed		
eventOut	SFBool	isActive		

- loop : 동영상 파일이 끝나면 다시 반복해서 재생할지를 결정하는 필드이다.
- pauseTime : 동영상의 재생을 잠시 멈추기 위한 필드이다.
- resumeTime : 동영상이 일시 멈춤 상태에서 다시 재생된 시간을 발생하는 이벤트이다.
- speed : 동영상의 재생속도를 지정하는 필드로서 1보다 크면 재생속도가 빠르다.
- startTime : 동영상의 재생 시작 시간을 설정하는 필드
- stopTime : 동영상의 멈춤 시간을 설정하는 필드
- url : mpeg, avi 등 동영상 파일의 경로를 지정하는 필드
- duration_changed : 동영상이 로딩(loading)이 완료 되었을 때 초(second) 단위 시간에
발생되는 이벤트
- elapsedTime : 동영상 재생의 경과시간을 나타내는 이벤트이다.
- isActive : 동영상의 startTime이나 stopTime에 발생되는 이벤트이다.
- isPaused : 동영상이 일시 멈춤 상태인가를 판단하기 위한 이벤트이다.

MovieTexture 노드는 영상을 업로드 하지 못한 결과로 나왔다. Edge 브라우저와 Chrome 서버의 경우는 소리만 재생되고 영상이 재생되지 않았다. X3Dom 사이트에서는 정상적으로 지원 된다고는 한다.

```
// MovieTexture의 url 필드를 통한 동영상 삽입
<MovieTexture url="http://media.w3.org/2010/05/sintel/trailer.mp4" loop='true'>
```

예제 6-12는 MovieTexture를 사용하여 Box에 동영상을 재생하는 프로그램이다. html5의 <video>와 비교하기 위하여 <video>의 <source>를 사용하여 같은 동영상 "trailer.mp4"를 재생하였다. 그림 6-18과 같은 결과 화면을 얻었으나 Edge와 Chrome 브라우저에서는 사운드만 재생되었고 브라우저 탭에 사운드 표시가 된다.

| 예제 6-12 | MovieTexture 노드 |

```
<!DOCTYPE html>
<html>
<head>
<meta http-equiv='Content-Type' content='text/html;charset=utf-8'></meta>
<title>Movietexture노드,Web3d,가상현실,X3D</title>
<script type="text/javascript" src="http://code.jquery.com/jquery-1.7.2.js"></script>
<script type='text/javascript' src="http://www.x3dom.org/x3dom/release/x3dom.js"></script>
<link rel='stylesheet' type='text/css' href="http://www.x3dom.org/x3dom/release/x3dom.css"/>
</head>
<body id='main'>
<p>Movietexture노드</p>
<video width="320" height="240" controls>
  <source src="http://media.w3.org/2010/05/sintel/trailer.mp4" type="video/mp4">
</video>
<X3D>
<Scene><Transform translation='0 3 0'>
 <Shape><Box size='3 2 0.1'></Box>
   <Appearance>
   <MovieTexture url="http://media.w3.org/2010/05/sintel/trailer.mp4" loop='true'>
```

```
      </MovieTexture>
   </Appearance>
</Shape></Transform>
</Scene></X3D>
</body></html>
```

그림 6-18 MovieTexture와 Video 태그

MovieTexture가 원활하게 동영상을 재생하지 못하므로 html5의 <video>를 <texture>안에 사용하면 MovieTexture를 사용한 것과 동일한 효과를 얻을 수 있다.

```
<texture repeatS='false' repeatT='false'>
<video src="trailer.mp4" autoplay loop='true'></video>
</texture>
```

예제 6-13은 MovieTexture 노드 대신에 <texture> 안에 `video src="trailer.mp4" autoplay loop='true'`를 사용한 것이다. Edge 브라우저에서 실행한 결과를 그림 6-19에 나타내었다.

예제 6-13　　Texture 노드

```
<!DOCTYPE html>
<html>
<head>
<meta http-equiv='Content-Type' content='text/html;charset=utf-8'></meta>
<title>Movietexture노드,Web3d,가상현실,X3D</title>
<script type="text/javascript" src="http://code.jquery.com/jquery-1.7.2.js"></script>
<script type='text/javascript' src="http://www.x3dom.org/x3dom/release/x3dom.js"></script>
<link rel='stylesheet' type='text/css' href="http://www.x3dom.org/x3dom/release/x3dom.css"/>
</head>
<body id='main'>
<p>Movietexture노드</p>
<video width="320" height="240" controls>
  <source src="http://media.w3.org/2010/05/sintel/trailer.mp4" type="video/mp4">
</video>
<X3D>
<Scene><Transform translation='0 3 0'>
 <Shape><Box size='3 2 0.1'></Box>
   <Appearance>
   <Texture repeatS='false' repeatT='false'>
      <video src="trailer.mp4" autoplay loop='true'></video>
   </Texture>
   </Appearance>
</Shape></Transform>
</Scene></X3D>
</body></html>
```

그림 6-19 Texture 노드를 통한 동영상 재생

| 참고사이트 및 자료 |

1. http://www.web3d.org/X3D/content/

2. http://www.web3d.org/X3D/specifications/I

3. 박경배 "3D 가상홈페이지 만들기", 21세기사, 2007

4. 박경배 "X3D 넌 누구냐?",글로벌출판사, 2008

5. https://doc.x3dom.org/author/Texturing/ImageTexture.html

6. https://doc.x3dom.org/tutorials/basics/imagesMovies/index.html

7. https://stackoverflow.com/questions/34436059/x3dom-set-imagetexture-in-text

8. https://doc.x3dom.org/developer/x3dom/nodeTypes/Texture.html

9. 박경배 "가상현실 증강현실 VRML", 21세기사, 2012

CHAPTER **7**

바인딩(binding) 노드

바인딩노드란 특정 시점에 여러 노드 중 오직 한 노드만이 사용자에게 영향을 주어 적용되는 것을 의미한다. 앞서 살펴보았던 NavigationInfo의 경우 가상공간을 항해하기 위한 노드로서 여러 개의 NavigationInfo 노드를 DEF나 id를 사용하여 구별할 수 있고 특정 시점에는 한 개의 DEF나 id를 사용할 수 있다. 이처럼 다수의 노드를 설정할 수 있는 바인딩 노드에는 NavigationInfo, Background, Viewpoint, Sound, Lod 노드 등이 있다.

선언된 여러 개의 바인딩노드는 스택(stack) 메모리로 관리된다. 그림 7-1과 같이 배경설정을 위하여 다수의 Background노드를 선언하여도 가장 처음에 선언된 Background1 만이 적용된다. 배경이 변화하기 위해서는 javascript와 같이 외부이벤트에 의해서만 배경이 변화된다. 바인딩노드를 효율적으로 사용하면 관찰자의 시점이나 낮의 배경에서 밤의 배경으로 변화시키면서 극적인 장면을 연출할 수도 있다.

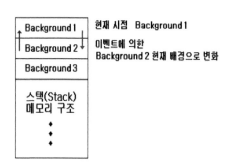

그림 7-1 바인딩노드의 스택 메모리 구조

7.1 Background 노드

Background 노드를 이용하여 가상공간의 배경은 색상이나 이미지로 나타낼 수 있다. 어느 것을 사용하던 배경의 특징은 무한대의 거리에 놓이게 된다. 따라서 관찰자가 아무리 걸어가도 가까워지거나 이미지가 커져 보이지 않는다. 그림 7-2는 배경을 적용하기 위한 Background 노드의 형태를 나타낸 것이다. 그림 (a)는 관찰자 기준으로 측면에서 보이는 장면을 묘사한 것이며 그림 (b)는 하늘위에서 보이는 장면을 나타낸 것이다. 색으로서 배경을 적용할 때는 그림에서와 같이 무한대의 구 형태로 배경이 표현된다. 무한대의 구 형태에서 하늘과 땅의 경계는 skyAngle과 groundAngle을 사용하며 ground 보다 sky의 반지름이

크다는 특징이 있다. 따라서 두 종류가 중첩될 경우에는 sky가 ground보다 우선하게 된다. 그러나 이미지를 이용하여 배경을 지정하게 되면 무한대의 구가 아닌 붉은 박스와 같이 무한대의 정육면체 형태로 표현된다. 따라서 정육면체의 각 면에 적절한 배경 이미지를 적용해야 한다.

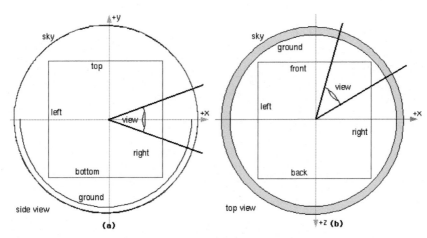

그림 7-2 Background 노드의 배경 표현(출처:web3d.org)

표 7-1은 Background 노드의 필드를 나타낸 것이다.

표 7-1 Background 노드

eventIn	SFBool	set_bind		
exposedField	MFFloat	groundAngle	[]	#[0,π/2]
exposedField	MFColor	groundColor	[]	#[0,1]
exposedField	MFString	backUrl	[]	
exposedField	MFString	bottomUrl	[]	#[0,∞)
exposedField	MFString	frontUrl	[]	
exposedField	MFString	leftUrl	[]	
exposedField	MFString	rightUrl	[]	
exposedField	MFString	topUrl	[]	
exposedField	MFString	skyAnle	[]	#[0,π]
exposedField	MFColor	skyColor	0 0 0	#[0,1]
eventOut	SFBool	isBound		

- set_bind : 바운딩 노드의 스택 관련 필드로서 요구된 노드를 스택의 최상위로 변경하거나 제거하기 위해 사용된다. 한 시점에서는 오직 하나의 Background만이 적용된다. 현 시점의 배경은 'true' 값을 가지며 만약 'false' 값이 되면 스택에서 제거되고 다음으로 선언된 Background가 표시된다.

- groundAngle : 그림 7-2(a)에서 표시된 것과 같이 -y축의 최저점을 기준으로 하여 땅의 영역을 표시하기 위한 필드이다. groundAngle의 최저점은 0.0으로 표시되며 y=0인 지점이 $\pi/2$가 된다.

- groundColor : groundAngle로 표시된 영역에 ground의 색상을 지정하기 위한 필드이다. groundAngle에서 정의된 수와 같은 수의 groundColor 값을 가져야 한다.

- backUrl, bottomUrl, frontUrl, leftUrl, rightUrl, topUrl : 배경을 이미지로 표현할 때 사용되는 필드로서 그림의 경로를 지정한다. 각 그림은 그림 7-2의 붉은 Box와 같이 무한히 큰 정육면체의 각 면에 대응한다. 정면에서 보았을 때 backUrl은 뒷면, frontUrl은 전면, leftUrl은 좌측면, rightUrl은 우측면에 해당하는 그림이다. topUrl은 +y축 방향의 그림이며 bottomUrl은 -y축 방향을 기준으로 제시된 그림이다. 그림의 해상도는 일반적으로 1024X768 크기로 하며 jpeg이나 png 이미지를 사용한다.

- skyAngle : 그림 7-2에서와 같이 천정(+y축)에서 시작하여 저점(-y)까지의 라디안 값이다. 구에 있어서 천정의 값은 0.0으로 간주하므로 자연적인 수평선은 $\pi/2$ 라디안에 나타나게 되며, 최저점은 π라디안이 된다. 따라서 0~π의 범위를 가지며 skyAngle 값은 groundAngle 값을 포함할 수 있는데 이때 중첩되는 값은 skyAngle 값이 우선하게 된다.

- skyColor : 여러 각도에서 보이는 하늘의 색을 지정한다. skyColor 필드의 첫 번째 값은 천정을 의미하는 0.0 라디안의 색을 지정한다.

- isBound : 현재의 배경이 set_bind 되었는지를 나타내는 불린(Boolean) 값이다.

색상으로 배경을 나타내기 위하여 id='bg1'과 id='bg2' 두 개를 선언하였다. 두 개의 배경이 있지만 처음 적용되는 배경은 'bg1'이다. 'bg2'로 변경하기 위해서는 이벤트가 발생되거나 javascript와 같은 스크립트 코드가 필요하다.

```
<Background id='bg1' skyangle='0 0.5 1.57' skycolor='0 0 0, .6 .6 .8, .4 .4 .8'
            groundAngle='0 .5 1.57' groundColor='.2 .2 .7, .5 .5 .5, .2 .2 .2'>
<Background id='bg2' skyangle='0 1.57 3.14' skycolor='0 0 0, .2 .2 .2, .4 .4 .4'>
```

'bg1'의 skyangle='0 0.5 1.57'은 천정 0도에서 시작하여 90도까지 구분하였다. 이때 적용되는 skycolor='0 0 0, .6 .6 .8, .4 .4 .8'는 skyangle에서 구분된 각도에 따라 그라데이션으로 적용된다. groundAngle='0 .5 1.57'도 바닥 0도에서 시작하여 지평선 90도까지 구분하였다. 적용된 색상은 groundColor='.2 .2 .7, .5 .5 .5, .2 .2 .2'로서 그라데이션으로 적용되며 그림 7-3에서 확인할 수 있다. 마우스로 왼쪽 버튼을 누르고 드래그하면 적용된 스카이와 그라운드를 확인할 수 있다.

'bg2'는 현재로선 배경으로 설정할 수 없지만 skyangle='0 1.57 3.14'로 설정하여 천정 0도에서 바닥 180도까지 설정하여 groundAngle을 생략하였다. 적용된 skycolor='0 0 0, .2 .2 .2, .4 .4 .4'이 천장에서 바닥까지 그라데이션으로 적용된다.

예제 7-1	Backgrond - 색상표현

```
<!DOCTYPE html>
<html>
<head>
<meta http-equiv='Content-Type' content='text/html;charset=utf-8'></meta>
<title>Background 노드- 색상,Web3d,가상현실,X3D</title>
<script type="text/javascript" src="http://code.jquery.com/jquery-1.7.2.js"></script>
<script type='text/javascript' src='http://www.x3dom.org/x3dom/release/x3dom.js'></script>
<link rel='stylesheet'type='text/css' href="http://www.x3dom.org/x3dom/release/x3dom.css"/>
</head>
<body id='main'>
<p>Background 노드- 색상</p>
<X3D><Scene>
<Background id='bg1' skyangle='0 0.5 1.57' skycolor='0 0 0, .6 .6 .8, .4 .4 .8'
            groundAngle='0.5 1.57' groundColor='.2 .2 .7, .5 .5 .5, .2 .2 .2'>
</Background>
<Background id='bg2' skyangle='0 1.57 3.14' skycolor='0 0 0, .2 .2 .2, .4 .4 .4'>
</Background>
 <Transform translation='0 0 0'>
 <Shape> <Cone></Cone>
  <Appearance><Material diffuseColor='0 1 0'></Material></Appearance>
 </Shape></Transform >
</Scene></X3D>
</body></html>
```

그림 7-3 색상에 의한 배경 표현

이미지로 배경을 적용하기 위해서는 무한대의 정육면체에 해당되는 6개의 이미지를 Url 을 이용하여 경로를 지정하면 된다. 그림 7-4처럼 각 브라우저에서는 적용되지 않고 있지만 사용방법의 측면에서 예제를 수록하였다.

```
<Background id='bgimg' topUrl='"img/top_img.png"' bottomUrl="img/bottom_img.png"
 rightUrl="img/right_img.png" lefturl="img/left_img.png"
 frontUrl='"img/front_img.png"' backUrl='"img/back_img.png"'>
```

예제 7-2   Backgrond - 이미지 표현

```
<!DOCTYPE html>
<html>
<head>
<meta http-equiv='Content-Type' content='text/html;charset=utf-8'></meta>
title>Background 노드-배경이미지 ,Web3d,가상현실,X3D</title>
<script type="text/javascript" src="http://code.jquery.com/jquery-1.7.2.js"></script>
<script type='text/javascript' src="http://www.x3dom.org/x3dom/release/x3dom.js"></script>
<link rel='stylesheet'type='text/css' href="http://www.x3dom.org/x3dom/release/x3dom.css"/>
</head>
<body id='main'>
<p>Background 노드- 배경이미지</p>
```

```
<X3D><Scene>
 <NavigationInfo type='"WALK"' headlight='true'></NavigationInfo>
 <Background id='bgimg' topUrl='"img/top_img.png"'
        bottomUrl="img/bottom_img.png"
        rightUrl="img/right_img.png" lefturl="img/left_img.png"
        frontUrl='"img/front_img.png"' backUrl='"img/back_img.png"'>
 </Background>
 <Transform translation='0 0 0'>
 <Shape> <Cone></Cone>
  <Appearance><Material diffuseColor='0 1 0'></Material></Appearance>
 </Shape></Transform >
</Scene></X3D>
</body></html>
```

그림 7-4 배경 이미지 적용

예제 7-2a는 html5 형식의 배경을 나타낸 것이다. 그림 7-4a처럼 X3D 장면에는 배경이미지가 나타나지는 않는다.

```
<body id='main' style="background-image:url('img/front_img.png')">
```

예제 7-2a   **HTML5 Backgrond - 이미지 표현**

```
<!DOCTYPE html><!DOCTYPE html>
<html>
<head>
<meta http-equiv='Content-Type' content='text/html;charset=utf-8'></meta>
<title>Html5 Background 노드-배경이미지 ,Web3d,가상현실,X3D</title>
<script type="text/javascript" src="http://code.jquery.com/jquery-1.7.2.js"></script>
<script type='text/javascript' src='http://www.x3dom.org/x3dom/release/x3dom.js'></script>
<link rel='stylesheet'type='text/css' href='http://www.x3dom.org/x3dom/release/x3dom.css'/>
</head>
<body id='main' style="background-image:url('img/front_img.png')">
<p>Html5 형식의 Background - 배경이미지</p>
<x3d><scene>
 <navigationInfo type='"EXAMINE"' headlight='true'></navigationInfo>
 <background id='bgimg' topUrl='"img/top_img.png"' bottomUrl="img/bottom_img.png"
        rightUrl="img/right_img.png" lefturl="img/left_img.png"
        frontUrl='"img/front_img.png"' backUrl='"img/back_img.png"'></background>
 <Transform translation='0 0 0'>
 <shape> <cone></cone>
  <appearance><material diffuseColor='0 1 0'></material></appearance>
 </shape></Transform >
 </scene></x3d>
</body></html>>
```

그림 7-4a html5 형식의 배경 적용

7.2 Viewpoint 노드

Viewpoint 노드는 Background 노드와 마찬가지로 특정시점에 오직 하나만 유용한 바인 딩 노드이다. 이 노드는 초기에는 카메라 시점이라고도 불리었는데 가상공간에서 관찰자가 3D 장면을 바라보는 특정한 위치를 나타내는 필드이다. 즉, 관찰자의 눈의 위치와 방향이 된다. 만약 사용자가 Viewpoint를 설정하지 않았다면 사용자의 기본 시각 위치는 x=0, y=0, z=10인 지점에서 +z 축에서 -z 축의 방향으로 시점이 정해진다. 관찰자가 장면을 바라 보는 시각의 설정을 변경하고 싶다면 Viewpoint를 이용하여 특정 위치(position)와 방향을 설정해야 한다.

Viewpoint에 의해 시각의 위치가 변경되었다면 이에 따라 적절하게 시각의 방향도 orientation을 통하여 변경해야 한다. 시각의 방향을 설정하지 않는다면 항상 +z축에서 -z 축의 방향으로 바라보기 때문에 경우에 따라서 설정된 물체가 보이지 않게 될 수도 있다.

표 7-2는 Viewpoint 노드가 가진 필드와 속성이다. position의 x, y, z 좌표를 설정하여 시각위치를 변경할 수 있으며 orientation을 통하여 시각의 방향을 변경할 수 있다.

표 7-2 Viewpoint 노드

eventIn	SFBool	set_bind		
exposedField	SFFloat	fieldOfView	0.785398	#[0,π]
exposedField	SFBool	jump	TRUE	
exposedField	SFRotation	orientation	0 0 1 0	#[-1,1],($-\infty,\infty$)
exposedField	SFVec3f	position	0 0 10	#[0,∞)
field	SFString	description	" "	
eventOut	SFTime	bindTime	0 0 0	#($-\infty,\infty$)
eventOut	SFBool	isBound		

• centerOfRotation : NavigationInfo 노드가 "EXAMINE" 모드일 때 사용자의 관찰중심을 나타낸다. 기본 값은 0 0 0으로서 원점을 중심으로 회전하게 된다.

• description : Viewpoint의 위치를 문자로서 표현하기 위한 설명문이다.

• fieldOfView : Viewpoint의 위치에서 보이는 최소한의 시각의 범위를 라디안으로 표현

하는 필드이다. fieldOfView의 값이 클수록 넓은 범위의 시야를 가진다.

- jump : 사용자의 시각이 Viewpoint 위치로 jump가 되었는지를 나타내는 필드로서 Viewpoint 노드가 바인딩 되는 시점에서 true와 false 값을 가진다. set_bind의 이벤트에 따라 jump가 결정되기도 한다.

- orientation : Viewpoint 위치에서 보는 시각의 방향을 설정한다. 기본 값은 [0 0 1]이로서 -z축 방향으로 시각이 결정된다. 좌표의 position에 따라 orientation을 적절하게 표현해야 한다.

- position : 가상공간의 좌표에서 Viewpoint의 특정한 위치를 설정한다.

- bindTime : Viewpoint가 바인딩 되는 순간 발생되는 시간을 나타내는 필드이다.

예제 7-3에서는 두 개의 Viewpoint를 id='view01'과 id='view02'로 정의하였다.

```
<Viewpoint id="view01" position="0 0 10"></Viewpoint>
<Viewpoint id="view02" position="-15 0 0" orientation='0 1 0 -1.57'></Viewpoint>
```

'view01'의 위치는 0 0 10으로 초기 위치 값이다.

'view02'의 위치는 -15 0 0으로 x축 -15 위치로 이동하였다. 관찰자의 초기 시점은 +z에서 -z축을 바라보기 때문에 x축 -15로 이동을 하게 되면 설정된 물체들이 보이지 않는다. 물체들은 관찰자를 기준으로 오른쪽 방향에 위치하기 때문에 관찰자의 시점도 y축 기준으로 -90도 회전하여야 한다. 따라서 'view02'의 관찰시점을 orientation='0 1 0 -1.57'을 적용하여 y축을 중심으로 -90도 회전을 시켰다.

```
<button onclick="document.getElementById('view01').setAttribute('set_bind','true');">
View01</button>
<button onclick="document.getElementById('view02').setAttribute('set_bind','true');">
View02</button>
```

'view01'과 'view02'를 선언하였지만 두 시점을 변화시키기 위해서는 이벤트나 javascript 프로그램이 필요하다. html문서는 DOM(Document Object Model)로 각 태그를 정의하고 참조하는 객체 구조이다. html 문서내의 각 요소를 참조하기 위해서는 getElementById를 통해 id로 선언된 태그를 참조할 수 있다. setAttribute 메소드는 X3Dom의 id의 값을 html 요소 태그에 값을 할당하기 위해 사용한다. getElementById를 이용하여 'view01', 'view02'의 id를 찾은 후 해당 버튼이 클릭되었을 때 set_bind 값을 'true'로 지정한다. 현재 사용자가 바라보는 시점의 set_bind 값을 'true'로 설정하면 시점 변화를 줄 수 있다. 그림 7-5에서 버튼 'view01'과 'view02'를 누를 때마다 시점의 변화가 일어남을 알 수 있다. DOM 구조와 setAttribue 메소드의 사용법은 이후 다시 설명한다.

| 예제 7-3 | Viewpoint에 시점 변화 |

```
<!DOCTYPE html>
<html>
<head>
<meta http-equiv='Content-Type' content='text/html;charset=utf-8'></meta>
<title>Viewpoint 노드-시점변화,Web3d,가상현실,X3D</title>
<script type="text/javascript" src="http://code.jquery.com/jquery-1.7.2.js"></script>
<script type='text/javascript' src='http://www.x3dom.org/x3dom/release/x3dom.js'></script>
<link rel='stylesheet'type='text/css' href="http://www.x3dom.org/x3dom/release/x3dom.css"/>
</head>
<body id='main'>
<p>Viewpoint 노드-시점변화</p>
<button onclick="document.getElementById('view01').setAttribute('set_bind','true');">
View01</button>
<button onclick="document.getElementById('view02').setAttribute('set_bind','true');">
View02</button>
<X3D> <!--showStat='true' showLog='true' -->
<Scene>
<Viewpoint id="view01" position="0 0 10"></Viewpoint>
<Viewpoint id="view02" position="-15 0 0" orientation='0 1 0 -1.57'></Viewpoint>
    <NavigationInfo type='"walk"' id="navType" headlight='true' speed='3'
        description="hello NavigationInfo" visibilityLimit='10'></NavigationInfo>
    <Transform translation='-2 0 0'>
        <Shape><Box size='2 2 2'/></Box>
        <Appearance><Material diffusecolor='0.6 0.35 0.0'></Material>
```

```
</Appearance></Shape></Transform>
<Transform translation='2 0 0'>
    <Shape><Box size='2 2 2'/></Box>
    <Appearance><Material diffusecolor='0 0 1' emissiveColor='1 0 0'>
</Material></Appearance></Shape></Transform>
<Transform translation='0 0 -12'>
    <Shape><Box size='2 2 2'/></Box>
    <Appearance><Material diffusecolor='1 0 1' emissiveColor='1 0 0'>
</Material></Appearance></Shape></Transform>
</Scene></X3D>
</body></html>
```

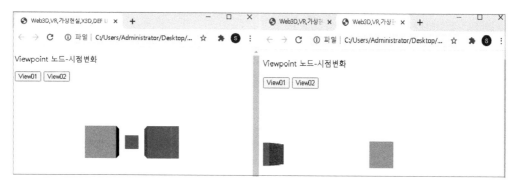

그림 7-5 Viewpoint 시점변화

📋 **응용문제**

6개의 색상이 다른 박스 노드를 x y z의 −3, +3축에 각각 2개씩 배치하고 Viewpoint를 사용하여 각 시점에 박스의 정면을 바라보도록 버튼을 이용하여 만드시오.

7.3 Fog 노드

Fog 노드는 가상공간 내에서 관찰자와 물체의 거리에 따라 물체의 색상을 안개효과를 적용하여 나타난다. 안개의 형태와 색상에 따라 멀리 있는 물체는 가까이 있는 물체에 비해 더욱 효과 있는 형태로 표현된다. 또한 안개가 적용된 상태의 가시거리에 따라 일정이상의 거리가 있는 물체는 보이지 않는 특징이 있다.

표 7-3은 Fog 노드의 각 필드를 나타내고 있다.

표 7-3 Fog 노드

eventIn	SFBool	set_bind		
exposedField	SFColor	color	1 1 1	#[0,1]
exposedField	SFStringl	Fogtype	"LINEAR"	
exposedField	SFFloat	visibilityRange	0	#[0,∞)
eventOut	SFBool	isBound		

- color : Fog 노드에서 적용될 안개의 색상을 표현한다.
- FogType : 안개의 유형을 거리에 따라서 설정하는 필드이다. FogType은 다음의 두 가지 유형이 있다.

① LINEAR :   안개의 짙은 정도가 거리에 따라 선형적으로 변한다.
② EXPONENTIAL : 안개의 짙은 정도가 거리에 따라 지수 함수적으로 변한다. 따라서 거리에 따라 급격히 안개가 짙어진다.

- visibilityRange : 거리에 따라 안개에 의해 보이는 가시거리를 나타낸다. 가시거리를 벗어나면 물체의 색상은 안개 색상으로 적용된다.

그림 7-6과 같이 예제 7-4 프로그램을 실행하면 Fog1의 속성이 적용된 빨강색 물체들을 볼 수 있다. 마우스 왼쪽 버튼을 누르면 walk 모드로 -z 방향으로 움직이는데 가시거리 10 안으로 들어가면 물체 본래의 색상으로 나타난다. 안개의 효과는 지수함수(exponential)로

급격하게 변화하는 안개 타입이다.

```
// 빨강색(1 0 0), 가시거리 10, 안개타입 EXPONENTIAL인 첫 번째 안개(Fog1)
<Fog id="Fog1" FogType="EXPONENTIAL" visibilityRange='10' color='1 0 0'></Fog>
```

두 번째 안개 'Fog2'로 변화하기 위하여 버튼('Fog2')을 누르면 getElementById('Fog2')의 setAttribute('set_bind','true')가 실행되면 두 번째 안개 타입 화면으로 전환된다.

```
//파랑색(0 0 1), 가시거리 10, 안개타입 LINEAR 인 두 번째 안개(Fog2)
<Fog id="Fog2" FogType="LINEAR" visibilityRange='10' color='0 0 1'></Fog>
```

예제 7-4   안개효과 Fog 노드

```
<!DOCTYPE html>
<html>
<head>
<meta http-equiv='Content-Type' content='text/html;charset=utf-8'></meta>
<title>Fog 노드-시점변화,Web3d,가상현실,X3D</title>
<script type="text/javascript" src="http://code.jquery.com/jquery-1.7.2.js"></script>
<script type='text/javascript' src="http://www.x3dom.org/x3dom/release/x3dom.js"></script>
<link rel='stylesheet'type='text/css' href="http://www.x3dom.org/x3dom/release/x3dom.css"/>
</head>
<body id='main'>
<p>Fog 노드-시점변화</p>
<button onclick="document.getElementById('Fog1').setAttribute('set_bind','true');">
Fog1</button>
<button onclick="document.getElementById('Fog2').setAttribute('set_bind','true');">
Fog2</button>
<X3D> <!--showStat='true' showLog='true' -->
<Scene>
<Fog id="Fog1" FogType="EXPONENTIAL" visibilityRange='10' color='1 0 0'></Fog>
<Fog id="Fog2" FogType="LINEAR" visibilityRange='10' color='0 0 1'></Fog>
<NavigationInfo type='"walk"' id="navType" headlight='true' speed='3'
 visibilityLimit='10'></NavigationInfo>
```

```
    <Transform translation='-2 0 0'>
        <Shape><Box size='2 2 2'/></Box>
        <Appearance><Material diffusecolor='1 1 0'></Material>
    </Appearance></Shape></Transform>
    <Transform translation='0 0 -10'>
        <Shape><Box size='2 2 2'/></Box>
        <Appearance><Material diffusecolor='0 0 1' emissiveColor='1 0 0'>
    </Material></Appearance></Shape></Transform>
    <Transform translation='5 0 -15'>
        <Shape><Box size='2 2 2'/></Box>
        <Appearance><Material diffusecolor='0 1 0' emissiveColor='1 0 0'>
    </Material></Appearance></Shape></Transform>
    </Scene></X3D>
</body></html>
```

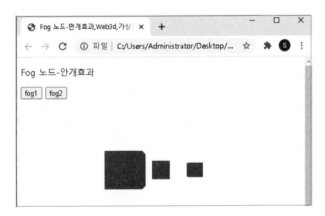

그림 7-6 Fog 효과

7.4 Anchor 노드

Anchor 노드는 3D 공간상의 Anchor 노드의 자식 객체에 연결되어 있는 URL 파일을 검색하여 해당 파일로 연결하는 그룹 노드이다. 만약 유효한 URL을 갖는 html 파일이라면 현재의 장면은 해당되는 URL의 가상공간으로 변경되거나 새로운 브라우저 창에 해당 파일을 나타낸다. 따라서 현재의 가상공간에서 새로운 가상공간을 표현하거나 새로운 창에 가상공간을 표현하기 위해 Anchor 노드를 사용하면 역동적인 3D 가상공간을 나타낼 수 있다.

표 7-4는 Anchor 노드의 필드와 속성을 나타내고 있다.

표 7-4 Anchor 노드

MFNode[in]	addChildren		
MFNode[in]	removeChildren		
MFNode[in,out]	children	[]	
SFString[in,out]	description	""	
SFNode[in,out]	metadata	NULL	
MFString[in,out]	parameter	[]	
MFString[in,out]	url	[]	[url or urn]
SFVec3f[]	bBoxCenter	0 0 0	$(-\infty, \infty)$
SFVec3f[]	bBoxSize	−1 −1 −1 [0,∞) or −1 −1 −1 }	

- description : Anchor 노드에 대한 설명문이다. 즉 사용자가 사용되어진 Anchor 노드에 마우스 포인터를 위치하면 설명문이 나타난다.
- paramenter : 브라우저에게 추가적인 세부 정보를 제공하기 위해 사용한다. target으로서 현재 창에 새로운 장면을 나타낼 것인지 혹은 새로운 창에 새로운 장면을 나타낼 것인지를 결정한다.

  현재 창 ex) parameter ='target=_self'

  새로운 창 ex) parameter = 'target=name_of_frame'
- url : 이동하고자 하는 VRML/X3D 파일의 경로를 나타낸다.

예제 7-5는 두 개의 박스에 Anchor 노드를 통해 문서의 이동을 구현한 것이다.

```
<Anchor description='"Web3D로 이동할까요?"'
    url="http://www.web3d.org" parameter="target=_self">
```

description="Web3D로 이동할까요?"로서 해당 Anchor에 대한 설명문이다. 그림 7-7의 왼쪽 박스를 클릭하게 되면 url="http://www.web3d.org"에 의해 링크된 web3d 사이트로 이동한다. **parameter="target=_self"**는 화면의 이동시 _self에 의해 현재 화면이 변경된다.

```
<Anchor description='"Group 노드 벤치"'
    url="Viewpoint.html" parameter="target=_blank">
```

　Anchor에 대한 설명문으로 description="Group 노드벤치"을 사용하였다. 그림 7-7의 오른쪽 박스를 클릭하게 되면 **url="Viewpoint.html"**에 의해 링크된 Viewpoint.html 문서로 이동한다. **parameter="target=_blank"**에 의해 화면의 이동시 새로운 브라우저 창에 내용이 나타난다.

예제 7-5	링크 효과 Anchor 노드

```
<!DOCTYPE html>
<html>
<head>
<meta http-equiv='Content-Type' content='text/html;charset=utf-8'></meta>
<title>Anchor 노드,Web3d,가상현실,X3D</title>
<script type="text/javascript" src="http://code.jquery.com/jquery-1.7.2.js"></script>
<script type='text/javascript' src='http://www.x3dom.org/x3dom/release/x3dom.js'></script>
<link rel='stylesheet'type='text/css' href="http://www.x3dom.org/x3dom/release/x3dom.css"/>
</head>
<body id='main'>
<p>Anchor 노드</p>
<X3D> <!--showStat='true' showLog='true' -->
<Scene>
<Anchor description='"Web3D로 이동할까요?"'
    url="http://www.web3d.org" parameter="target=_self">
    <Transform translation='-2 0 0'>
    <Shape><Box size='2 2 2'/></Box>
    <Appearance><Material diffusecolor='0.6 0.35 0.0'></Material>
    </Appearance></Shape></Transform>
</Anchor>
<Anchor description='"Group 노드 벤치"'
    url="Viewpoint.html" parameter="target=_blank">
```

```
    <Transform translation='2 0 0'>
    <Shape><Box size='2 2 2'/></Box>
    <Appearance><Material diffusecolor='0 0 1'></Material></Appearance>
    </Shape></Transform>
</Anchor>
</Scene></X3D>
</body></html>
```

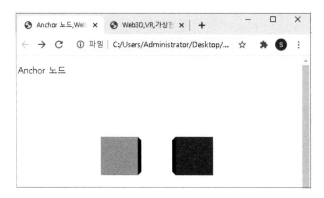

그림 7-7 Anchor 노드

7.5 Inline 노드

Inline 노드는 현재 .html 문서에서 외부의 .x3d 파일을 불러와 사용하는 노드이다. 즉 현재의 html 문서에서 Inline노드의 url 필드를 통하여 외부의 X3D 파일을 연결할 수 있다. Inline 노드로 연결된 외부파일은 마치 현재 html 문서에서 기술한 내용처럼 하나의 장면에 나타난다. 따라서 Inline 노드를 적절하게 사용하면 파일의 크기를 효과적으로 줄일 수 있으며 프로그램의 유지 보수에 매우 편리하다. 표 7-5는 Inline 노드의 필드를 나타낸 것이다.

표 7-5 Inline 노드

exposedField	MFString	url	[]	
field	SFVec3f	bBoxCenter	0 0 0	#(−∞,∞)
field	SFVec3f	bBoxSize	−1 −1 −1	#[−0,∞) or −1 −1 −1

- load : url 필드의 적용여부를 나타낸다. FALSE 이면 외부 파일은 load 되지 않는다.
- url : 외부 X3D 파일의 경로명과 파일이름을 절대경로나 상대경로로 지정할 수 있다.

.x3d 파일 형식은 Web3D에서 사용하는 3d 파일이다. html5가 표준으로 지정되기 전 .x3d 파일은 xml 형식으로 지원하였다. 따라서 .x3d 파일을 html5에서 직접 사용할 수 없으며 html5에서 사용가능한 X3Dom의 <X3D>에 적용하여 표현할 수 있다. 즉 <X3D></X3D>에서 <Inline>를 사용하여 외부파일로 참조한다. 단, 주의해야 할점은 X3D가 요소이름에서 대소문자를 엄격하게 구분한다는 점이다. 따라서 X3Dom문서를 만들때 노드이름을 항상 대문자로 쓰는 습관을 들여야 한다.

X3Dom의 형식은 X3D의 유사한 형식으로 만들어졌기 때문에 개개의 3D 물체를 .x3d로 구성하고 <Inline>노드를 통하여 현재 장면에 포함하면 복잡한 장면들도 효과적으로 구현할 수 있다.

다음은 .x3d 파일의 구조이다. 앞서 작성하였던 bench.html을 헤더부문만 변경하여 .x3d 파일로 저장하였다.

(1) bench.x3d 구조

```xml
<?xml version="1.0" encoding="UTF-8"?>
<!DOCTYPE X3D PUBLIC "ISO//Web3D//DTD X3D 3.1//EN"
 "http://www.web3d.org/specifications/X3D-3.1.dtd">
<X3D profile="Immersive" version="3.1"
xsd:noNamespaceSchemaLocation="http://www.web3d.org/specifications/X3D-3.1.xsd"
xmlns:xsd="http://www.w3.org/2001/XMLSchema-instance">
<Scene>
<Group  DEF='seat'><Transform>
    <Shape  DEF='stick'><Box  size='4 .3 .4'/>
        <Appearance  DEF='brown'>
        <Material  diffuseColor='0.6 0.45 0.0 '/>
        </Appearance></Shape></Transform>
    <Transform  translation='0 0 -.5'><Shape  USE='stick'/></Transform>
    <Transform  translation='0 0 -1'><Shape  USE='stick'/></Transform>
    <Transform  translation='0 0 -1.5'><Shape  USE='stick'/></Transform>
```

```
</Group>
<Transform  center='0 0 -1.5' rotation='1 0 0 -2'><Group  USE='seat'/>
</Transform>
<Transform  translation='-1.5 -.5 0'>
   <Shape  DEF='leg'><Box  size='.4 1 .4'/>
        <Appearance  USE='brown'/></Shape></Transform>
<Transform  translation='1.5 -.5 0'><Shape  USE='leg'/></Transform>
<Transform  translation='1.5 -.5 -1.5'><Shape  USE='leg'/></Transform>
<Transform  translation='-1.5 -.5 -1.5'><Shape  USE='leg'/></Transform>
</Scene></X3D>
```

(2) 문서타입의 외부정의

```
<?xml version="1.0" encoding="utf-8"?>
<!DOCTYPE X3D PUBLIC "ISO//Web3D//DTD X3D 3.0//EN"
      ①        ②    ③                    ④
"http://www.web3d.org/specifications/X3D-3.0.dtd"> ⑤
```

① 〈!DOCTYPE :   문서타입의 선언

② X3D : X3D 문서형식

③ PUBLIC : 문서가 외부에 정의될 경우 선언되는 형식으로 SYSTEM과 PUBLIC이 있다.
   PUBLIC은 문서의 구조가 여러 조직에서 공유하고 있고 사본이 여러 서버에 분산되
   어 있을 경우 선언한다. SYSTEM을 사용할 경우는 한 조직 내의 한 시스템에 있을 경
   우 선언한다.

④ 선언문 : 문서의 상태와 표현 형태에 대한 정보

⑤ URI〉 : X3D에 대한 XML 구조가 정의된 URL

다소 복잡해 보이지만 bench.x3d를 notepad++에서 작성한 후 .x3d 파일 형식으로 저장
한 후 실행하면 그림 7-8과 같이 텍스트로 된 웹문서를 볼 수 있다. 3d 물체를 표현한 X3D
파일이지만 이를 보기 위한 전용뷰어를 JAVA를 설치해야만 3D 장면을 볼 수 있다. 그러나
.x3d 파일을 X3Dom에서 <Inline> 사용하면 .x3d의 파일 내용은 3D로 표현된다. 따라서
bench.x3d 파일에서 강조된 문자 부분을 삽입하여 다양한 .x3d 파일을 생성하고 X3Dom

에서 사용한다면 효과적으로 문서를 관리할 수 있다.

그림 7-8 bench.x3d 실행화면(bench.xml)

예제 7-6 **외부파일 포함 Inline 노드**

```
<!DOCTYPE html>
<html>
<head>
<meta http-equiv='Content-Type' content='text/html;charset=utf-8'></meta>
<title>inline 노드-외부파일 링크,Web3d,가상현실,X3D</title>
<script type="text/javascript" src="http://code.jquery.com/jquery-1.7.2.js"></script>
<script type='text/javascript' src="http://www.x3dom.org/x3dom/release/x3dom.js"></script>
<link rel='stylesheet'type='text/css' href="http://www.x3dom.org/x3dom/release/x3dom.css"/>
</head>
<body id='main'>
<p>inline 노드-외부파일 링크</p>
<X3D > <!--showStat='true' showLog='true' -->
<Scene>
    <NavigationInfo headlight='true' type='"examine" "Any"'></NavigationInfo>
    <Transform translation='0 0 0'>
        <Inline url="bench.X3D"></Inline></Transform>
    <Transform translation='-5 0 0'>
        <Inline url="bench.X3D"></Inline></Transform>
```

```
<Transform translation='5 0 0'>
        <Inline url="bench.X3D"></Inline></Transform>
</Scene></X3D>
</body></html>
```

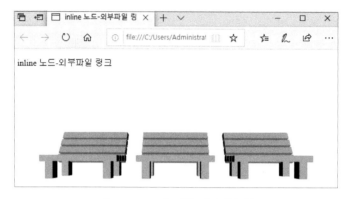

그림 7-9 inline에 의한 외부파일 링크

```
<Transform translation='0 0 0'><inline url="bench.X3D"></inline></Transform>
```

Inline url="bench.x3d" 외부파일로 정의된 .x3d파일을 <Inline>을 통해 포함하였다. 그림 7-9와 같이 translation='0 0 0', '-5 0 0', '5 0 0'으로 세 개의 벤치를 위치하였으며 Edge 브라우저에서 실행된 그림이다.

| 참고사이트 및 자료 |

1. http://www.web3d.org/X3D/content/README.X3D-Edit.html

2. http://www.web3d.org/X3D/specifications/

3. https://doc.x3dom.org/tutorials/models/inline/index.html

4. https://doc.x3dom.org/developer/x3dom/nodeTypes/Inline.html

5. https://www.x3dom.org/inline-html-reflection/

6. 박경배 외1 "3D 가상홈페이지 만들기", pp110~114, 21세기사, 2007

7. 박경배외1 "예제 중심의 X3D". 글로벌출판사, 2008

8. https://doc.x3dom.org/developer/x3dom/nodeTypes/Background.html

9. http://lively.cs.tut.fi/seminars/WebGL2011/x3dom-salonen.pdf

10. WEB3DCONSORTIUM, 2009. Scene access interface(sai), iso/iec 19775-2.2:2009. http://www.web3d.org/x3d/specifications/ISOIEC-FDIS-19775-2.2-X3D-SceneAccessInterface/. http://i.document.m05.de/wp-content/uploads/2008/04/A-Scalable-Architecture-X3DOM.pdf

CHAPTER **8**

인공조명(ArtificialLight)

NavigationInfo 노드에는 headlight에서 제공하는 백색광('1 1 1')으로 현실세계의 태양과 같은 기본 빛을 제공한다. 3D 공간에서 표현되었던 물체의 색상은 기본 빛의 속성과 물체의 색상을 이용하여 표현하였다. 만약 빛을 인위적으로 조작이 가능하다면 물체를 더욱 효과 있게 표현할 수 있다. X3D에서는 기본적인 빛 이외에 인위적으로 빛 효과를 낼 수 있는 DirectionalLight, PointLight 그리고 SpotLight 노드를 제공하고 있다. 이들의 특성을 정확히 반영하기 위해서는 headlight 빛을 제거해야 한다. NavigationInfo 노드에서 제공되는 headlight='false'로 하여 빛을 off 한 후 인공적인 빛들을 적용해야 효과가 높다.

인공조명은 headlight의 속성을 그대로 갖지만 인공조명은 인위적인 빛이기 때문에 빛의 색상 등 사용자가 원하는 대로 조절가능하다. 제어할 수 있는 빛의 속성은 다음과 같다.

- ambientIntensity : 주변광의 강도를 설정한다.
- color : 빛의 색상을 나타낸다. 기본 빛의 속성은 백색광[1 1 1]이기 때문에 물체의 색상대로 표현되지만, 인공조명의 색상은 사용자가 임의대로 조정할 수 있으므로 표현되는 물체의 색상은 인공조명과 AND 연산 결과로 나타난다.
- intensity : 빛의 세기를 결정한다. 0 ~ 1사이의 값을 가지며 기본 값은 1이다.
- on/off : 빛의 On/Off 기능을 제공한다. 기본 빛을 제거하기 위해서 Off 하듯이 인공조명 역시 TRUE/FALSE를 통하여 On/Off를 할 수 있다.

Material 노드에서 발산광, 확산광, 반사광들은 OR연산을 하지만 표 8-1에서와 같이 물체의 색상은 headlight나 인공조명의 색상과 AND 연산을 한다. AND 연산은 모두 1의 값이 되어야만 1의 값을 갖지만 OR 연산은 둘 중 하나만 1이면 1의 값이 된다. headlight의 경우는 항상 백색광의 형태로 제공되기 때문에 사용자는 객체의 색상만 고려하면 되지만 인공조명의 경우는 조명의 색상에 따라 물체의 겉보기 색상은 달라진다. 그림 8-1은 기본 빛과 인공조명에 의한 결과를 나타낸 것이다.

표 8-1 headlight와 인공조명의 색상 표현 방법

빛의 종류와 색상	headlight			인공조명		
빛의 색상	1 1 1			1 1 0		
diffuseColor	1 0 0	0 1 0	0 0 1	1 0 0	0 1 0	0 0 1
확산광 결과	1 0 0	0 1 0	0 0 1	1 0 0	0 1 0	0 0 0
emissiveColor	1 0 0	0 1 0	0 0 1	1 0 0	0 1 0	0 0 1
발산광 결과	1 0 0	0 1 0	0 0 1	1 0 0	0 1 0	0 0 0

그림 8-1 headlight와 인공조명의 차이점

그림 8-1에서 headlight는 [1 1 1]의 형태로 제공되기 때문에 물체의 색상과 AND 연산을 하더라도 항상 물체의 색상으로 적용된다. 인공조명은 사용자가 임의로 조정 가능한 색상이기 때문에 파란색의 구처럼 발산광이나 확산광을 잘못 적용하면 물체에 나타나지 않는 특성이 있다. 또 하나의 다른 점은 headlight는 항상 -z축을 향하지만 인공조명은 사용자가 임의대로 방향을 설정할 수 있어 반사광의 위치가 다르게 표현된다.

8.1 DirectionalLight

DirectionalLight 노드의 특징은 조명의 방향설정이 가능한 인공조명이다. 조명의 시작위치는 없지만 빛이 도착하는 종착점을 설정하여 방향을 설정한다. 조명의 intensity, color 등은 빛의 공통 특성이며 DirectionalLight 노드의 특징은 direction 필드의 x, y, z좌표를 설정하여 빛의 도착지점을 설정할 수 있다.

표 8-2 DirectionalLight 노드

exposedField	SFFloat	ambientIntensity	0	#[0,1]
exposedField	SFColor	color	1 1 1	#[0,1]
exposedField	SFVec3f	direction	0 0 -1	#(-∞,∞)
exposedField	SFFloat	intensity	1	#[0,1]
exposedField	SFBool	on	TRUE	

DirectionalLight 노드의 빛의 방향(direction)에 대한 기본 값은 headlight와 같다. headlight 역시 +z축에서 -z축 방향의 방향성 빛으로 고정되어 있다. DirectionalLight는 사용자가 direction 필드를 통해 빛의 종착점을 조절할 수 있다.

예제 8-1은 DirectionalLight의 특징을 보여주기 위하여 2개의 인공조명을 설치하였다. 인공조명의 특성을 이해하기 위해선 NavigationInfo 노드의 headlight 필드 값을 FALSE로 하고 Background 노드의 배경을 어둡게 해야 한다.

headlight가 인공조명에 미치는 영향을 알아보기 위해 DOM 특성인 getElementById와 setAttribute 메소드를 이용하여 headlight의 값을 'true', 'false'로 변경 가능하다. headlight 버튼을 클릭하면 변화된 장면이 연출된다.

```
<button onclick="document.getElementById('nav').setAttribute('headlight','true');">
hLight_on</button>
<button onclick="document.getElementById('nav').setAttribute('headlight','false');">
hLight_off</button>

<NavigationInfo id='nav' headlight='false' type='"examine" "Any"'> //headlight='false
<Background skyAngle='0 3.14' skyColor='0 0 0 .4 .4 .4'> // skyColor 검정색계열
```

DirectionalLight의 주변광(ambientIntensity)과 강도(intensity)는 '1이며 조명의 색상은 노랑색(color='1 1 0')으로 설정하였다. 조명의 종착점(direction='0 -5 0')은 -y축 방향으로 실행결과는 그림 8-2와 같이 각 물체의 윗부분에 조명이 비치는 것을 알 수 있다.

조명의 색상은 노랑색('1 1 0')이지만 물체의 색상과 AND 연산한 결과로 조명 색상이 나타난다.

```
<DirectionalLight id='global' ambientIntensity='1' color='1 1 0'
        intensity='1' direction='0 -5 0' on='true'></DirectionalLight>
```

| 예제 8-1 | DirectionalLight |

```
<!DOCTYPE html>
<html>
<head>
<meta http-equiv='Content-Type' content='text/html;charset=utf-8'></meta>
<title>인공조명 DirectionalLight,Web3D,VR,가상현실,X3D,</title>
<script type="text/javascript" src="http://code.jquery.com/jquery-1.7.2.js"></script>
<script type='text/javascript' src="http://www.x3dom.org/x3dom/release/x3dom.js"></script>
<link rel='stylesheet' type='text/css' href="http://www.x3dom.org/x3dom/release/x3dom.css"/>
</head>
<body id='main'>
<h1 style="text-align:center;">DirectionalLight</h1>
<button onclick="document.getElementById('nav').setAttribute('headlight','true');">
hLight_on</button>
<button onclick="document.getElementById('nav').setAttribute('headlight','false');">
hLight_off</button>
<X3D><Scene>
    <NavigationInfo id='nav' headlight='false' type='"examine" "Any"'>
    </NavigationInfo>
    <Background skyAngle='0 3.14' skyColor='0 0 0 .4 .4 .4'></Background>
    <DirectionalLight id='global' ambientIntensity='1' color='1 1 0'
            intensity='1' direction='0 -5 0' on='true'></DirectionalLight>
    <Transform translation='0 -25 0'>
        <Shape><Sphere radius='20' ></Sphere>
        <Appearance><Material diffuseColor='1 0 0'></Material>
        </Appearance></Shape></Transform>
    <Transform translation='-5 -2 -5'>
        <Shape><Sphere></Sphere>
        <Appearance><Material diffuseColor='0 1 0'></Material>
        </Appearance></Shape></Transform>
    <Transform translation='5 -2 -5'>
    <DirectionalLight id='local' ambientIntensity='1' color='1 0 1'
```

```
        intensity='1' direction='0 0 -15' on='true'></DirectionalLight>
        <Shape><Cylinder></Cylinder>
        <Appearance><Material diffuseColor='1 .5 1'></Material>
        </Appearance></Shape></Transform>
    <Transform translation='0 0 -15'>
        <Shape><Box></Box>
        <Appearance><Material diffuseColor='1 1 0'></Material>
        </Appearance></Shape></Transform>
</Scene></X3D>
</body></html>
```

그림 8-2 DirectionalLight 효과

예제 8-1은 DirectionalLight가 headlight처럼 물체 전체에 조명 효과를 주었지만 특정한
물체에만 영향을 줄 수도 있다. 프로그래밍 언어에서 적용되는 지역변수와 전역변수의 차이
다. 지역변수는 한 함수 내에서만 적용되고 전역변수는 전체 프로그램에 적용된다. Direc-
tionalLight가 Transform 노드와 같이 그룹 노드 내에 적용되면 DirectionalLight는 해당 그
룹에만 적용된다. 그러나 그룹노드에 속하지 않는다면 전체 객체에 영향을 주게 된다.

```
<DirectionalLight id='d01' ambientIntensity='1' color='1 0 1'
          intensity='1' direction='0 5 0' on='true'></DirectionalLight>
// Sphere 물체에만 보라색 조명 color='1 0 1'
<DirectionalLight id='d02' ambientIntensity='1' color='1 1 0'
      intensity='1' direction='5 -2 -10' on='true'></DirectionalLight>
// Cylinder 물체에만 노랑색 조명 color='1 1 0'
```

첫 번째 DirectionalLight의 방향은 [0 5 0]으로 설정되고 두 번째는 [5 -2 -10]으로 설정하여 두 물체에 각각 적용하였다.

그림 8-3은 예제 8-2의 결과로서 각각 지역적 조명효과를 나타낸다.

예제 8-2	DirectionalLight-local

```
<!DOCTYPE html>
<html>
<head>
<meta http-equiv='Content-Type' content='text/html;charset=utf-8'></meta>
<title>인공조명 DirectionalLight,Web3D,VR,가상현실,X3D,</title>
<script type="text/javascript" src="http://code.jquery.com/jquery-1.7.2.js"></script>
<script type='text/javascript' src="http://www.x3dom.org/x3dom/release/x3dom.js"></script>
<link rel='stylesheet' type='text/css' href="http://www.x3dom.org/x3dom/release/x3dom.css"/>
</head>
<body id='main'>
<h1 style="text-align:center;">DirectionalLight</h1>
<button onclick="document.getElementById('nav').setAttribute('headlight','true');">
hLight_on</button>
<button onclick="document.getElementById('nav').setAttribute('headlight','false');">
hLight_off</button>
<X3D><Scene>
    <NavigationInfo id='nav' headlight='false' type='"examine" "Any"'>
    </NavigationInfo>
    <Background skyAngle='0 3.14' skyColor='0 0 0 .4 .4 .4'></Background>
    <Transform translation='0 -25 0'>
        <Shape><Sphere radius='20' ></Sphere>
        <Appearance><Material diffuseColor='1 0 0'></Material>
```

```
    </Appearance>    </Shape></Transform>
  <Transform translation='-5 -2 -5'>
      <DirectionalLight id='d01' ambientIntensity='1' color='1 0 1'
          intensity='1' direction='0 5 0' on='true'></DirectionalLight>
      <Shape><Sphere></Sphere>
      <Appearance><Material diffuseColor='0 1 0'></Material>
      </Appearance></Shape></Transform>
  <Transform translation='5 -2 -5'>
  <DirectionalLight id='d02' ambientIntensity='1' color='1 1 0'
      intensity='1' direction=5 -2 -10' on='true'></DirectionalLight>
      <Shape><Cylinder></Cylinder>
      <Appearance><Material diffuseColor='1 0 1'></Material>
      </Appearance></Shape></Transform>
  <Transform translation='0 0 -15'>
      <Shape><Box></Box>
      <Appearance><Material diffuseColor='1 1 0'></Material>
      </Appearance></Shape></Transform>
</Scene></X3D>
</body></html>
```

그림 8-3 DirectionalLight – Local

8.2 PointLight노드

PointLight 노드는 DirectionalLight와 반대로 특정 위치에서 사방으로 빛을 발산하는 특징을 갖고 있다. 표 8-2는 PointLight 노드의 필드로서 각 필드를 이용하여 형광등이나 스탠드와 같은 인공조명 효과를 나타낼 수 있다.

표 8-2 PointLight 노드

exposedField	SFFloat	ambientIntensity	0	#[0,1]
exposedField	SFVec3f	attenuation	1 0 0	#[0,∞)
exposedField	SFColor	color	1 1 1	#[0,1]
exposedField	SFFloat	intensity	1	#[0,1]
exposedField	SFVec3f	location	0 0 0	#(−∞,∞)
exposedField	SFBool	on	TRUE	
exposedField	SFFloat	radius	100	#[0,∞)

- attenuation : 빛이 거리에 따라 감쇠 정도를 나타내는 필드로서 감쇠 계수는 Max 함수를 이용한다.

  1/max(attenuation[0] + attenuation[1]×r + attenuation[2]×r2, 1)

  max(x,y) 함수는 x와 y 중 큰 값을 적용하는 함수이다. attenuation[0][1][2]는 attenuation 필드의 색인 데이터 값을 의미하며 r은 광원으로부터의 거리이다.
- location : 광원의 위치를 나타내는 필드이다.
- radius : PointLight가 적용되는 거리를 나타낸다. radius의 값이 객체의 거리보다 작다면 객체는 보이지 않게 된다.

예제 8-3은 PointLight를 이용한 조명효과 프로그램이며 조명의 위치는 y축의 +10인 위치에 (location='0 10 0') 노랑색('1 1 0')의 조명이 비추도록 하여 그림 8-4와 같은 효과를 내었다.

```
<PointLight ambientIntensity='1' attenuation='1 0 0' color='1 1 0'
       intensity='1' location='0 10 0'    on='true' radius='15'>
```

PointLight의 조명 반경은 radius='15'로서 반경 밖의 물체는 조명효과를 볼 수 없다. 그림 8-4에서 Cylinder가 검은 형체로 표현된 것은 Cylinder의 diffuseColor='0 0 1'로서 파랑색으로 표현되었지만 조명의 색상은 '1 1 0'으로 And 연산을 하게 되면 '0 0 0'이 된다. 그러므로 검정색('0 0 0')의 색상으로 표현되었다.

```
<Transform translation='2 -2 -2'>
    <Shape><Cylinder></Cylinder>
    <Appearance><Material diffuseColor='0 0 1'></Material>
    </Appearance></Shape></Transform>
```

PointLight의 인공조명은 '0 10 0'에 위치하고 빛의 유효거리는 15로서 거리에 따른 빛의 감쇠효과는 attenuation='1 0 0'으로 설정하여 max(x,y) 함수를 적용한다.

max 함수의 결과는 다음과 같다.

$$1/max(x,y) = 1/max(1, 1 + 0×15 + 0×152,) = 1/max(1, 1) = 1$$

따라서 감쇠효과는 거리에 따라 1 정도가 된다.

그림 8-4 PointLight

예제 8-3	PointLight

```
<!DOCTYPE html>
<html>
<head>
<meta http-equiv='Content-Type' content='text/html;charset=utf-8'></meta>
<title>인공조명 PointLight,Web3D,VR,가상현실,X3D,</title>
<script type="text/javascript" src="http://code.jquery.com/jquery-1.7.2.js"></script>
<script type='text/javascript' src="http://www.x3dom.org/x3dom/release/x3dom.js"></script>
<link rel='stylesheet' type='text/css' href="http://www.x3dom.org/x3dom/release/x3dom.css"/>
</head>
<body id='main'>
<h1 style="text-align:center;">PointLight</h1>
<X3D><Scene>
<NavigationInfo id='nav' headlight='false' type='"examine" "Any"'></NavigationInfo>
<Background skyAngle='0 3.14' skyColor='0 0 0 .4 .4 .4'></Background>
<PointLight ambientIntensity='1' attenuation='1 0 0' color='1 1 0'
        intensity='1' location='0 10 0' on='true' radius='15'></PointLight>
    <Transform translation='0 -5 -2'>
        <Shape><Box></Box>
        <Appearance><Material diffuseColor='1 0 0'></Material>
        </Appearance></Shape></Transform>
    <Transform translation='-2 -2 -2'>
        <Shape><Cone></Cone>
        <Appearance><Material diffuseColor='0 1 0'></Material>
        </Appearance></Shape></Transform>
    <Transform translation='2 -2 -2'>
        <Shape><Cylinder></Cylinder>
        <Appearance><Material diffuseColor='0 0 1'></Material>
        </Appearance></Shape></Transform>
    <Transform translation='0 0 -5'>
        <Shape><Sphere></Sphere>
        <Appearance><Material diffuseColor='1 1 0'></Material>
        </Appearance></Shape></Transform>
</Scene></X3D>
</body></html>
```

📋 **응용문제**

원뿔(Cone) 모양을 투명하게 하여 빛이 나가는 모양을 구현하시오.

8.3 SpotLight노드

SpotLight 노드는 DirectionalLight와 PointLight의 특성을 모두 가지고 있으며 특정 위치에서 특정 방향으로 빛을 발산하기 위하여 사용되는 노드이다. 현실세계에서 스탠드나 가로등과 같은 효과를 적용하기 위해서는 SpotLight 노드를 이용한다. 그림 8-5는 SpotLight 노드의 특성을 그림으로 표현한 것이며 표 8-3에 SpotLight 노드의 필드를 나타내었다.

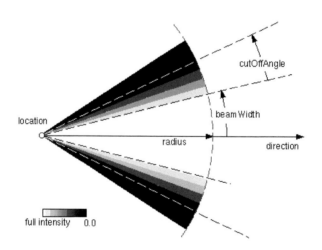

그림 8-5 SpotLight의 특성(출처:Web3D.org)

표 8-3 SpotLight 노드

exposedField	SFFloat	ambientIntensity	0	#[0,1]
exposedField	SFVec3f	attenuation	1 0 0	#[0,∞)
exposedField	SFFloat	beamWidth	1.570796	#[0,π/2]
exposedField	SFColor	color	1 1 1	#[0,1]
exposedField	SFFloat	cufOffAngle	0.786598	#[0,π/2]

exposedField	SFVec3f	direction	0 0 -1	#(-∞, ∞)
exposedField	SFFloat	intensity	1	#[0,1]
exposedField	SFVec3f	location	0 0 0	#(-∞, ∞)
exposedField	SFBool	on	TRUE	
exposedField	SFFloat	radius	100	#[0, ∞)

- beamWidth : 광원을 기준으로 빛이 감쇠 없이 퍼져 나가는 폭을 정의하는 필드이다.
- cutOffAngle : beamWidth부터 빛이 감쇠하는 폭을 정의하는 필드로서 그림 8-5와 같이 cutOffAngle 밖의 영역은 검정색으로 표현되어 물체가 보이지 않는다. beamWidth부터 cufOffAngle 까지는 SpotLight의 색상에서 검정색까지 선형적으로 적용된다.
- radius : SpotLight가 적용되는 거리를 나타낸다. radius의 값이 물체의 거리보다 작다면 물체는 보이지 않게 된다.

예제 8-4는 SpotLight를 이용한 조명효과를 나타낸 것으로 그림 8-6과 같은 장면을 연출하며 SpotLight는 다음과 같이 선언하였다.

```
<SpotLight ambientIntensity='1' attenuation='1 0 0' color='1 1 0' on='true'
    cutoffAngle='0.3' location='0 5 10' direction='0 -5 -10' radius='25'>
```

SpotLight 광원은 location='0 5 10'으로 y축 5 z축 10인 위치에 있으며 방향은 direction='0 -5 -10'으로 y축 -5와 z축 -10이다. 조명의 폭은 cutoffAngle='0.3'이다. 빛의 감쇠효과는 PointLight의 효과와 마찬가지로 attenuation='1 0 0'으로 설정하였다. 프로그램의 실행결과는 그림 8-6과 같이 4개 물체에 대해 SpotLight의 효과가 잘 나타났다. 그림 8-7은 attenuation='3 .5 0'으로 감쇠효과를 크게 변경했을 때 나타나는 결과이다. 감쇠효과가 크면 조명의 밝기는 어두워진다.

```
<SpotLight ambientIntensity='1' attenuation='3 .5 0' color='1 1 0' on='true'
  cutoffAngle='0.3'location='0 5 10' direction='0 -5 -10' radius='25'>
```

예제 8-4	SpotLight

```
<!DOCTYPE html>
<html>
<head>
<meta http-equiv='Content-Type' content='text/html;charset=utf-8'></meta>
<title>인공조명SpotLight,Web3D,VR,가상현실,X3D,</title>
<script type="text/javascript" src="http://code.jquery.com/jquery-1.7.2.js"></script>
<script type='text/javascript' src="http://www.x3dom.org/x3dom/release/x3dom.js"></script>
<link rel='stylesheet' type='text/css' href="http://www.x3dom.org/x3dom/release/x3dom.css"/>
</head>
<body id='main'>
<h1 style="text-align:center;">SpotLight</h1>
<button onclick="document.getElementById('nav').setAttribute('headlight','true');">
hLight_on</button>
<button onclick="document.getElementById('nav').setAttribute('headlight','false');">
hLight_off</button>
<X3D><Scene>
<NavigationInfo id='nav' headlight='false' type='"examine" "Any"'></NavigationInfo>
<Background skyAngle='0 3.14' skyColor='0 0 0 .4 .4 .4'></Background>
<SpotLight ambientIntensity='1' attenuation='1 0 0' color='1 1 0' on='true'
  cutoffAngle='0.3'location='0 5 10' direction='0 -5 -10' radius='25'></SpotLight>
    <Transform translation='0 -5 -5'>
        <Shape><Box></Box>
        <Appearance><Material diffuseColor='1 0 0'></Material>
    </Appearance></Shape></Transform>
    <Transform translation='-5 -2 -5'>
        <Shape><Cone></Cone>
        <Appearance><Material diffuseColor='0 1 0'></Material>
    </Appearance></Shape></Transform>
    <Transform translation='5 -2 -5'>
        <Shape><Cylinder></Cylinder>
        <Appearance><Material diffuseColor='1 1 1'></Material>
    </Appearance></Shape></Transform>
    <Transform translation='0 0 -15'>
        <Shape><Sphere></Sphere>
        <Appearance><Material diffuseColor='1 1 0'></Material>
```

```
            </Appearance></Shape></Transform>
    </Scene></X3D>
    </body></html>
```

그림 8-6 SpotLight attenuation='1 0 0'

그림 8-7 SpotLight attenuation='3 .5 0'

응용문제

다양한 cutoffAngle과 attenuation의 값들을 적용하여 조명을 나타내시오.

| 참고사이트 및 자료 |

1. http://www.web3d.org/X3D/content/README.X3D-Edit.html

2. https://doc.x3dom.org/developer/x3dom/nodeTypes/DirectionalLight.html

3. https://doc.x3dom.org/tutorials/lighting/lights/index.html

4. https://doc.x3dom.org/author/Lighting/PointLight.html

5. https://doc.x3dom.org/author/nodes.html

6. https://www.x3dom.org/nodes-2/

7. 박경배 외1 "3D 가상홈페이지 만들기", pp110~114, 21세기사, 2007

8. 박경배 외1 "예제 중심의 X3D". 글로벌출판사, 2008

## CHAPTER 9

X3D 이벤트(Event)와
HTML5 DOM(Document Object Model)

9.1 X3D이벤트

가상공간을 현실감 있게 표현하기 위해서는 인간과의 상호작용은 필수적이며 공간 내의 물체들에 대한 애니메이션 또한 필요하다. 인간과 상호작용을 하기 위해서는 HTML 문서 내에서 특정한 변화를 감지할 수 있어야 하며 감지의 결과를 문서로 전달함으로써 상호작용을 할 수 있다. 이벤트는 사용자의 특별한 입력 혹은 환경과 같은 시간의 변화를 통해 발생한다. 컴퓨터든 프로그램이든 사용자가 명령을 내리지 않는 한 아무런 변화가 일어나지 않는다. 그러나 사용자가 마우스를 클릭하는 행위나 키보드로 명령을 입력하는 행위가 일어나면 비로소 변화가 일어나게 된다. 또한 시간의 변화나 특정한 조건이 되었을 때도 컴퓨터나 프로그램은 변화를 하게 된다.

이벤트란 "사용자가 설정한 특별한 조건"이라 정의할 수 있으며 이러한 조건이 되었을 때 특정 환경으로 변화시킬 수 있다. 특정한 조건에서 특정한 환경으로 변화할 수 있다면 인간과 상호작용이 가능하다. 예를들어 사용자가 "형광등을 마우스로 클릭하면 불을 켜라"라는 명령을 내렸다면 형광등을 마우스로 클릭하는 행위로 사용자는 프로그램과 상호작용을 한다. 또한 형광등을 마우스로 클릭하는 조건이 이벤트에 해당되며 불을 켜는 동작은 액션(Action)에 의한 이벤트 결과라 할 수 있다.

현실세계에서는 자동문이 이벤트의 좋은 예라 할 수 있다. 센서가 설치된 자동문 앞에 서면 문이 자동으로 열린다. "자동문 앞에 서면"은 특정한 조건이 되며 "문이 자동으로 열린다."는 이벤트의 결과이다. 프로그램에서도 자동문의 센서처럼 특정 조건을 감지하는 센서가 필요하다. 사용자가 마우스를 클릭했는지, 키보드로 입력을 했는지를 감지하는 센서역할의 기능이 요구된다. 마우스의 움직임이나 클릭 상태를 감지하는 센서로서 TouchSensor가 있으며 시간 관련 센서로는 TimeSensor가 있다.

이벤트와 센서는 서로 매우 유기적인 역할을 하고 있으며 표 9-1에서와 같이 센서는 특정조건에 대한 이벤트를 감시한다. 센서는 항상 특정한 조건에 대해 감시를 하다가 조건에 충족되면 이를 특정한 환경으로 변환시키는 중개자가 필요하다.

표 9-1 이벤트와 센서

이벤트		센서 기능	중개자	액션
마우스	클릭	클릭 감지	→	Door Open(문 열기)
	이동	변화 감지	→	Move (이동/회전)
시간	변화	변화 감지	→	Color Change(색상변화)
	특정시간	특정 시간 감지	→	Position Change(위치이동)
조건	특정영역	위치 변화 감지	→	Color Change(색상변화)
	물체변화	물체 변화 감지	→	State Change(상태변화)

ROUTE는 이벤트를 감지하는 센서와 실제 액션을 연결하는 중개자 역할을 한다. ROUTE 는 다음과 같은 형식으로 제공된다.

```
<ROUTE fromNode='node1' fromField='field1' toNode='node2' toField='field2'>
```

- node1 : DEF/id로 정의된 센서 노드의 이름으로서 이벤트 감지역할을 한다.
- field1 : node1의 필드로서 eventOut 그리고 exposedField 타입만이 올 수 있다.
- node2: DEF/id로 정의된 노드의 이름으로서 액션 결과를 일으킨다.
- field2 : node2의 필드로서 eventIn과 exposedField가 올 수 있다.

field1의 eventOut은 이벤트를 발생시키기만 하며 field2의 eventIn은 이벤트를 받기만 한다. exposedField는 eventIn과 eventOut이 모두 가능한 필드이다. 따라서 field1에 올 수 있는 유형은 eventOut과 exposedField이며 field2에 올 수 있는 데이터 유형은 eventIn과 exposedField이다. 이벤트의 발생과 전달을 위해서 field1의 자료형과 field2의 자료형은 반드시 일치되어야 한다. 예를들어 field1의 자료형이 SFVec3f라면 field2의 자료형 역시 SFVec3f 여야 한다. 만약 필드 타입이 일치하지 않는다면 중개자 <ROUTE>는 이벤트에 의해 데이터를 전달할 수가 없게 된다.

결론적으로 센서 node1에 의해 이벤트가 감지되면 이벤트의 감지결과는 field1에서 eventOut을 발생한다. 발생된 값은 ROUTE를 통하여 node2의 field2에서 evnetIn으로 전달되고 전달된 결과는 화면에 표시한다. 이벤트에서는 자료의 형이 항상 서로 일치해야 한다.

9.1.1 TouchSensor노드

TouchSensor 노드는 Pointing_Device 노드로서 마우스의 동작과 관련된 노드이다. 마우스와 관련된 이벤트는 마우스를 클릭한 행위 또는 움직임 그리고 클릭한 시간 등이다. 표 9-2 TouchSensor 노드의 필드로서 이벤트 타입은 exposeField와 eventOut이다.

표 9-2 TouchSensor 노드

exposedField	SFBool	enabled	TRUE
eventOut	SFVec3f	hitNormal_changed	
eventOut	SFVec3f	hitPoint_changed	
eventOut	SFVec2f	hitTexCoord_changed	
eventOut	SFBool	isActive	
eventOut	SFBool	isOver	
eventOut	SFTime	touchTime	

- enabled : 센서의 작동 여부를 설정하는 필드로서 false이면 작동하지 않는다.
- hit_Normal_changed : 마우스로 물체를 클릭하였을 때, 클릭한 위치에서의 Normal Vector를 발생시키며 Normal Vector가 변화 되었는지를 감지한다.
- hitPoint_changed : 마우스 포인터의 위치를 감지하여 마우스의 좌표 값을 발생시키며 마우스 좌표가 변화되었는지를 감지한다.
- hitTexCoord_changed : 물체를 클릭한 위치에서의 2D 좌표의 변경을 감지한다.
- isActive : 마우스의 왼쪽 버튼의 상태를 감지하는 필드로서 왼쪽 버튼을 클릭하였을 경우 TRUE 값을 발생하며 버튼이 놓아지는 순간 FALSE 값을 발생한다.
- isOver : 마우스의 위치를 감지하는 필드로서 마우스 포인터가 TouchSensor 노드가 포함된 물체위에 놓였을 때 TRUE 값을 발생시킨다.
- touchTime : 마우스의 버튼을 클릭하였을 경우 발생되는 시간을 나타내는 필드이다. 즉 isActive의 값이 TRUE에서 FALSE로 바뀌는 순간 발생된다.

TouchSensor를 이용하기 위해서는 Transform 노드와 같은 그룹노드에 대상 3D 물체와 TouchSensor 노드를 자식노드로서 포함시켜야 한다. 또한 ROUTE 구문으로 이벤트를 발생시키기 위해서는 id나 DEF로 TouchSensor의 이름을 반드시 정의해야 한다.

예제 9-1)은 TouchSensor의 isOver 필드와 isActive 필드를 이용하여 DirectionalLight를 on/off하는 프로그램이다. TouchSensor 노드는 enabled 필드를 제외하고 모두 eventOut 필드를 가진다.

두개의 각기 다른 Sphere에 id='touch01'과 id="touch02"를 정의하였다.

```
<TouchSensor id="touch01">
<TouchSensor id="touch02">//TouchSensor 정의
```

TouchSensor와 마찬가지로 두 개의 DirectionalLight 노드를 'direct01'과 'direct02'로 정의하였다. ROUTE 구문에서 사용하기 위해서는 반드시 id/DEF로 노드를 정의해야 한다. 두 인공조명의 초기값 on은 false로서 인공조명은 켜지지 않으며 조명의 방향은 '-10 0 0'과 '0 -10 0' 이다.

```
<DirectionalLight id='direct01' direction='0 -10 0' color='1 1 1' on='false'>//조명1
<DirectionalLight id='direct02' direction='-10 0 0' color='1 1 1' on='false'>//조명2
```

마우스가 왼쪽 구위에 위치(isOver)하게 되면 isOver의 값은 true 값을 발생하여 direct01 켜지는 이벤트가 발생하며 오른쪽 구를 마우스로 클릭(isActive)하면 'touch02'에 의하여 direct02의 on값을 true로 변경하여 그림 9-1과 같이 조명이 들어오는 이벤트는 전달자 ROUTE 구문으로 실현된다.

```
<ROUTE fromNode='touch01' fromField='isOver' toNode='direct01' toField='on'>
<ROUTE fromNode='touch02' fromField='isActive' toNode='direct02' toField='on'>
```

예제 9-1 TouchSensor

```html
<!DOCTYPE html>
<html>
<head>
<meta http-equiv='Content-Type' content='text/html;charset=utf-8'></meta>
<title>TouchSensor,Web3D,VR,가상현실,X3D,</title>
<script type="text/javascript" src="http://code.jquery.com/jquery-1.7.2.js"></script>
<script type='text/javascript' src="http://www.x3dom.org/x3dom/release/x3dom.js"></script>
<link rel='stylesheet' type='text/css' href="http://www.x3dom.org/x3dom/release/x3dom.css"/>
</head>
<body id='main'>
<h1 style="text-align:center;">TouchSensor</h1>
<X3D><Scene>
    <NavigationInfo headlight='false' type='"walk" "Any"'></NavigationInfo>
    <Background skyAngle='0 3.14' skyColor='.8 .8 .8 0.6 0.6 0.6'>
    </Background>
    <DirectionalLight id='direct01' direction='0 -10 0' color='1 1 1' on='false'>
    </DirectionalLight>
    <DirectionalLight id='direct02' direction='-10 0 0' color='1 1 1' on='false'>
    </DirectionalLight>
    <Transform translation='2 0 0'>
        <Shape><Sphere></Sphere>
        <Appearance><Material diffuseColor='1 0 0'></Material>
        </Appearance></Shape>
        <TouchSensor id="touch01"></TouchSensor></Transform>
    <Transform translation='-2 0 0'>
        <Shape><Sphere></Sphere>
        <Appearance><Material diffuseColor='0 0 1'></Material>
        </Appearance></Shape>
<TouchSensor id="touch02"></TouchSensor></Transform>
<ROUTE fromNode='touch01' fromField='isOver' toNode='direct01' toField='on'></ROUTE>
<ROUTE fromNode='touch02' fromField='isActive' toNode='direct02' toField='on'></ROUTE>
</Scenee></X3D>
</body></html>
```

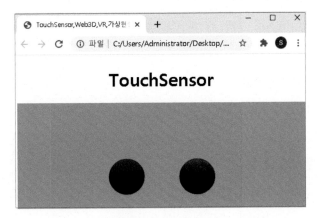

그림 9-1 TouchSensor

9.1.2 TimeSensor노드

TimeSensor 노드는 시간과 관련된 환경 변수들을 감지하여 이벤트를 발생하는 노드이다. TimeSensor는 물체의 애니메이션이나 연속적으로 변화하는 모의실험 등을 할 때 반드시 필요하다.

표 9-2는 TimeSensor 노드의 필드로서 cycleInterval 필드만 event형이 field이다. field형은 이벤트에서 사용할 수 없는 상수형 데이터이다.

표 9-2 TimeSensor 노드

field	SFTime	cycleInterval	1	$\#[0,\infty)$
exposedField	SFBool	enabled	TRUE	
exposedField	SFBool	loop	FALSE	
exposedField	SFTime	startTime	0	$\#(-\infty,\infty)$
exposedField	SFTime	stopTime	0	$\#(-\infty,\infty)$
eventOut	SFTime	cycleTime		
eventOut	SFFloat	fraction_changed		$\#[0,1]$
eventOut	SFBool	isActive		
eventOut	SFTime	time		

- cycleInterval : TimeSensor에 의하여 Timer가 구동되기 시작한 시간과 Timer가 끝나는 시간의 간격을 의미한다. 시간의 단위는 초로서 자세한 내용은 그림 9-2에 설명하였다.

- loop : 주기(cycleInterval)의 반복 여부를 나타내는 필드로서 TRUE일 경우만 주기는 반복된다. FALSE이면 한번만 작동하고 동작을 멈춘다.

- startTime : TimeSensor가 작동하는 시간을 설정하는 필드이다.

- stopTime : TimeSensor가 작동을 멈추는 시간을 설정하는 필드로서 startTime과 stopTime의 관계를 그림 9-2에 설명하였다.

- cycleTime : cycleInterval에 발생되는 주기적인 시간으로 사용자가 값을 지정하는 것이 아니라 TimeSensor에 의해 자동으로 설정된다. startTime과 cycleInterval 필드의 값을 조절하여 발생되는 시간을 조절하여 사운드와 동작의 동기화(synchronize)를 위해 사용된다.

- fraction_changed : 애니메이션과 동적 움직임에 사용되는 중요한 필드이다. 한 주기 (cycleInterval)를 0에서 1로 간주하여 현재 시간이 전체 주기를 기준으로 얼마인지를 계산한다. 계산된 값은 10장에서 배우는 동적 애니메이션 노드인 Interpolator노드의 evnetIn 필드로 전달되어 애니메이션 동작으로 사용된다.

- isActive : TimeSensor가 구동 될 때 isActive 필드의 값은 TRUE를 생성하고 구동을 멈출 때 isActive 값은 FALSE를 생성한다. 따라서 isActive의 데이터 값은 각 시간 단위마다 생성되는 것이 아니라 시작과 멈출 때만 발생된다.

- time : 현재 시간을 표시하는 필드이다.

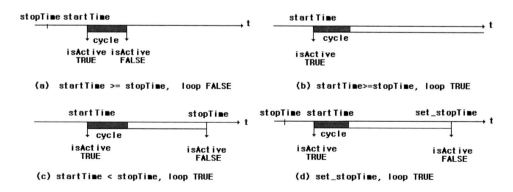

그림 9-2 시간 관련 필드들의 특성(출처:가상현실)

TimeSensor를 포함한 AudioClip이나 MovieTexture 노드들은 시간과 관련된 노드들이 며 각 필드들은 그림 9-2와 같은 특성을 가진다.

그림 9-2에서 빨간색의 부분은 cycleInterval로서 각 센서의 한 주기를 나타낸다. cycleInterval 이 크게 설정된 센서의 주기는 완만하게 변화하며 작게 설정된 센서는 빠르게 주기가 변화 한다.

(a)는 stopTime 보다 startTime이 크므로 stopTime은 무시된다. loop는 FALSE로서 한 주기(cycle)만을 실행하고 작동을 멈춘다. isActive 값은 센서가 작동할 때 TRUE 값을 발생 하고 센서가 작동을 멈추면 FALSE 값을 발생한다.

(b)의 경우는 stopTime이 지정되지 않고 loop가 TRUE인 경우이다. isActive는 TRUE 값 만 발생한다.

(c)는 startTime보다 stopTime이 크게 설정되고 loop가 FALSE인 경우이다. 몇 번의 주기 를 거치고 stopTime에서 센서는 작동을 멈춘다.

(d)의 초기 값은 startTime이 stopTime보다 큰 경우로 초기에는 stopTime이 무시되고 센 서가 작동을 시작하다가 환경변수(set_stopTime)에 의해 새로이 stopTime을 설정한 경우 이다. loop가 TRUE이지만 set_stopTime에 의해 센서는 작동을 멈추게 된다.

예제 9-2을 실행시키면 TimeSensor 노드의 cycleInterval 필드에 의해 주기적으로 점등 하는 두 개의 물체를 볼 수 있다.

그림 9-2와 같이 왼편의 구와 오른쪽에 박스를 배치하고 인공조명 DirectionalLight 노드 'dir01'를 정의하였다.

```
<DirectionalLight id='dir01' color='1 1 0' direction='-2 0 -5' on='true'>
```

cycleInterval에 따른 서로 다른 빛의 점등 주기를 표현하기 위하여 cycleInterval 값이 3 인 TimeSensor 노드 'trime01'을 정의하고 cycleInterval이 1인 'time02'를 정의하였다. TimeSensor가 프로그램 동작과 함께 실행되기 위해서는 반드시 loop 값이 true여야 한다. loop가 false이면 외부 이벤트로서 TimeSensor의 startTime 필드를 적용시켜 주어야 한다.

```
<TimeSensor id="time01" loop='true' cyleInterval='3'></TimeSensor>
<TimeSensor id="time02" loop='true' cyleInterval='1'></TimeSensor>
```

TimeSensor가 동작을 하게 되면 시간이 변하게 되는데 이를 fraction_changed라고 한다. fraction_changed 값은 0 ~ 1 사이의 구간으로 주기가 변하면서 이벤트를 발생시킨다. 이 값을 DirectionalLight의 빛의 강도 intensity에 넘겨주면 intensity의 값은 시간에 따라 0에서 1까지 변하게 된다. 따라서 'time01'의 cycleInterval='3'을 받은 'dir01'은 느리게 점등하게 된다. 'time02'의 cycleInterval='1'을 받은 박스의 'dir01'은 상대적으로 빠르게 점등하는 화면을 연출한다.

```
<ROUTE fromNode='time01' fromField='fraction_changed' toNode='dir01' toField='intensity'>
<ROUTE fromNode='time02' fromField='fraction_changed' toNode='dir02' toField='intensity'>
```

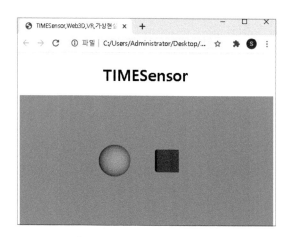

그림 9-3 TimeSensor-cycleInterval

| 예제 9-2 | TimeSensor |

```
<!DOCTYPE html>
<html>
<head>
<meta http-equiv='Content-Type' content='text/html;charset=utf-8'></meta>
```

```
<title>TimeSensor,Web3D,VR,가상현실,X3D,</title>
<script type="text/javascript" src="http://code.jquery.com/jquery-1.7.2.js"></script>
<script type='text/javascript' src="http://www.x3dom.org/x3dom/release/x3dom.js"></script>
<link rel='stylesheet' type='text/css' href="http://www.x3dom.org/x3dom/release/x3dom.css"/>
</head>
<body id='main'>
<h1 style="text-align:center;">TimeSensor</h1>
<X3D><Scene>
<NavigationInfo headlight='false' type='"walk" "Any"'></NavigationInfo>
<Background skyAngle='0 3.14' skyColor='.8 .8 .8 0.6 0.6 0.6'></Background>
    <Transform id='trs' translation='-2 0 0'>
        <DirectionalLight id='dir01' color='1 1 0' direction='-2 0 -5' on='true'>
        </DirectionalLight>
        <Shape><Sphere radius='1'></Sphere>
        <Appearance><Material diffuseColor='1 1 0'></Material>
        </Appearance></Shape></Transform>
        <Transform translation='2 0 -5'>
        <DirectionalLight id='dir02' color='1 0 1' direction='0 0 -5' on='true'>
        </DirectionalLight>
        <Shape><Box></Box>
        <Appearance><Material diffuseColor='1 0 1'></Material>
    </Appearance></Shape></Transform>
    <TimeSensor id="time01" loop='true' cyleInterval='3'></TimeSensor>
    <TimeSensor id="time02" loop='true' cyleInterval='1'></TimeSensor>
<ROUTE fromNode='time01' fromField='fraction_changed' toNode='dir01' toField='intensity'>
</ROUTE>
<ROUTE fromNode='time02' fromField='fraction_changed' toNode='dir02' toField='intensity'>
</ROUTE>
</Scene></X3D>
</body></html>
```

📋 **응용문제**

예제 9-2에서 마우스를 박스위에 올려 놓을때만 TimeSensor가 구동 되도록 변경하시오.

9.2 HTML5 DOM과 javascript

9.2.1 DOM(Document Object Model)

브라우저에 웹문서가 로드(load)되면 브라우저는 웹문서를 문서객체모델(Document Object Model)로서 표현한다. HTML DOM이란 HTML요소들을 그림 9-4와 같이 객체의 트리구조로 정의한 것이다. DOM은 W3C의 표준으로서 문서 접근에 대한 표준을 정의하고 있으므로 다음과 같이 요소들을 표준 객체로 정의하여 javascript와 같은 외부 프로그램들이 접근할 수 있는 인터페이스를 제공하며 능동적인 웹문서를 만들 수 있다. 즉 HTML DOM은 웹문서의 요소에 대한 추가, 삭제, 변경, 획득 등에 관한 객체의 표준이다.

1. HTML태그 요소(<html>,<body>,<p>,<X3D> 등)들을 객체로 정의
2. 모든 요소의 속성 정의(id, value 등)
3. 모든 요소에 접근 방법(메소드) 정의
4. 모든 요소에 대한 이벤트 정의

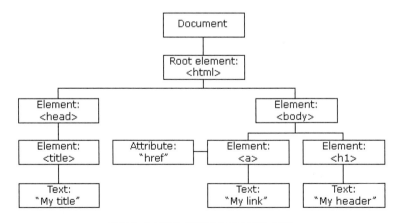

그림 9-4 HTML 객체의 DOM 트리 구조

HTML 태그요소들을 객체화 한다는 것은 속성(properties)과 메소드(method)로 요소들을 나타내는 것이다. html의 속성이란 설정된 값이나 변경하기 위한 데이터 값이며 메소드란 이벤트와 같은 어떤 행위가 된다. 즉 객체는 속성과 메소드의 요소들로 이루어져 있다는 특징이 있다. DOM에서 html 모든 요소들은 객체화 되어 있으므로 각 객체에 대한 접근은 일반적으로 javascript 프로그램을 사용한다. javascript을 통하여 속성을 변경시키거나 추가할 수 있으며 이러한 행위는 메소드를 통해 구현될 수 있다.

9.2.2 DOM 요소 찾기

html 문서에서 요소에 접근하는 일반적 방법은 다음과 같다.

1. `document.getElementById();`

2. `document.getElementsByTagName();`

예제 9-3은 두 개의 버튼을 통하여 이벤트를 발생시키고 메소드에 의해 html 텍스트 요소와 X3D 요소에 접근하는 방법을 나타낸 것이다.

```
<h1 id='title' style="text-align:center;">요소찾기(Find Element)</h1>
<input type='button' id='bt1' value="change_title" onclick="changeTitle();"></button>
<input type='button' id='bt2' value="change_light" onclick="light_toggle();"></button>
```

h1 요소에 id='title'을 정의하였다.

입력요소로서 버튼 id='bt1'과 'bt2'를 선언하였고 해당 버튼을 클릭하면 changeTitle()과 light_toggle() 메소드 함수가 호출된다. onclick은 javascript에서 제공하는 이벤트 함수로서 마우스를 클릭할 경우 발생한다.

첫 번째 버튼 'change_title'을 클릭하면 changeTitle() 함수가 실행되고 두 번째 버튼 'change_light'을 클릭하면 light_toggle()함수가 실행된다.

```
<script> //javascript 코드는 <script> 시작하고 </script>로 끝난다.
function changeTitle(){
 document.getElementsByTagName("h1")[0].innerHTML='getElementsByTagName';}

function light_toggle(){
 var light = document.getElementById('nav');
 if( light.headlight == 'false') document.getElementById('nav').headlight = 'true';
 else document.getElementById('nav').headlight = 'false';}
</script>
```

changeTitle() 함수에서는 웹문서의 태그(Tag)이름으로 문서를 접근하는 방법에 대해 나타내었다. getElementsByTagName으로 'h1'태그를 찾는다. 문서 내에 여러 <h1>요소가 있을 수 있기 때문에 첫 번째 "h1"요소로 인덱스 [0]을 참조한다. innerHTML은 해당 태그가 있는 html 문서 안에 삽입을 하라는 명령이다. 따라서 <h1> 태그의 내용은 아래의 내용으로 변경된다.

```
document.getElementsByTagName("h1")[0].innerHTML='getElementsByTagName';
```

light_toggle() 함수는 <x3d>의 장면에 접근하여 속성 값을 변경하는 방법이다. id='nav'인 <NavigationInfo>에 있는 headlight의 초기 값은 'false'이다. id='nav'를 이용하여 웹문서에서 해당 id를 찾고 변수 light에 할당하였다. light는 nav의 속성을 그대로 대체한 객체이므로 속성 'headlight'을 갖고 있다. light.headlight 값이 'false'이면 'true'로 변경하고 그렇지 않다면 'false'로 변경하게 된다.

```
var light = document.getElementById('nav');
if( light.headlight == 'false') document.getElementById('nav').headlight = 'true';
else document.getElementById('nav').headlight = 'false';
```

그림 9-5는 'change_title'을 클릭하면 그림 9-5a 처럼 제목이 변경되어 표현된다.

예제 9-3   요소 찾기

```
<!DOCTYPE html>
<html>
<head>
<meta http-equiv='Content-Type' content='text/html;charset=utf-8'></meta>
<title>요소찾기(Find Element,Web3D,VR,가상현실,X3D,</title>
<script type="text/javascript" src="http://code.jquery.com/jquery-1.7.2.js"></script>
<script type='text/javascript' src="http://www.x3dom.org/x3dom/release/x3dom.js"></script>
<link rel='stylesheet' type='text/css' href="http://www.x3dom.org/x3dom/release/x3dom.css"/>
<script>
function changeTitle(){
 document.getElementsByTagName("h1")[0].innerHTML='getElementsByTagName';}
function light_toggle(){
 var light = document.getElementById('nav');
 if( light.headlight == 'false') document.getElementById('nav').headlight = 'true';
 else document.getElementById('nav').headlight = 'false';}
</script>
</head>
<body id='main'>
<h1 id='title' style="text-align:center;">요소찾기(Find Element)</h1>
<input type='button' id='bt1' value="change_title" onclick="changeTitle();"></button>
<input type='button' id='bt2' value="change_light" onclick="light_toggle();"></button>
<X3D><Scene>
<NavigationInfo id='nav' headlight='false' type='"walk" "Any"'></NavigationInfo>
<Background skyAngle='0 3.14' skyColor='.8 .8 .8 0.6 0.6 0.6'></Background>
<DirectionalLight id='dir' direction='0 -10 0' color='1 1 1' on='true'>
</DirectionalLight>
    <Transform translation='0 0 0'>
        <Shape><Sphere></Sphere>
        <Appearance><Material diffuseColor='1 0 0'></Material>
    </Appearance></Shape></Transform>
    </Scene></X3D>
</body></html>
```

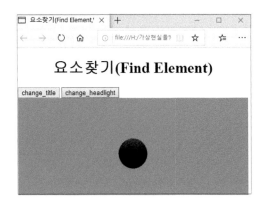

그림 9–5 요소에 의한 이벤트   그림 9–5a 이벤트에 의한 제목 변경

9.2.3 javascript DOM 이벤트

마우스를 클릭하거나 문자를 입력하는 등 이벤트가 발생할 때 자바스크립트를 실행할 수 있다. 일반적인 자바스크립트 이벤트는 다음과 같다.

1. 마우스를 클릭(onclick)
2. 웹 문서가 로딩
3. 이미지가 로딩
4. 마우스가 요소 위에 위치
5. 입력 필드가 변화
6. HTML <form>요소의 submit
7. 키보드 입력

예제 9-4는 다양한 이벤트를 자바스크립트 함수로 구현한 것으로 그림 9-6에서 실행결과를 볼 수 있다.

예제 9-4	Javascript 이벤트(Event)

```html
<!DOCTYPE html>
<html>
<head>
<meta http-equiv='Content-Type' content='text/html;charset=utf-8'></meta>
<title>이벤트(javascirpt),Web3D,VR,가상현실,X3D,</title>
<script>
function changeText(id) { id.innerHTML = "Web3D"; }  // 문자 변경
function displayDate() { document.getElementById("demo").innerHTML = Date(); } //버
튼 이벤트
function myFunction() {
  var x = document.getElementById("name"); //id 'name'을 변수 x에 할당
  x.value = x.value.toUpperCase();}   // 사용자가 입력한 소문자를 대문자(toUpperCase)로
변환
function mOver(obj) {  obj.innerHTML = "Welcom Web3D"} //mouseonver
function mOut(obj) {  obj.innerHTML = "마우스를 올리시오."}    //mouseout
function changeR(){ document.getElementById("ht").style.height="100px";} //mousedown
스타일 변경
function changeM(){ document.getElementById("ht").style.height="20px";}   //mouseup
스타일 변경
</script></head>
<body>
<h1 onclick="changeText(this)">Click Text!</h1>
<div><p id="demo"></p>
<button onclick="displayDate()">오늘 날짜는?</button></div>
<p>소문자 영어로 입력하기:
<input type="text" id="name" onchange="myFunction()"></p>
<div onmouseover="mOver(this)" onmouseout="mOut(this)"
style="Background-color:#00ffff;width:200px;height:20px;padding:20px;">
마우스를 올리시오.</div>
<div id="ht" onmousedown="changeR()" onmouseup="changeM()"
style="Background-color:magenta;width:200px;height:20px;padding:20px;">
마우스를 클릭하시오.</div>
</body></html>
```

```
function changeText(id) { id.innerHTML = "Web3D"; }
```

<h1>"Click Text!"를 클릭하면 호출되는 함수로서 <h1>은 "Web3D"문자로 변경된다.

```
function displayDate() { document.getElementById("demo").innerHTML = Date(); }
```

오늘날짜는 버튼을 클릭하면 id="demo"에 Date() 내장함수가 실행되어 날짜가 표시된다.

```
function myFunction() {
  var x = document.getElementById("name"); //id 'name'을 변수 x에 할당
  x.value = x.value.toUpperCase();}  // 사용자가 입력한 소문자를 대문자로 변환
```

id='name' 입력필드에 영어 소문자를 입력하면 toUpperCase() 함수에 의해 대문자로 자동 변경된다.

```
function mOver(obj) {  obj.innerHTML = "Welcome Web3D"} //mouseover
function mOut(obj) {  obj.innerHTML = "마우스를 올리시오."}   //mouseout
```

<div> 요소에 마우스를 올리면(mouseover) "Welcome Web3D" 문자로 변경되며 마우스가 벗어나면(mouseout) 원래 문자로 변경된다.

```
function changeR(){ document.getElementById("ht").style.height="100px";}
function changeM(){document.getElementById("ht").style.height="20px";}
```

마우스 이벤트로 마우스를 클릭하면(mousedown) <div>의 height="100px"로 변경되고 마우스를 눌렀다 떼면(mouseup) height="20px"로 변경된다.

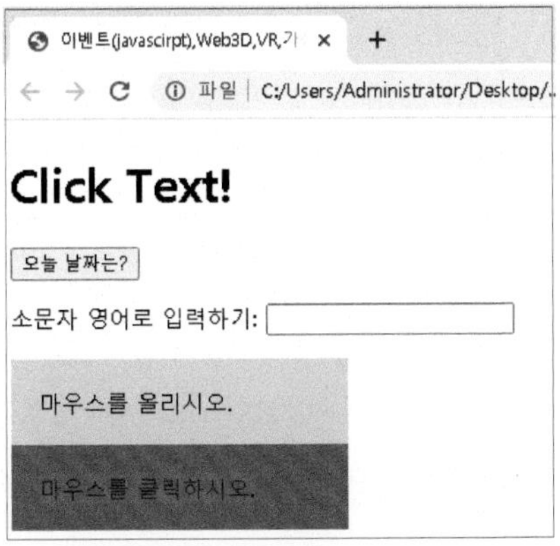

그림 9-6 다양한 이벤트(event)

9.3 DOM 요소 함수를 사용하여 X3Dom 필드 조작

9.3.1 get, set 메소드

일반적인 X3Dom 응용 프로그램에서 노드는 HTML DOM 영역과 상호작용 한다. 자바스크립트와 HTML5 DOM 내부의 모든 요소가 상호작용 하듯이 HTML DOM 내부에 있는 모든 X3DOM 노드 필드에 다음과 같은 방법으로 액세스하고 동적으로 조작할 수 있다.

① 일반 HTML 속성과 마찬가지로 표준 getAttribute및 setAttribute 메소드를 사용하여 X3Dom 값을 조작할 수 있다. 예를들어 다음과 같이 HTML5 내의 Material노드의 속성을 변경할 수 있다.

```
<Material id='myMaterial' diffuseColor='1 0 0'></Material>
```

위 HTML코드에서 Material노드의 diffuseColor 속성 필드를 변경하기 위해서는 getAttribute()와 setAttribute() 메소드를 사용한다.

```
var oldMaterial = document.getElementById('myMaterial').getAttribute('diffuseColor');
var newMaterial = document.getElementById('myMaterial').setAttribute('diffuseColor',
                '0 1 0');
```

getAttribute()메소드는 노드의 속성 값을 얻기 위해서 해당 노드의 필드에 접근하여 값을 얻는다. setAttribute() 메소드는 해당 노드의 속성 값을 정하기 위해 해당 노드에 접근하여 값을 설정한다.

예제 9-5는 버튼을 클릭하여 getAttribute(), setAttribute()를 이용하여 id='valueC'에 diffuse-Color 값을 표시하고 Box의 색상을 변경하는 프로그램으로 그림 9-7에 결과 화면을 나타내었다. 버튼을 클릭할 때 마다 화면이 변화하는 장면을 볼 수 있다.

id='color' 버튼을 클릭하면 onclick 이벤트에 의해 toggleColor() 함수가 호출된다.

```
<input type="button" id="color" value="blue" onclick="toggleColor();">
```

toggleColor() 함수가 호출되면 getElementById("color")의 값을 var button에 할당한다.

```
var button = document.getElementById("color");
```

button.value == 'blue' 인 경우 button.value를 red로 변경하여 버튼의 value를 변경한다. getAttribute('diffuseColor') 메소드로 'mat'의 diffuseColor 값을 valueC.innerHTML로 표시하고 setAttribute('diffuseColor','0 0 1') 메소드로 'mat'의 diffuseColor 값을 '0 0 1'로 변경하여 X3D 장면의 박스 색상을 파랑색으로 변경한다.

```
if ( button.value == "blue"){        button.value = "red";
    document.getElementById('valueC').innerHTML =
    document.getElementById('mat').getAttribute('diffuseColor');
    document.getElementById('mat').setAttribute('diffuseColor','0 0 1') ; }
```

button.value == 'blue'가 아닌 경우에 button.value를 'blue' 값으로 변경하여 버튼의 value를 변경한다. getAttribute('diffuseColor') 메소드로 'mat'의 diffuseColor 값을 valueC.innerHTML로 표시하고 setAttribute('diffuseColor','1 0 0') 메소드를 사용하여 'mat'의 diffuseColor 값을 '1 0 0'로 변경하여 X3D 장면의 박스 색상을 빨강색으로 변경한다.

```
else {  button.value = "blue";
    document.getElementById('valueC').innerHTML =
    document.getElementById('mat').getAttribute('diffuseColor');
    document.getElementById('mat').setAttribute('diffuseColor','1 0 0') ; }}
```

예제 9-5　　**getAttribute 속성과 setAttribute 속성**

```
<!DOCTYPE html>
<html>
<head>
<meta http-equiv='Content-Type' content='text/html;charset=utf-8'></meta>
<script type="text/javascript" src="http://code.jquery.com/jquery-1.7.2.js"></script>
<script type='text/javascript' src="http://www.x3dom.org/x3dom/release/x3dom.js"></script>
<link rel='stylesheet' type='text/css' href="http://www.x3dom.org/x3dom/release/x3dom.css"/>
<title>get,setAttribute,Web3D,VR,가상현실,X3D,</title>
<Script>
    function toggleColor(){
    var button = document.getElementById("color");
    if ( button.value == "blue"){   button.value = "red";
        document.getElementById('valueC').innerHTML =
        document.getElementById('mat').getAttribute('diffuseColor');
        document.getElementById('mat').setAttribute('diffuseColor','0 0 1') ;  }
    else { button.value = "blue";
        document.getElementById('valueC').innerHTML =
        document.getElementById('mat').getAttribute('diffuseColor');
        document.getElementById('mat').setAttribute('diffuseColor','1 0 0') ;  }}
    </Script>
</head>
<body id='main'>
<h1 style="text-align:center;">get,setAttribute()</h1>
<p style="text-align:center;"> 박스 색상 변환
<input type="button" id="color" value="blue" onclick="toggleColor();"></p>
<p id='valueC' style="text-align:center;"></p>
    <X3D > <!--showStat='true' showLog='true' -->
    <Scene>
        <Shape><Box size='2 2 2'></Box>
```

```
<Appearance><Material id='mat' diffuseColor='1 0 0'></Material>
</Appearance></Shape>
</Scene>
</X3D></body></html>
```

그림 9-7 get, set 속성에 의한 색상 변환

② 위의 표준 DOM 메소드는 diffuseColor에서 r, g, b의 단일 색상 값(diffuseColol.r) 또는 단일 좌표 값(translation.x) 등 복잡한 방식으로 필드 값을 다룰 경우 불편하다. 이처럼 보다 복잡한 형태의 접근을 위해서는 다음과 같이 getFieldValue() 메소드와 setFieldValue() 메소드를 사용하여 값을 설정한다.

```
var myColor = document.getElementById('myMaterial').getFieldValue('diffuseColor');
    myColor.r = 1.0;    //diffuseColor r,g,b 속성 중 r 값
document.getElementById('myMaterial').setFieldValue('diffuseColor', myColor);
```

예제 9-6은 getFieldValue()와 setFieldValue() 메소드를 사용하여 <Transform> 요소의 translation 속성 값을 변경하여 <Box>가 이동하도록 구현된 프로그램이다. 버튼 id='mv'를 클릭하면 move()함수가 호출되고 박스의 좌표 값은 id='valueC'에 표시된다.

```
<input type="button" id="mv" value="pos" onclick="move();"></p>
<p id='valueC' style="text-align:center;"></p>
```

함수 move()가 호출되면 변수 pos에 **getFieldValue('translation')**를 이용하여 <Transform> 요소의 'translation' 속성 값을 저장한다. translation의 데이터 타입은 SFVec3f로서 x, y ,z 의 값을 갖는다. getFieldValue() 메소드는 SFVec3f로 이루어진 각각의 요소에 접근할 수 있으므로 pos.x, pos.y, pos.z로 각각의 값을 변경할 수 있다.

Math.random()함수는 0~1 사이의 소수점 값을 무작위로 발생시키며 toFixed은 소수점 1 자리까지 제한한다. x, y, z에 따라 *이나 - 값이 다른 이유는 X3D 장면에서 x, y, z 축 방향 의 크기를 고려하여 임의로 설정한 값이다.

pos.x, pos.y, pos.z의 값은 pos의 값으로 .innerHTML에 표시되며 setFieldValue ('translation',pos) 메소드에 의해 <Transform> 요소에 전달된다. 그림 9-8은 프로그램 실 행결과를 나타낸 것으로 'move'버튼을 클릭할 때 마다 박스의 위치가 변경된다.

```
function move(){
        var pos = document.getElementById("trans").getFieldValue('translation');
        pos.x = Math.random().toFixed(1)*3-2;
        pos.y = Math.random().toFixed(1)*2-1;
        pos.z = Math.random().toFixed(1)*8-4;
        document.getElementById('valueC').innerHTML = pos ;
        document.getElementById('trans').setFieldValue('translation',pos); }
```


| 예제 9-6 | getFieldValue 속성과 setFieldValue 속성 |

```
<!DOCTYPE html>
<html>
<head>
<meta http-equiv='Content-Type' content='text/html;charset=utf-8'></meta>
<script type="text/javascript" src="http://code.jquery.com/jquery-1.7.2.js"></script>
<script type='text/javascript' src="http://www.x3dom.org/x3dom/release/x3dom.js"></script>
<link rel='stylesheet' type='text/css' href="http://www.x3dom.org/x3dom/release/x3dom.css"/>
```

```
<title>get,setFieldValue(),Web3D,VR,가상현실,X3D,</title>
<Script>
    function move(){
        var pos = document.getElementById("trans").getFieldValue('translation');
        pos.x = Math.random().toFixed(1)*3-2;
        pos.y = Math.random().toFixed(1)*2-1;
        pos.z = Math.random().toFixed(1)*8-4;
        document.getElementById('valueC').innerHTML = pos ;
        document.getElementById('trans').setFieldValue('translation',pos);  }
</Script>
</head>
<body id='main'>
<h1 style="text-align:center;">get,setFieldValue()</h1>
<p style="text-align:center;"> 박스 이동
    <input type="button" id="mv" value="pos" onclick="move();"></p>
<p id='valueC' style="text-align:center;"></p>
<X3D> <!--showStat='true' showLog='true' -->
    <Scene><Transform id='trans' translation='0 0 0'>
        <Shape><Box size='2 2 2'></Box>
        <Appearance><Material id='mat' diffuseColor='1 0 0'></Material>
    </Appearance></Shape></Transform>
    </Scene>
</X3D></body></html>
```

그림 9-8 fieldValue에 이한 박스 이동

③ 필드의 값이 자주 변경되거나 매우 큰 배열로 이루어진 경우에 값을 참조하거나 적용하기 위해 requestFieldRef()를 사용하여 releaseFieldRef() 메소드로 적용한다. requestFieldRef()는 SFFloat 또는 SFString과 같은 단일 기본 자바스크립트 데이터 유형을 나타내는 필드에서는 작동하지 않고 큰 값의 배열로 구성된 MF(Multiple Field) 다중 값에 적용된다. 예를들어, MFVec3f는 요소 부동 소수점 벡터의 배열을 나타내는 필드 유형을 나타낸다. 이러한 필드에는 임의의 수의 요소가 포함될 수 있으므로 일부 값을 변경할 때마다 해당 필드 개체를 복사하지 않도록 할 수 있다. 즉 원본데이터를 참조만 하여 X3DOM에서 내부적으로 사용된다. 예를들어, 노드에 의해 color유형의 다중 값 필드로 제공된 색상 배열이 있고 23번째 인덱스 항목의 배열에서 빨간색 채널을 변경하려면 다음과 같이 적용한다.

```
var myColorArray =
document.getElementById('myColorNode').requestFieldRef('color');
myColorArray[23].r = 1.0;    // myColorArray 오브젝트의 타입은 'MFColor'.
document.getElementById('myColorNode').releaseFieldRef('color');
```

9.3.2 요소의 추가 삭제

DOM 구조에서 appendChild() 메소드를 이용하면 요소를 추가할 수 있고 removeChild()를 사용하여 요소를 삭제할 수 있다. 예제 9-7에서 노드의 추가, 삭제 기능을 실행하기 위하여 버튼 id='add'와 id='remove'를 클릭하여 addNode()와 removeNode() 함수를 호출하도록 하였다. id='valueC'에서 추가된 노드의 좌표를 표시 하도록 한다.

```
<input type="button" id="add" value="추가노드" onclick="addNode();"></p>
<input type="button" id="remove" value="삭제노드" onclick="removeNode();"></p>
<p id='valueC' style="text-align:center;"></p>
```

html 문서내의 요소를 추가 또는 삭제할 수 있지만 <X3D>의 <Transform id='trans'> 요소에 박스(Box)노드의 추가 기능을 적용한다.

```
<Transform id='trans' translation='0 0 0'>
```

addNode()함수가 실행하면 추가된 박스의 x,y,z 좌표를 위하여 Math.random()함수를 이용하여 임의의 좌표를 발생하고 toFixed(1)을 이용하여 소수점 첫째자리로 한정한다. *와 -의 값들은 x,y,z 장면에 적절히 나타나도록 적용한 임의의 값이다.

```
x = Math.random().toFixed(1)*10-5;
y = Math.random().toFixed(1)*5-2.5;
z = Math.random().toFixed(1)*10-5;
```

<X3D>에 박스 노드를 임의의 좌표에 표시하기 위해선 <Transform>...</Transform> 요소를 모두 만족해야 한다. createElement('Transform') 메소드를 사용하여 Transform 요소를 생성한 후 변수 tr에 할당한다. Transform 요소는 필드 translation. scale, rotation 등의 필드를 갖고 있다. 물체의 위치와 크기를 설정하기 위하여 setAttribute() 메소드를 사용하여 translation에 x,y,z 좌표 값을 적용한다. scale 요소의 값을 0.3으로 적용하여 <X3D>장면에 박스의 크기를 축소시켜 효율적으로 표현한다.

```
var tr = document.createElement('Transform'); //Transform node
    tr.setAttribute("translation", x + " " + y + " " + z );
    tr.setAttribute('scale','.3 .3 .3');
```

물체를 표현하기 위해선 Shape 노드와 Appearance 노드 그리고 Matterial 노드가 필요하다. createElement() 메소드를 사용하여 sh, app, mat에 적용한 후 appendChild()를 이용하여 'mat'는 'app'에 'app'는 'sh'에 'sh'는 'tr'에 적용한다. 물체의 외형을 생성하였으면 박스를 생성한 후 Shape 노드 'sh'에 추가한다.

```
var sh = document.createElement('Shape');          // Shape node
var app = document.createElement('Appearance');  // Appearance Node
var mat = document.createElement('Material');      // Material Node
app.appendChild(mat); sh.appendChild(app);    tr.appendChild(sh);
var bx = document.createElement('Box');
    sh.appendChild(bx);
```

tr 요소를 생성하였으면 <X3D>에 생성된 tr요소를 추가해야 한다. id='trans' 요소에 생성된 tr을 appendChild(tr)을 이용하여 추가한다.

생성된 박스의 좌표를 문서에 표시하기 위하여 id='valueC' 요소에 getAttribute()로 얻어진 'translation'의 값을 적용한다.

```
var sc = document.getElementById('trans');    sc.appendChild(tr);
document.getElementById('valueC').innerHTML =
tr.getAttribute('translation');  return false ;  };
```

추가된 박스를 삭제하기 위해서 삭제버튼 id='remove'를 클릭하면 removeNode() 함수가 실행된다.

id='trans' <Transform>노드에는 많은 노드들이 추가되어 있다. 변수 rm에 'trans'를 할당하고 rm의 자식이 몇 개 있는지 알아야 한다. rm노드의 자식노드는 rm.chiildNodes로 참조할 수 있으며 자식노드의 길이 속성을 갖고 있다. childNodes들은 배열 구조로 참조할 수 있으며 childNodes[0]은 첫 번째 자식노드가 된다. 따라서 마지막 자식노드는 길이보다 -1이 된다. rm.childNodes.length를 통해 자식 노드의 길이를 알 수 있으며 childNodes[i]들을 순차적으로 removeChild() 메소드를 통해 제거할 수 있다.

```
function removeNode()  {
    var rm = document.getElementById('trans');
    for (var i = 0; i < rm.childNodes.length; i++) {
    if (rm.childNodes[i].nodeType === Node.ELEMENT_NODE) {
    rm.removeChild(rm.childNodes[i]);
        break;  }  };
```

그림 9-9는 예제 9-7의 실행결과로서 추가노드 버튼을 누를 때마다 임의의 위치에 흰 박스가 추가되는 것을 볼 수 있다. 삭제 버튼을 누르면 가장 첫 번째 자식노드부터 삭제된다.

📋 **응용문제**

색상이 다른 박스 노드를 추가하고 삭제하는 프로그램을 작성하시오.

예제 9-7	appendChild()와 removeChild()

```html
<!DOCTYPE html>
<html>
<head>
<meta http-equiv='Content-Type' content='text/html;charset=utf-8'></meta>
<script type="text/javascript" src="http://code.jquery.com/jquery-1.7.2.js"></script>
<script type='text/javascript' src="http://www.x3dom.org/x3dom/release/x3dom.js"></script>
<link rel='stylesheet' type='text/css' href="http://www.x3dom.org/x3dom/release/x3dom.css"/>
<title>appendChild(), removeChild(),Web3D,VR,가상현실,X3D,</title>
<Script>
function addNode()  {
        x = Math.random().toFixed(1)*10-5;
        y = Math.random().toFixed(1)*5-2.5;
        th.random().toFixed(1)*10-5;
    var tr = document.createElement('Transform');          //Transform node
        tr.setAttribute("translation", x + " " + y + " " + z );
        tr.setAttribute('scale','.3 .3 .3');
        var sh = document.createElement('Shape');          // Shape node
        var app = document.createElement('Appearance');    // Appearance Node
        var mat = document.createElement('Material');      // Material Node
            app.appendChild(mat);   sh.appendChild(app);    tr.appendChild(sh);
    var bx = document.createElement('Box');
            sh.appendChild(bx);
    var sc = document.getElementById('trans');    sc.appendChild(tr);
            document.getElementById('valueC').innerHTML =
            tr.getAttribute('translation');  return false ;  };
function removeNode() {
    var rm = document.getElementById('trans');
    for (var i = 0; i < rm.childNodes.length; i++) {
        // check if we have a real X3DOM Node; not just e.g. a Text-tag
    if (rm.childNodes[i].nodeType === Node.ELEMENT_NODE) {
                    rm.removeChild(rm.childNodes[i]);
                    break;  }  };
</script></head>
<body id='main'>
<h1 style="text-align:center;">appendChild(), removeChild()</h1>
```

```
<input type="button" id="add" value="추가노드" onclick="addNode();"></p>
<input type="button" id="remove" value="삭제노드" onclick="removeNode();"></p>
<p id='valueC' style="text-align:center;"></p>
<X3D > <!--showStat='true' showLog='true' -->
    <Scene><Transform id='trans' translation='0 0 0'>
        <Shape><Box size='2 2 2'></Box>
        <Appearance><Material id='mat' diffuseColor='1 0 0'></Material>
        </Appearance></Shape></Transform>
    </Scene>
</X3D></body></html>
```

그림 9-9 노드의 추가 삭제

9.3.3 PositionChaser노드와 onmousemove()

예제 9-8은 마우스의 움직임을 따라 이동하는 이벤트를 구현한 프로그램이다.

X3Dom에서 마우스의 움직임에 따라 마우스를 추적하는 positionChaser와 회전을 감지 orientationChaser 그리고 색상 변화를 감지하는 colorChaser가 있다. 각 Chaser는 변화의 간격을 의미하는 duration과 초기 목표값(initialDestination) 그리고 초기값(initialValue)으로 위치와 회전 그리고 색상을 초기화 한다.

```
<positionChaser id='pc' duration="1.5" initialDestination="0 -1 0" initialValue="0 0 0">
<orientationChaser  id='oc'    duration="1.5"    initialDestination="0    0    1    0"
initialValue="0 0 1 0.75" >
<colorChaser id='cc' duration="1.5" initialDestination="1 1 1" initialValue="1 1 1" >
```

마우스의 움직임에 따라 이동과 회전 그리고 색상이 변화해야 함으로 id='target'과 id='mat'
를 정의하였다. 각 Chaser의 값이 변하면(value_changed) <ROUTE>를 통하여 'target'의
translation과 rotation에게 변화된 값을 전달하며 'mat'에는 변화된 색상을 전달한다.

```
<Transform id='target' scale='0.5 0.5 0.5' center='0 0 0'>
<Material id='mat' diffuseColor='1 1 1'>
<ROUTE fromNode='pc' fromField='value_changed'
    toNode='target' toField='translation'>
<ROUTE fromNode='oc' fromField='value_changed'
    toNode='target' toField='rotation'>
<ROUTE fromNode='cc' fromField='value_changed'
    toNode='mat' toField='diffuseColor'>
```

예제 9-8-1 PositionChaser와 onmousemove()

```
<!DOCTYPE html>
<html>
<head>
<meta http-equiv='Content-Type' content='text/html;charset=utf-8'></meta>
<script type="text/javascript" src="http://code.jquery.com/jquery-1.7.2.js"></script>
<script type='text/javascript' src="http://www.x3dom.org/x3dom/release/x3dom.js"></script>
<link rel='stylesheet' type='text/css' href="http://www.x3dom.org/x3dom/release/x3dom.css"/>
<title>aPositionChaser와 onmousemove(),Web3D,VR,가상현실,X3D,</title>
</script></head>
<body id='main'>
<h1 style="text-align:center;">PositionChaser와 onmousemove()</h1>
<p id='valueC' style="text-align:center;"></p>
<X3D> <!--showStat='true' showLog='true' -->
<Scene>
```

```
<Transform id='target' scale='0.5 0.5 0.5' center='0 0 0'>
        <Shape><Cone></Cone>
        <Appearance><Material id='mat' diffuseColor='1 1 1'></Material>
        </Appearance></Shape></Transform>
        <positionChaser id='pc' duration="1.5" initialDestination="0 -1 0"
            initialValue="0 0 0"></positionChaser>
        <orientationChaser id='oc' duration="1.5" initialDestination="0 0 1 0"
            initialValue="0 0 1 0.75" ></orientationChaser>
        <colorChaser id='cc' duration="1.5" initialDestination="1 1 1"
            initialValue="1 1 1" ></colorChaser>
<ROUTE fromNode='pc' fromField='value_changed' toNode='target' toField='translation'>
</ROUTE>
<ROUTE fromNode='oc' fromField='value_changed' toNode='target' toField='rotation'>
</ROUTE>
<ROUTE fromNode='cc' fromField='value_changed' toNode='mat' toField='diffuseColor'>
</ROUTE>
<Transform translation='-2.5 0 0' rotation='0 1 0 0.785'' onmousemove=
        "document.getElementById('pc').setAttribute('set_destination', event.hitPnt);
        document.getElementById('oc').setAttribute('set_destination',  '0.86   0.36
-0.36 1.71');
        document.getElementById('cc').setAttribute('set_destination', '1 0 0');">
        <Shape ><Box size='3 3 0.01'></Box>
        <Appearance><Material diffuseColor='1 0 0'></Material>
        </Appearance></Shape></Transform>
<Transform rotation='0 1 0 -0.785' translation='2.5 0 0'
onmousemove="document.getElementById('pc').setAttribute('set_destination',
event.hitPnt);
document.getElementById('oc').setAttribute('set_destination',  '0.86   -0.36   0.36
1.71');
document.getElementById('cc').setAttribute('set_destination', '0 1 0');">
        <Shape><Box size='3 3 0.01'></Box>
            <Appearance><Material diffuseColor='0 1 0' ></Material>
        </Appearance></Shape></Transform>
```

예제 9-8-2   PositionChaser와 onmousemove()(연속)

```
<Transform translation='0 -2 0' rotation='1 0 0 .345'
onmousemove="document.getElementById('pc').setAttribute('set_destination',
event.hitPnt);
document.getElementById('oc').setAttribute('set_destination', '0 0 1 0');
document.getElementById('cc').setAttribute('set_destination', '0 0 1');">
        <Shape><Box size='3 0.01 3'></Box>
            <Appearance><Material diffuseColor='0 0 1' ></Material>
        </Appearance></Shape></Transform>
</Scene></X3D>
</body></html>
```

예제 9-8에서는 그림 9-10과 같이 왼쪽에 빨강색 박스, 오른쪽에 초록색 박스 그리고 아
래쪽에 파랑색 박스를 생성하였다. 각 박스 위로 마우스가 움직이면 onmouseMove() 함수
가 실행되어 가운데 있는 하얀색 콘은 위치와 색상이 변화되어 나타난다.

```
onmousemove=
"document.getElementById('pc').setAttribute('set_destination', event.hitPnt); //위치
설정
document.getElementById('oc').setAttribute('set_destination', '0 0 1 0'); //회전설정
document.getElementById('cc').setAttribute('set_destination', '0 0 1');"> //색상설정
```

그림 9-10 PositionChaser와 onmouseMove()

| 참고사이트 및 자료 |

1. http://www.web3d.org/X3D/content/README.X3D-Edit.html

2. 박경배 외1 "3D 가상홈페이지 만들기", pp110~114, 21세기사, 2007

3. 박경배외1 "예제 중심의 X3D". 글로벌출판사, 2008

4. https://doc.x3dom.org/author/PointingDeviceSensor/TouchSensor.html

5. https://www.researchgate.net/publication/316323698_Virtual_Reality_Using_X3DOM

6. https://doc.x3dom.org/developer/x3dom/nodeTypes/PositionChaser.html

7. https://doc.x3dom.org/tutorials/animationInteraction/picking/index.html

8. https://www.w3schools.com/js/js_events.asp

9. https://www.w3schools.com/js/js_intro.asp

CHAPTER 10

애니메이션(Animation)

10.1 인터폴레이터(Interpolator)

X3D와 javascript DOM을 이용하여 다양한 이벤트에 대해 알아보았다. 이벤트들은 센서를 통해 감지하고 감지된 결과를 출력하는 방식으로 웹 문서를 능동적으로 만든다. javascript 함수를 이용하면 html5 요소들에 움직임을 제공하는 애니메이션을 구현할 수 있다. 유사하게 X3D에서는 인터폴레이터(Interpolator) 요소들을 이용하여 3D 물체들에 애니메이션 기능을 구현할 수 있다. 물체들에 애니메이션 기능을 제공하기 위해서는 시간의 개념이 필수적이다. TimeSensor는 애니메이션을 구현하기 위해서는 반드시 필요한 요소이다. TimeSensor와 함께 Interpolator 노드를 이용한다면 가상공간의 3D 물체에 애니메이션을 부여하여 더욱 동적인 장면들을 만들 수 있다.

Interpolator의 의미를 수학적으로 풀이하면 특정 매개 변수 x에 대하여 대응하는 함수 f(x)를 출력하는 기능을 한다. 디지털에서 애니메이션이란 시간(T)축 상에서 정적인 장면들을 연속적으로 보여주어 마치 움직이는 영상을 만들어 내는 것이다. 즉 정지된 내용들을 중간에 삽입하여 시간 축 상에서 나열시키면 시각적으로 움직이는 형태를 만들어 낼 수 있다.

그림 10-1은 시간(T)축에서 키 프레임(Key Frame)을 정의한 후 중간에 정적인 장면들을 연속적으로 삽입하여 애니메이션을 표현한 것이다. 이처럼 키 프레임 사이에 정적인 장면들을 삽입하는 것을 Interpolator라 하며 "어떤 값(시간, 동작, 색상 등)들의 중간 사이에 끼워 넣다"란 의미이다. 일반적으로 컴퓨터에서 다루어지는 모든 동적인 내용들은 정지된 내용들을 중간에 삽입하여 시간 축에 나열시키면 시각적으로 움직이는 형태를 만들어 낼 수 있다.

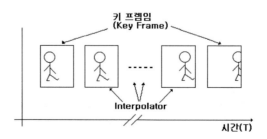

그림 10-1 키 프레임 애니메이션(출처:가상현실)

X3Dom에서는 Interpolator 노드를 이용하여 10-1과 같이 6가지의 동적인 애니메이션 유형을 만들 수 있다. TimeSensor가 구동을 시작하면 fraction_changed가 발생하고 이 값을 Interpolator노드에게 전달한다. fraction_changed를 전달받은 Interpolator 노드들은 공통적으로 set_fraction, key, keyValue, value_changed 필드를 포함하고 이 값들을 이용하여 애니메이션을 발생한다. 그러나 keyValue 필드는 표 10-1의 DATA형에서와 같이 해당 Interpolator의 데이터 형식을 따르게 된다. 예를들어 ColorInterpolator에서는 keyValue 값이 물체의 색상을 나타내므로 SFColor 형을 갖지만 PositionInterpolator에서 keyValue 값은 SFVec3f 형의 좌표를 나타낸다.

각 유형들은 적용하는 종류에 따라 다소 차이가 있지만 동적인 화면을 만들기 위해서는 항상 시간의 변화가 따라야 한다. 예를들어 색상 Interpolator는 시간이 변화함에 따라 동적으로 변화하는 색상들을 적용할 수 있다. PositionInterpolator는 시간에 따라 좌표 값을 변화하여 물체의 모양을 변경하는 모핑(Morphing) 기법을 적용할 수 있다.

표 10-1 이벤트와 센서

유형	DATA 형	Interpolator 노드
색상	SFColor	ColorInterpolator
좌표	MFVec3f	CoordinateInterpolator
법선벡터	MFVec3f	NormalInterpolator
회전	SFRotation	OrientationInterpolator
위치	SFVec3f	PositionInterpolator
크기	SFFloat	ScalarInterpolator

10.2 ColorInterpolator

ColorInterpolator 노드는 색상 값들을 중간에 삽입함으로서 시간의 변화에 따라 색상을 변화시키는 노드이다. 표 10-2는 ColorInterpolator 노드의 필드를 나타낸 것이다.

표 10-2 ColorInterpolator 노드의 필드와 속성

eventIn	SFFloat	set_fraction		
exposedField	MFFloat	key	[]	#[0,1]
exposedField	MFColor	keyValue	[]	#[0,1]
eventOut	SFColor	value_changed		

- set_fraction : eventIn의 필드 타입을 가지며 이벤트를 받기만 한다. TimeSensor 노드는 구동과 동시에 시간의 변화를 fraction_changed 필드를 통해 이벤트를 발생한다. 이때 발생된 fraction_changed 필드 값을 이벤트로 받아들이는 필드가 set_fraction이다.

- key : TimeSensor 노드에서 발생된 fraction_changed 단위 시간은 모든 대상에 대해 일 정한 시간의 주기로 제공된다. cycleInterval이 다른 TimeSensor들에 대해 Interpolator 노드들은 eventIn으로서 fraction_changed 값을 set_fraction하게 되는데 이 set_fraction 값을 0에서 1사이의 단위로 변환하는 필드이다. 음이나 1보다 큰 값은 무시된다.

- keyValue : 매개 변수 0에서 1사이의 key 값에 1:1 대응하는 함수 값을 나타낸다. 예를 들어 keyValue 값은 1 0 0, 0 1 0, 0 0 1등의 색상 값이 된다. 주의할 점은 key 값의 개 수와 keyValue의 개수는 반드시 같아야 한다.

- value_changed : set_fraction을 통해 입력 받은 0에서 1사이의 key 값은 keyValue 값 의 출력 형태로 나타난다. 시간의 변화에 따라 keyValue 값은 연속적으로 변화하게 되 는데 value_changed는 keyValue의 색인으로 설정하여 색상의 변화를 출력(eventOut) 하게 된다.

예제 10-1 **ColorInterpolator**

```
<!DOCTYPE html>
<html>
<head>
<meta http-equiv='Content-Type' content='text/html;charset=utf-8'></meta>
<title>ColorInterpolator,Web3D,VR,가상현실,X3D,</title>
<script type="text/javascript" src="http://code.jquery.com/jquery-1.7.2.js"></script>
<script type='text/javascript' src="http://www.x3dom.org/x3dom/release/x3dom.js"></script>
```

```
<link rel='stylesheet' type='text/css' href="http://www.x3dom.org/x3dom/release/x3dom.css"/>
</head>
<body id='main'>
<h1 style="text-align:center;">ColorInterpolator</h1>
<X3D><Scene>
<NavigationInfo headlight='true' type='"examine" "Any"'></NavigationInfo>
<Background skyAngle='0 3.14' skyColor='.8 .8 .8 0.6 0.6 0.6'></Background>
    <Transform translation='0 0 0'>
        <Shape><Sphere radius='1'></Sphere>
        <Appearance><Material id='color' diffuseColor='1 1 0'></Material>
    </Appearance></Shape></Transform>
    <ColorInterpolator id='clrint' key='0 0.25 0.5 0.75 1'
        keyValue='1 0 1, 1 1 0, 1 0 0, 0 1 0, 0 1 1'>
    <TimeSensor id='time' loop='true' cycleInterval='4'></TimeSensor>
<ROUTE fromNode='time' fromField='fraction_changed'
    toNode='clrint' toField='set_fraction'></ROUTE>
<ROUTE fromNode='clrint' fromField='value_changed'
    toNode='color' toField='diffuseColor'></ROUTE>
</Scene></X3D>
</body></html>
```

그림 10-2 ColorInterpolator

예제 10-1은 <Sphere>요소가 시간의 변화에 따라 주기적으로 색상이 변하는 장면을 연출한 것으로 그림 10-2를 통하여 색상이 변하는 구를 확인할 수 있다.

```
<ColorInterpolator id='clrint' key='0 0.25 0.5 0.75 1'
       keyValue='1 0 1, 1 1 0, 1 0 0, 0 1 0, 0 1 1'>
```

ColorInterpolator id="clrint'로 정의하였으며 key 값은 '0 .25 .5 .75 1'의 구간으로 5등분하였다. timeSensor가 fraction_changed를 발생하면 해당 key 값으로 대응된다.

keyValue='1 0 1, 1 1 0, 1 0 0, 0 1 0, 0 1 1'는 key 값에 대응하는 변화하는 색상 값이다. 보라색(1 0 1)로 시작하여 청록색(0 1 1)로 색상이 변화한다.

```
<TimeSensor id='time' loop='true' cycleInterval='4'></TimeSensor>
```

TimeSensor를 id='time'으로 정의하고 cycleInterval은 4로 설정하였다. 시작과 동시에 센서는 구동된다.(loop='true')

```
<ROUTE fromNode='time' fromField='fraction_changed'
       toNode='clrint' toField='set_fraction'></ROUTE>
```

이벤트 경로설정이다. TimeSensor의 fraction_changed 값을 ColorInterpolator의 key 값으로 전달한다.

```
<ROUTE fromNode='clrint' fromField='value_changed'
       toNode='color' toField='diffuseColor'></ROUTE>
```

ColorInterpolator의 key 값이 변화하면('value_changed') id='color'로 선언된 구의 diffuseColor값이 변화하여 구의 색상이 시간에 따라 변하게 된다.

📋 **응용문제**

구를 클릭하는 순간 ColorInterpolator가 적용되어 색상이 변하도록 하시오.

10.3 CoordinateInterpolator

CoordinateInterpolator 노드는 변화하는 좌표 값들을 중간에 삽입함으로서 시간이 지남에 따라 객체의 모양을 변화시키는 노드이다. 영화나 애니메이션에서 사용되는 모핑(Morphing) 기법과 유사한 기능으로 작용한다. 표 10-3은 CoordinateInterpolator 노드의 필드를 나타낸 것이다. CoordinateInterpolator 노드의 필드 중 keyValue의 자료형이 MFVec3f인 점을 제외하면 다른 Interpolator의 기능과 역할은 모두 같다.

표 10-3 CoordinateInterpolator 노드의 각 필드

eventIn	SFFloat	set_fraction		
exposedField	MFFloat	key	[]	#[0, 1]
exposedField	MFVec3f	keyValue	[]	#$(-\infty, \infty)$
eventOut	SFColor	value_changed		

- keyValue : keyValue 값은 '1 0 0, 0 1 0, 0 0 1'등의 좌표 값이 된다.

예제 10-2   **CoordinateInterpolator**

```
<!DOCTYPE html>
<html>
<head>
<meta http-equiv='Content-Type' content='text/html;charset=utf-8'></meta>
<title>CoordinateInterpolator,Web3D,VR,가상현실,X3D,</title>
<script type="text/javascript" src="http://code.jquery.com/jquery-1.7.2.js"></script>
<script type='text/javascript' src="http://www.x3dom.org/x3dom/release/x3dom.js"></script>
<link rel='stylesheet' type='text/css' href="http://www.x3dom.org/x3dom/release/x3dom.css"/>
</head>
<body id='main'>
<h1 style="text-align:center;">CoordinateInterpolator</h1>
<X3D> <!--showStat='true' showLog='true' -->
<Scene>
<NavigationInfo headlight='true' type='"examine" "Any"'></NavigationInfo>
```

```
<Background skyAngle='0 3.14' skyColor='.8 .8 .8 0.6 0.6 0.6'></Background>
<Transform translation='0 0 0'>
        <Shape><IndexedFaceSet coordIndex='0 1 2 3 -1' solid='true'>
    <coordinate id='coord' point='-1 -1 0, 1 -1 0, 1 1 0, -1 1 0'>
    </coordinate>'
    </IndexedFaceSet>
    <Appearance><Material diffuseColor='1 1 0'></Material>
</Appearance></Shape></Transform>
<CoordinateInterpolator id='coordint' key='0 0.25 0.5 0.75 1'
        keyValue='-1 -1 0, 1 -1 0, 1 1 0, -1 1 0
                -2 -1 0, 1 -1 0, 1 1 0, -1 1 0
                -2 -1 0, 1 -2 0, 1 2 0, -1 1 0
                -2 -1 0, 1 -2 0, 3 2 0, -3 1 0
                -2 -2 0, 1 -2 0, 3 3 0, -3 1 0'>
    <TimeSensor id='time' loop='true' cycleInterval='4'></TimeSensor>
    <ROUTE fromNode='time' fromField='fraction_changed'
        toNode='coordint' toField='set_fraction'></ROUTE>
    <ROUTE fromNode='coordint' fromField='value_changed'
        toNode='coord' toField='point'></ROUTE>
</Scene></X3D>
</body></html>
```

CoordinateInterpolator를 적용하기 위한 <coordinate>를 id='coord'로 정의한다. 초기 는 사각형의 모양이다(point='-1 -1 0, 1 -1 0, 1 1 0, -1 1 0'). 그림 10-3은 예제 10-2를 실 행한 결과이다.

```
<coordinate id='coord' point='-1 -1 0, 1 -1 0, 1 1 0, -1 1 0'>
```

CoordinateInterpolator의 id='coordint'로 정의하고 key값을 0.25의 구간으로 0~1사이 의 값으로 정의한다.

keyValue는 key값에 정의한 5개의 구간만큼 이동할 좌표 값을 정의한다. keyValue의 값 은 MFVec3F 이기 때문에 id='coord'에서 정의한 좌표 값의 수(4좌표)만큼 정의한다.

```
<CoordinateInterpolator id='coordint' key='0 0.25 0.5 0.75 1'
        keyValue='-1 -1 0, 1 -1 0, 1 1 0, -1 1 0
                  -2 -1 0, 1 -1 0, 1 1 0, -1 1 0
                  -2 -1 0, 1 -2 0, 1 2 0, -1 1 0
                  -2 -1 0, 1 -2 0, 3 2 0, -3 1 0
                  -2 -2 0, 1 -2 0, 3 3 0, -3 1 0'>
```

CoordinateInterpolator를 실행하기 위하여 TimeSensor를 실행과 동시에 작동하도록 loop='true'로 설정하고 시간의 빠르기 cycleInterval='4'로 정의 한다.

```
<TimeSensor id='time' loop='true' cycleInterval='4'></TimeSensor>
```

TimeSensor가 프로그램의 시작과 함께 구동되면 'fraction_changed'가 발생한다.(0~1 사이의 값으로 cycleInterval의 속도로 변함) TimeSensor의 fraction_changed의 값을 id='coordint'의 set_fraction(key='0 0.25 0.5 0.75 1')으로 전달한다.

```
<ROUTE fromNode='time' fromField='fraction_changed'
       toNode='coordint' toField='set_fraction'></ROUTE>
```

'coordint'의 'value_changed'(key_Value)의 값을 id='coord' <coordinate>의 point필드로 설정한다.

```
<ROUTE fromNode='coordint' fromField='value_changed'
       toNode='coord' toField='point'></ROUTE>
```

그림 10-3 CoordinateInterpolator

📋 **응용문제**

예제 10-2는 프로그램 시작동시에 실행된다. 〈button〉을 만들고 클릭할 때 애니메이션이 적용되도록 프로그램을 구현하시오.

10.4 PositionInterpolator노드

PositionInterpolator 노드는 변화하는 위치 값들을 중간에 삽입함으로써 시간이 지남에 따라 객체가 이동하는 효과를 적용할 수 있다. html이나 X3D에서 애니메이션 효과를 위해 가장 일반적으로 사용하는 방식이다. 표 10-4은 PositionInterpolator 노드의 필드를 나타낸 것이다.

표 10-4 PositionInterpolator 노드의 각 필드

eventIn	SFFloat	set_fraction		
exposedField	MFFloat	key	[]	#[0, 1]
exposedField	MFVec3f	keyValue	[]	#($-\infty, \infty$)
eventOut	SFVec3f	value_changed		

- keyValue : keyValue 값은 '1 0 0, 0 1 0, 0 0 1' 등의 좌표 값을 설정한다.

예제 10-3은 두 개의 박스가 두 개의 TimeSensor에 의해 각기 다른 빠르기로 위치 이동을 나타낸 프로그램이다.

물체의 이동은 <Transform>요소의 translation에 의해 구현되기 때문에 첫 번째 박스는 id='left'에 포함하였고 두 번째 박스는 id='right'에 포함하였다.

```
<Transform id='left' translation='-2 0 0'>
<Transform id='right' translation='2 0 0' scale='.5 .5 .5'>
```

두 박스의 위치이동을 위해 두 개의 PositionInterpolator id='posint1'과 'posint2'를 선언하였다. 두 요소의 key 값은 0과 1로서 동일하고 keyValue는 '-2 0 0, 4 0 0'과 '2 0 0 -4 0 0'으로 반대 방향으로 움직이게 된다. TimeSensor id='time1'과 'time2'를 4와 2의 cycleInterval로 선언하여 속도를 달리하였다.

```
<PositionInterpolator id='posint1' key='0 1' keyValue='-2 0 0 4 0 0'/>
<PositionInterpolator id='posint2' key='0 1' keyValue='2 0 0 -4 0 0'/>
<TimeSensor id='time1' cycleInterval='4' loop='true'>
<TimeSensor id='time2' cycleInterval='2' loop='true'>
```

프로그램의 시작과 동시에 'time1'과 'time2'가 구동되면 0~1사이의 값의 변화가 각기 다른 cycleInterval로 'fraction_changed'가 발생하고 이를 'posint1'과 'posint2'로 전달한다. 'posint1'과 'posint2'의 값들이 변하면 이를 'left'와 'right'의 박스로 전달되어 애니메이션이 발생한다. 그림 10-4에서 좌우로 움직이는 박스의 모습을 볼 수 있다.

```
<ROUTE fromNode='time1' fromField='fraction_changed'
       toNode='posint1' toField='set_fraction'></ROUTE>
<ROUTE fromNode='posint1' fromField='value_changed'
       toNode='left' toField='translation'></ROUTE>
<ROUTE fromNode='time2' fromField='fraction_changed'
       toNode='posint2' toField='set_fraction'></ROUTE>
<ROUTE fromNode='posint2' fromField='value_changed'
       toNode='right' toField='translation'></ROUTE>
```

그림 10-4 PositionInterpolator

예제 10-3 PositionInterpolator

```html
<!DOCTYPE html>
<html><head>
<meta http-equiv='Content-Type' content='text/html;charset=utf-8'></meta>
<title>PositionInterpolator,Web3D,VR,가상현실,X3D,</title>
<script type="text/javascript" src="http://code.jquery.com/jquery-1.7.2.js"></script>
<script type='text/javascript' src="http://www.x3dom.org/x3dom/release/x3dom.js"></script>
<link rel='stylesheet' type='text/css' href="http://www.x3dom.org/x3dom/release/x3dom.css"/>
</head>
<body id='main'>
<h1 style="text-align:center;">PositionInterpolator</h1>
<X3D> <!--showStat='true' showLog='true' -->
    <Scene>
<NavigationInfo headlight='true' type='"examine" "Any"'></NavigationInfo>
<Background skyAngle='0 3.14' skyColor='.8 .8 .8 0.6 0.6 0.6'></Background>
    <Transform id='left' translation='-2 0 0'>
        <Shape DEF='Box'><Box></Box>
    <Appearance><Material diffuseColor='1 .7 .7'></Material>
    </Appearance></Shape></Transform>
    <Transform id='right' translation='2 0 0'scale='.5 .5 .5'>
    <Shape use='Box'></Shape></Transform>
    <PositionInterpolator id='posint1' key='0 1' keyValue='-2 0 0 4 0 0'/>
    <PositionInterpolator id='posint2' key='0 1' keyValue='2 0 0 -4 0 0'/>
    <TimeSensor id='time1' cycleInterval='4' loop='true'></TimeSensor>
    <TimeSensor id='time2' cycleInterval='2' loop='true'></TimeSensor>
    <ROUTE fromNode='time1' fromField='fraction_changed'
        toNode='posint1' toField='set_fraction'></ROUTE>
    <ROUTE fromNode='posint1' fromField='value_changed'
        toNode='left' toField='translation'></ROUTE>
    <ROUTE fromNode='time2' fromField='fraction_changed'
        toNode='posint2' toField='set_fraction'></ROUTE>
    <ROUTE fromNode='posint2' fromField='value_changed'
        toNode='right' toField='translation'></ROUTE>
</Scene></X3D></body></html>
```

예제 10-4는 PositionInterpolator의 또 다른 예제로 화면의 문을 클릭하면 좌우의 문이 좌우로 움직이며 문이 열리는 효과를 구현한 프로그램이다.

문의 이동을 위하여 두 개의 <Transform>요소에 id='left'와 'right'를 선언하였다. 'left' 문을 클릭할 때 이벤트가 발생하도록 TouchSensor id='touch'를 선언하였다.

```
<Transform id='left' translation='-1 0 0'>
<Transform id='right' translation='1 0 0'>
<TouchSensor id='touch'>
```

'left'와 'right'의 박스가 이벤트가 발생할 경우 위치 이동을 하도록 id='posint1'과 'posint2'의 key값과 keyValue 값을 선언하였다. 좌우의 두 문이 클릭할 경우에만 움직이도록 id='time1'과 'time2'의 loop값을 'false'로 정의하였다. loop='true'이면 프로그램의 시작과 동시에 TimeSensor가 구동된다. 문의 이동속도는 cycleInterval='2'로 동일하다.

```
<PositionInterpolator id='posint1' key='0 1' keyValue='-1 0 0 -2 0 0'/>
<PositionInterpolator id='posint2' key='0 1' keyValue='1 0 0 2 0 0'/>
<TimeSensor id='time1' cycleInterval='2' loop='false'></TimeSensor>
<TimeSensor id='time2' cycleInterval='2' loop='false'></TimeSensor>
```

문을 클릭하면 TouchSensor의 'touchTime'이 발생하고 이 시간을 'time1'과 'time2'에 전달되어 'startTime'에 의해 TimeSensor가 구동된다. TimeSensor가 구동되면 이전의 프로그램에서와 같이 fraction_changed가 발생하며 이를 PositionInterpolator에 전달하면 문이 좌우로 열리게 된다. 그림 10-5에 좌우로 열려진 문을 확인할 수 있다.

```
<ROUTE fromNode='touch' fromField='touchTime'
       toNode='time1' toField='startTime'></ROUTE>
<ROUTE fromNode='touch' fromField='touchTime'
       toNode='time2' toField='startTime'></ROUTE>
```

그림 10-5 Door Open

PositionInterpolator-Open door

```
<!DOCTYPE html>
<html><head>
<meta http-equiv='Content-Type' content='text/html;charset=utf-8'></meta>
<title>PositionInterpolator-Open Door,Web3D,VR,가상현실,X3D,</title>
<script type="text/javascript" src="http://code.jquery.com/jquery-1.7.2.js"></script>
<script type='text/javascript' src="http://www.x3dom.org/x3dom/release/x3dom.js"></script>
<link rel='stylesheet' type='text/css' href="http://www.x3dom.org/x3dom/release/x3dom.css"/>
</head>
<body id='main'>
<h1 style="text-align:center;">PositionInterpolator-Open Door</h1>
<X3D> <!--showStat='true' showLog='true' -->
    <Scene>
<NavigationInfo headlight='true' type='"examine" "Any"'></NavigationInfo>
<Background skyAngle='0 3.14' skyColor='.8 .8 .8 0.6 0.6 0.6'></Background>
    <Transform id='left' translation='-1 0 0'>
    <Shape DEF='Box'><Box size='2 4 .1'></Box>
    <Appearance><Material diffuseColor='1 .4 .4'></Material>
    </Appearance></Shape>
    <TouchSensor id='touch'></TouchSensor></Transform>
    <Transform id='right' translation='1 0 0'><Shape use='Box'></Shape>
    </Transform>
```

```
    <PositionInterpolator id='posint1' key='0 1' keyvalue='-1 0 0 -2 0 0'/>
    <PositionInterpolator id='posint2' key='0 1' keyvalue='1 0 0 2 0 0'/>
    <TimeSensor id='time1' cycleInterval='2' loop='false'></TimeSensor>
    <TimeSensor id='time2' cycleInterval='2' loop='false'></TimeSensor>
    <ROUTE fromNode='touch' fromField='touchTime'
        toNode='time1' toField='startTime'></ROUTE>
    <ROUTE fromNode='touch' fromField='touchTime'
        toNode='time2' toField='startTime'></ROUTE>
    <ROUTE fromNode='time1' fromField='fraction_changed'
        toNode='posint1' toField='set_fraction'></ROUTE>
    <ROUTE fromNode='posint1' fromField='value_changed'
        toNode='left' toField='translation'></ROUTE>
    <ROUTE fromNode='time2' fromField='fraction_changed'
        toNode='posint2' toField='set_fraction'></ROUTE>
    <ROUTE fromNode='posint2' fromField='value_changed'
        toNode='right' toField='translation'></ROUTE>
</Scene></X3D></body></html>
```

📋 **응용문제**

1. 오른쪽 문을 클릭하면 문이 다시 닫히도록 하시오.
2. javascirpt의 onclick()을 이용하여 문을 여는 프로그램을 만드시오.

10.5 OrientationInterpolator노드

OrientationInterpolator 노드는 변화하는 회전 값들을 중간에 삽입함으로써 시간이 지남에 따라 물체가 회전하는 효과를 적용할 수 있는 노드이다. 이 노드는 상자의 뚜껑을 열거나 문을 회전시키는 애니메이션 등에 사용할 수 있다. 표 10-5는 OrientationInterpolator 노드의 필드를 나타낸 것이다.

표 10-5 OrientationInterpolator 노드의 각 필드

eventIn	SFFloat	set_fraction		
exposedField	MFFloat	key	[]	#[0, 1]
exposedField	MFRotation	keyValue	[]	#[0,1],[,2π]
eventOut	SFColor	value_changed		

- keyValue : keyValue 값은 '1 0 0 0.78, 0 1 0 1.57, 0 0 1 0.5' 등의 회전축과 라디안 값을 적용하는 필드이다.

예제 10-6은 한 개의 실린더의 윗면을 없애고 윗면 대신에 구(Sphere)의 모양에서 y축의 scale='1 0.1 1'을 적용하여 납작한 원모양을 만들어 실린더를 클릭할 경우 납작한 원이 회전(OrientationInterpolator)을 하여 마치 뚜껑이 열리는 듯한 효과를 만든 것이다.

<Cylinder>를 클릭하면 이벤트가 발생하도록 노랑색의 실린더에 <TouchSensor> id='touch'를 정의하였다.

```
<TouchSensor id='touch'></TouchSensor>
```

'touch'를 클릭하면 <Sphere>의 회전이 발생하도록 id='top'을 정의하였다. 회전은 <Sphere>에서 직접 발생하는 것이 아니라 <Transform>의 'rotation'에 의해 일어난다.

```
<Transform id='top' translation='0 1.5 0' center='0 0 -1' scale='1 0.1 1'>
```

원반 모양의 구의 회전을 id='oriint'에서 정의한다. key값은 '0 1'이며 keyValue는 x축 방향으로 -90도 회전하도록 정의하였다.

```
<OrientationInterpolator id='oriint' key='0 1' keyValue='1 0 0 0, 1 0 0 -1.57'>
```

노랑색의 실린더를 클릭할 경우에만 원반이 회전하도록 TimeSensor의 loop='false'로 정의하고 cycleInterval='4로 정의하였다.

```
<TimeSensor id='time' cycleInterval='4' loop='false'></TimeSensor>
```

TouchSensor 'touch'를 클릭하면 클릭시간('touchTime')이 발생하고 터치한 순간에 TimeSensor 'time'이 구동('startTime')된다. TimeSensor가 구동되면 'fraction_changed'가 발생하고 이를 'oriint'의 key(0,1) 값으로 'set_fraction'하게 된다. 'set_fraction'된 key 값으로 keyvalue='1 0 0 0, 1 0 0 -1.57'는 'value_changed'가 된다. 변화된 값들은 원반 모양의 구 'top'의 rotation에 영향을 주어 보라색의 원반이 위로 열리게 된다. 그림 10-6은 노랑색 원반을 클릭하였을 때 열려진 모양을 나타낸다.

```
<ROUTE fromNode='touch' fromField='touchTime' toNode='time' toField='startTime'>
<ROUTE fromNode='time' fromField='fraction_changed'
       toNode='oriint' toField='set_fraction'>
<ROUTE fromNode='oriint' fromField='value_changed' toNode='top' toField='rotation'>
```

그림 10-6 OrientationInterpolator

응용문제

1. 보라색 원반을 클릭하면 다시 닫히는 기능을 구현하시오.
2. javascript의 onclick 이벤트를 사용하여 구현하시오.

예제 10-5 OrientationInterpolator

```html
<!DOCTYPE html>
<html><head>
<meta http-equiv='Content-Type' content='text/html;charset=utf-8'></meta>
<title>OrientationInterpolator,Web3D,VR,가상현실,X3D,</title>
<script type="text/javascript" src="http://code.jquery.com/jquery-1.7.2.js"></script>
<script type='text/javascript' src="http://www.x3dom.org/x3dom/release/x3dom.js"></script>
<link rel='stylesheet' type='text/css' href="http://www.x3dom.org/x3dom/release/x3dom.css"/>
</head>
<body id='main'>
<h1 style="text-align:center;">OrientationInterpolator</h1>
<X3D> <!--showStat='true' showLog='true' -->
<Scene>
<NavigationInfo headlight='true' type='"examine" "Any"'></NavigationInfo>
<Background skyAngle='0 3.14' skyColor='.8 .8 .8 0.6 0.6 0.6'></Background>
    <Transform translation='0 0 0'>
    <TouchSensor id='touch'></TouchSensor>
    <Shape><Cylinder height='3' radius='1' top='false'></Cylinder>
    <Appearance><Material diffuseColor='1 1 0'></Material>
    </Appearance></Shape></Transform>
    <Transform id='top' translation='0 1.5 0' center='0 0 -1' scale='1 0.1 1'>
    <Shape><Sphere radius='1'></Sphere>
    <Appearance><Material diffuseColor='1 0 1'></Material>
    </Appearance></Shape></Transform>
<OrientationInterpolator id='oriint' key='0 1' keyValue='1 0 0 0, 1 0 0 -1.57'>
</orientaqtionInterpolator>
    <TimeSensor id='time' cycleInterval='4' loop='false'></TimeSensor>
    <ROUTE fromNode='touch' fromField='touchTime'
        toNode='time' toField='startTime'></ROUTE>
    <ROUTE fromNode='time' fromField='fraction_changed'
        toNode='oriint' toField='set_fraction'></ROUTE>
    <ROUTE fromNode='oriint' fromField='value_changed'
        toNode='top' toField='rotation'></ROUTE>
</Scene></X3D></body></html>
```

예제 10-6은 OrientationInterpolator를 이용하여 회전문을 구현한 것이다. 좌우 양쪽에 고정된 문을 DEF='wall'을 통해 만들고 가운데 문을 클릭하였을 경우 이벤트가 발생하도록 id='door' Box를 만들었으며 id='touch'인 TouchSensor를 선언하였다. 문이 회전을 할 때 회전 중심(center)을 지정해야 한다. 그렇지 않다면 회전의 중심은 물체의 중심에서 회전이 이루어진다. id='door'가 회전을 할 때 물체의 끝에서 x축으로 회전이 이루어지도록 center='1 0 0'으로 지정한다.

```
<Shape DEF='wall'><Box size='2 4 0.1'></Box>
<Transform id='door' translation='0 0 0' center='1 0 0'>
<TouchSensor id='touch'></TouchSensor>
```

문을 클릭한 경우 회전이 발생하도록 id='oriint'를 정의하였으며 key 값은 '0 1'로 정의하고 keyValue='0 1 0 0, 0 1 0 1.57'로 y축을 기준으로 90도 회전하도록 하였다.

```
<OrientationInterpolator id='oriint' key='0 1' keyValue='0 1 0 0, 0 1 0 1.57'/>
```

'touch'를 클릭한 순간 'touchTime'은 <TimeSensor>의 'startTime'이 시작된다. 'time'이 구동되면 'fraction_changed'(0~1)가 발생되고 'oriint'의 key 값(0~1)으로 'set_fraction'된다. 'oriint'가 keyvalue 값으로 'value_changed'되면 'door'의 'rotation'에 영향을 주게된다. 그림 10-7에서 마우스로 클릭 시 가운데 문이 열리는 장면을 볼 수 있다.

```
<ROUTE fromNode='touch' fromField='touchTime' toNode='time' oField='startTime'>
<ROUTE fromNode='time' fromField='fraction_changed'
    toNode='oriint' toField='set_fraction'>
<ROUTE fromNode='oriint' fromField='value_changed'
    toNode='door' toField='rotation'>
```

📋 **응용문제**

1. 예제는 문이 열리는 동작만 있다. 문이 닫히는 기능을 추가하시오.
2. 박스를 만들고 박스의 뚜껑이 열리고 닫히도록 만드시오.

예제 10-6　OrientationInterpolator-회전문

```
<!DOCTYPE html>
<html><head>
<meta http-equiv='Content-Type' content='text/html;charset=utf-8'></meta>
<title>OrientationInterpolator,Web3D,VR,가상현실,X3D,</title>
<script type="text/javascript" src="http://code.jquery.com/jquery-1.7.2.js"></script>
<script type='text/javascript' src="http://www.x3dom.org/x3dom/release/x3dom.js"></script>
<link rel='stylesheet' type='text/css' href="http://www.x3dom.org/x3dom/release/x3dom.css"/>
</head>
<body id='main'>
<h1 style="text-align:center;">OrientationInterpolator-회전문</h1>
<X3D><Scene>
    <Transform translation='-2 0 0'>
    <Shape DEF='wall'><Box size='2 4 0.1'></Box>
    <Appearance><Material diffuseColor='1 .7 .7'></Material></Appearance>
    </Shape></Transform>
    <Transform id='door' translation='0 0 0' center='1 0 0'>
    <TouchSensor id='touch'></TouchSensor>
    <Shape use='wall'></Shape></Transform>
    <Transform translation='2 0 0'><Shape use='wall'></Shape></Transform>
    <OrientationInterpolator id='oriint' key='0 1' keyValue='0 1 0 0, 0 1 0 1.57'/>
    <TimeSensor id='time' cycleInterval='4' loop='false'></TimeSensor>
    <ROUTE fromNode='touch' fromField='touchTime'
        toNode='time'     toField='startTime'></ROUTE>
    <ROUTE fromNode='time' fromField='fraction_changed'
        toNode='oriint' toField='set_fraction'></ROUTE>
    <ROUTE fromNode='oriint' fromField='value_changed'
        toNode='door' toField='rotation'></ROUTE>
</Scene></X3D></body></html>
```

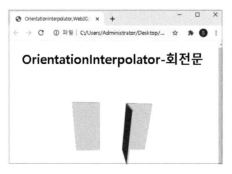

그림 10-7 회전문

10.6 ScalarInterpolator노드

ScalarInterpolator 노드는 0에서 1 사이의 변화하는 크기 값들을 중간에 삽입함으로써 시간이 지남에 따라 빛의 밝기가 변하는 등 물체의 속성을 변경하는 효과를 적용할 수 있다. 표 10-6은 ScalarInterpolator 노드의 필드를 나타낸 것이다.

표 10-6 ScalarInterpolator 노드의 각 필드

eventIn	SFFloat	set_fraction		
exposedField	MFFloat	key	[]	#[0, 1]
exposedField	MFFloat	keyValue	[]	#($-\infty, \infty$)
eventOut	SFFloat	value_changed		

• keyValue : keyValue 값은 0에서 1사이의 크기 값을 설정한다.

예제 10-7은 ScalarInterpolator를 이용하여 빛의 점멸 효과를 나타낸 것이다. 빛의 점멸 효과를 위하여 DirectionalLight id='light01'과 'light02'를 정의하였으며 보라색과 노랑색의 빛의 방향(direction)은 '-3 0 0'과 '3 0 0'으로 서로 반대방향으로 향하게 하였다. 인공 조명은 intensity의 특성을 갖고 있으며 0~1의 값을 갖는다. 0일 경우 빛의 강도가 없으므로 빛이 나타나질 않는다.

```
<DirectionalLight id='light01' direction='-3 0 0' color='1 0 1'>
<DirectionalLight id='light02' direction='3 0 0' color='1 1 0'>
```

두 개의 ScalarInterpolator id='scint1'과 'scint2'를 선언하고 key값과 keyValue는 아래와 같이 선언하였다. keyValue('0 .5 1')는 float형이므로 단일 소수점으로 선언된다.

```
<ScalarInterpolator id='scint1' key='0 .5 1' keyValue='0 .5 1'>
<ScalarInterpolator id='scint2' key='0 .5 1' keyValue='0 .5 1'>
```

TimeSensor가 구동되면 fraction_changed(0~1)가 변화되고 scint1과 scint2에 set_fraction
(key='0 .5 0')된다. scint1과 scint2의 value_changed(keyvalue='0 .5 1')가 되면 light01
과 light02의 intensity 값에 영향을 주게 된다. 그림 10-8에서 주기적으로 점멸하는 두 개의
DirectionalLight를 확인할 수 있다.

```
<ROUTE fromNode='time1' fromField='fraction_changed'
    toNode='scint1' toField='set_fraction'></ROUTE>
<ROUTE fromNode='scint1' fromField='value_changed'
    toNode='light01' toField='intensity'></ROUTE>
<ROUTE fromNode='time2' fromField='fraction_changed'
    toNode='scint2' toField='set_fraction'></ROUTE>
<ROUTE fromNode='scint2' fromField='value_changed'
    toNode='light02' toField='intensity'></ROUTE>
```

예제 10-7   ScalarInterpolator

```
<!DOCTYPE html>
<html><head>
<meta http-equiv='Content-Type' content='text/html;charset=utf-8'></meta>
<title>ScalarInterpolator,Web3D,VR,가상현실,X3D,</title>
<script type="text/javascript" src="http://code.jquery.com/jquery-1.7.2.js"></script>
<script type='text/javascript' src="http://www.x3dom.org/x3dom/release/x3dom.js"></script>
<link rel='stylesheet' type='text/css' href="http://www.x3dom.org/x3dom/release/x3dom.css"/>
</head>
<body id='main'>
<h1 style="text-align:center;">ScalarInterpolator</h1>
<X3D><Scene>
<Background skyAngle='0 3.14' skyColor='0 0 0  0.2 0.2 0.2'></Background>
<DirectionalLight id='light01' direction='-3 0 0' color='1 0 1'></DirectionalLight>
<DirectionalLight id='light02' direction='3 0 0' color='1 1 0'></DirectionalLight>
    <Transform id='left' translation='-2 0 0'>
    <Shape><Sphere></Sphere>
    <Appearance><Material diffuseColor='1 1 1'></Material></Appearance>
    </Shape></Transform>
    <ScalarInterpolator id='scint1' key='0 .5 1' keyValue='0 .5 1'/>
```

```
<ScalarInterpolator id='scint2' key='0 .5 1' keyValue='0 .5 1'/>
<TimeSensor id='time1' cycleInterval='2' loop='true'></TimeSensor>
<TimeSensor id='time2' cycleInterval='1' loop='true'></TimeSensor>
<ROUTE fromNode='time1' fromField='fraction_changed'
    toNode='scint1' toField='set_fraction'></ROUTE>
<ROUTE fromNode='scint1' fromField='value_changed'
    toNode='light01' toField='intensity'></ROUTE>
<ROUTE fromNode='time2' fromField='fraction_changed'
    toNode='scint2' toField='set_fraction'></ROUTE>
<ROUTE fromNode='scint2' fromField='value_changed'
    toNode='light02' toField='intensity'></ROUTE>
</Scene></X3D></body></html>
```

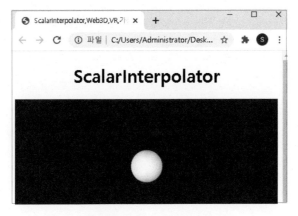

그림 10-8 ScalarInterpolator

| 참고사이트 및 자료 |

1. http://www.web3d.org/X3D/content/README.X3D-Edit.html

2. 박경배 외1 "3D 가상홈페이지 만들기", pp110~114, 21세기사, 2007

3. 박경배외1 "예제 중심의 X3D". 글로벌출판사, 2008

4. https://doc.x3dom.org/author/Interpolation/ColorInterpolator.html

5. https://doc.x3dom.org/author/Interpolation/CoordInterpolator.html

6. https://doc.x3dom.org/author/Interpolation/PositionInterpolator.html

7. https://doc.x3dom.org/author/Interpolation/OrientationIpolator.html

8. https://doc.x3dom.org/author/Interpolation/ScalarInterpolator.html

CHAPTER **11**

X3D 작품 만들기

11.1 나비 만들기

X3D 장면 안에서 나비가 날아다니는 장면을 만들어 보자. 나비가 날개짓하기 위해서는 나비의 몸통과 날개는 분리하여 만들어야 한다. 현실감 있는 나비 모습을 갖기 위하여 그림 11-1과 같은 나비 이미지를 준비하고 몸통 부분과 좌우 날개를 분리한 후 각각 적용해야 한다. 이미지의 좌표를 지정할 때는 TextureCoordinate 좌표 변화를 적용해야 한다. TextureCoordinate 노드의 point 필드는 '0 0, 1 0, 1 1, 0 1'의 크기 범위를 가진다.

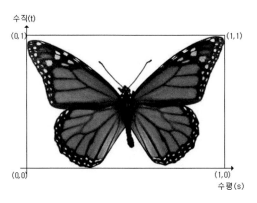

그림 11-1 TextureCoordinate 좌표

나비의 몸통과 날개는 IndexedFaceSet 노드를 사용하여 만든다.

나비 몸통은 DEF='b_body'로 정의하고 IndexedFaceSet의 Coordinate point를 사용하여 몸통의 크기를 정한다. 몸통에 적용할 이미지의 경로는 img 폴더에 있는 butter_body2.gif를 적용하며 Coordinate point='-.35 0 0, .35 0 0, .35 1 0, -.35 1 0'에 올바른 몸통 이미지가 나타나도록 TextureCoordinate point='0 0, 1 0, 1 1, 0 10'을 적용한다.

```
<Transform DEF='b_body' translation='0 .65 0'><Shape>
<IndexedFaceSet coordIndex='0 1 2 3 -1' solid='false'>
<Coordinate point='-.35 0 0, .35 0 0, .35 1 0, -.35 1 0'></Coordinate>
<TextureCoordinate texcoordIndex='0 1 2 3 -1' point='0 0, 1 0,1 1, 0 1'>
</TextureCoordinate></IndexedFaceSet>
<Appearance><ImageTexture url='img/butter_body2.gif'></ImageTexture>
</Shape></Transform>
```

　　왼쪽 날개와 오른쪽 날개는 DEF='b_left'와 'b_right'로 정의한다. 좌우 날개는 나비가 날개짓하는 부분이기 때문에 OrientationInterpolator에 의해 회전을 적용할 때 회전중심을 이동해야 한다. 따라서 날개의 크기를 기준으로 왼쪽 날개는 center='-0.25 0 0'을 적용하고 오른쪽 날개는 center='0.25 0 0'을 적용하면 그림 11-2와 같은 나비를 만들 수 있다.

```
<Transform DEF='b_left' translaton='0 0 0' center='-.25 0 0' rotation='0 1 0 0'>
<Transform DEF='b_right' translation='0 0 0' center='.25 0 0' rotation='0 1 0 0'>
```

예제 11-1 **나비 만들기**

```
<!DOCTYPE html>
<html>
<head>
<meta http-equiv='Content-Type' content='text/html;charset=utf-8'></meta>
<title>ButterFly, Web3D,VR,가상현실,X3D</title>
<script type="text/javascript" src="http://code.jquery.com/jquery-1.7.2.js"></script>
<script type='text/javascript' src="http://www.x3dom.org/x3dom/release/x3dom.js"></script>
<link rel='stylesheet' type='text/css' href="http://www.x3dom.org/x3dom/release/x3dom.css"/>
</head>
<body id='main'>
<h3 style="text-align:center;"> 나비 애미메이션</h3>
<X3D> <Scene>
<Transform DEF='butterFly01' translation='0 1.2 0' rotation='1 0 0 0' scale='1 1 1'>
    <Transform DEF='b_body' translation='0 .65 0'><Shape>
        <IndexedFaceSet coordIndex='0 1 2 3 -1' solid='false'>
        <Coordinate point='-.35 0 0, .35 0 0, .35 1 0, -.35 1 0'></Coordinate>
        <TextureCoordinate texcoordIndex='0 1 2 3 -1' point='0 0, 1 0,1 1, 0 1'>
        </TextureCoordinate></IndexedFaceSet>
        <Appearance><ImageTexture url='img/butter_body2.gif'></ImageTexture>
        </Shape></Transform><!--나비몸통-->
    <Transform DEF='b_left' translaton='0 0 0' center='-.25 0 0' rotation='0 1 0 0'>
        <Shape><IndexedFaceSet coordIndex='0 1 2 3 -1' solid='false'>
        <Coordinate point='-1.15 0 0, -.15 0 0, -.15 2 0, -1.15 2 0'></Coordinate>
        <TextureCoordinate texcoordIndex='0 1 2 3 -1' point='0 0, 1 0,1 1, 0 1'>
        </TextureCoordinate></IndexedFaceSet>
```

```
    <Appearance><ImageTexture url='img/butter_left2.gif'></ImageTexture>
    </Shape></Transform><!--왼쪽날개-->
<Transform DEF='b_right' translation='0 0 0' center='.25 0 0' rotation='0 1 0 0'>
    <Shape>
    <IndexedFaceSet coordIndex='0 1 2 3 -1' solid='false'>
    <Coordinate point='.15 0 0, 1.15 0 0, 1.15 2 0, .15 2 0'></Coordinate>
    <TextureCoordinate texcoordIndex='0 1 2 3 -1' point='0 0, 1 0,1 1, 0 1'>
    </TextureCoordinate></IndexedFaceSet>
    <Appearance><ImageTexture url='img/butter_right2.gif'></ImageTexture>
    </Shape></Transform><!--오른쪽날개-->
</Transform> <!--나비 몸통 -->
</Scenee></X3D></body></html>
```

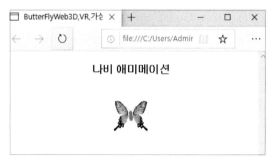

그림 11-2 나비 이미지

11.1.1 나비 날개짓

나비를 만들었으면 나비가 날개짓하도록 애니메이션을 부여하자. 예제 11-1에서 마지막 </Transform> <!--나비 몸통 --> 이후에 예제 11-1a와 같이 <!--추가 부분 시작 -->부터 <!--추가 부분 끝 -->안의 코드를 추가한다.

나비의 날개짓은 cycleInterval='.5'로서 1보다 작은 값을 부여하여 빠른 주기를 갖도록 DEF='time'으로 TimeSensor를 선언한다.

```
<TimeSensor DEF='time' cycleInterval='.5' loop='true'></TimeSensor>
```

좌우 날개의 회전을 위하여 OrientationInterpolator DEF='oriL'과 'oriR'을 정의하고 y
축을 중심으로 회전하게 한다. 회전 중심은 center에 의해 이동되었기 때문에 몸통을 중심
으로 회전하게 될 것이다.

```
<OrientationInterpolator DEF='oriL' key='0 1' keyValue='0 1 0 -1, 0 1 0 1'>
<OrientationInterpolator DEF='oriR' key='0 1' keyValue='0 1 0 1, 0 1 0 -1'>
```

'time'이 구동되고 fraction_changed가 0에서 1까지 변하게 되면 'oriL'과 'oriR'에 각각
set_fraction(key 값)된다. oriL과 oriR이 value_changed(keyValue)가 되면 좌우 날개
b_left와 b_right의 rotation이 변화하며 날갯짓을 하게 된다.

```
<ROUTE fromNode='time' fromField='fraction_changed'
       toNode='oriL' toField='set_fraction'></ROUTE>
<ROUTE fromNode='time' fromField='fraction_changed'
       toNode='oriR' toField='set_fraction'></ROUTE>
<ROUTE fromNode='oriL' fromField='value_changed'
       toNode='b_left' toField='rotation'></ROUTE>
<ROUTE fromNode='oriR' fromField='value_changed'
       toNode='b_right' toField='rotation'></ROUTE>
```

예제 11-1a   **나비 날개짓**

```
<!DOCTYPE html>
<html>
<head>
<meta http-equiv='Content-Type' content='text/html;charset=utf-8'></meta>
<title>ButterFly, Web3D,VR,가상현실,X3D</title>
<script type="text/javascript" src="http://code.jquery.com/jquery-1.7.2.js"></script>
<script type='text/javascript' src="http://www.x3dom.org/x3dom/release/x3dom.js"></script>
<link rel='stylesheet' type='text/css' href="http://www.x3dom.org/x3dom/release/x3dom.css"/>
</head>
<body id='main'>
```

```
<h3 style="text-align:center;"> 나비 애니메이션</h3>
<X3D> <Scene>
<Transform def='butterFly01' translation='0 1.2 0' rotation='1 0 0 0' scale='1 1 1'>
<!--나비 몸통 부분 -->
</Transform>
<!-- 추가 부분  시작 -->
<TimeSensor DEF='time' cycleInterval='.5' loop='true'></TimeSensor>
<OrientationInterpolator DEF='oriL' key='0 1' keyValue='0 1 0 -1, 0 1 0 1'>
</OrientationInterpolator>
<OrientationInterpolator DEF='oriR' key='0 1' keyValue='0 1 0 1, 0 1 0 -1'>
</OrientationInterpolator>
    <ROUTE fromNode='time' fromField='fraction_changed'
        toNode='oriL' toField='set_fraction'></ROUTE>
    <ROUTE fromNode='time' fromField='fraction_changed'
        toNode='oriR' toField='set_fraction'></ROUTE>
    <ROUTE fromNode='oriL' fromField='value_changed'
        toNode='b_left' toField='rotation'></ROUTE>
    <ROUTE fromNode='oriR' fromField='value_changed'
        toNode='b_right' toField='rotation'></ROUTE>
<!-- 추가 부분  끝 -->
</Scenee></X3D></body></html>
```

11.1.2 나비 날아다니기

날개짓하며 나비가 날아다니기 위해서는 PositionInterpolator와 OrientationInterpolator 가 필요하다. 앞부분에선 프로그램 시작과 동시에 나비가 날개짓하였으나 click 이벤트에 의해 클릭하였을 경우 날개짓을 시작하고 돌아다니도록 프로그램을 추가한다.

나비의 날개짓을 위한 TimeSensor id='time'과 나비의 이동을 위한 TimeSensor id='rtime'의 초기 loop='false'이다. 버튼을 클릭하였을 경우 두 센서 모두 loop='true'로 변경하는 부분이 추가되었다. rtime의 cycleInterval='15'로서 이동을 위한 주기를 설정하였다.

```
<input type='button' value="애니메이션"
onclick="document.getElementById('time').setAttribute('loop','true');
document.getElementById('rtime').setAttribute('loop','true');"/>
<TimeSensor id='rtime' cycleInterval='15' loop='false'>
```

이동을 위한 PositionInterpolator의 DEF='posB'로 선언하였으며 이동을 위한 key 값은 11개의 구간으로 설정하였다. key 값과 대응하는 keyValue 역시 11개의 x, y, z 값으로 설정 하였다. 날아다니는 나비의 회전은 자연스러운 움직임을 제공한다. OrientationInterpolator 의 key 값 역시 11개의 구간으로 설정하였으며 대응하는 keyValue는 x, y, z 축을 적절하게 조정하며 약 45도씩 회전하도록 하였다.

```
<PositionInterpolator DEF='posB' key='0 .1 .2 .3 .4 .5 .6 .7 .8 .9 1'
  keyValue='0 0 0, 1 -1 -4, 3 3 -8, 0 0 2, -2 1 3, -5 -1 -2 , -3 1 -6, -2 -2 -5, -1
-1 -2, 1 1 1, 0 0 0'>
<OrientationInterpolator DEF='oriB' key='0 .1 .2 .3 .4 .5 .6 .7 .8 .9 1'
 keyValue='0 1 0 0.78, 0 1 1 -0.78,1 1 0 0.78, 0 0 1 -0.78,0 1 1 0.78, 0 1 1 -0.78,1
1 0 0.78, 0 1 1 -0.78,0 1 1 0.78, 0 1 1 -0.78,1 1 0 0.78'>
```

애니메이션 버튼을 클릭하면 'time'과 'rtime'의 TimeSensor가 구동되며 fraction_changed 가 0에서 1사이 값으로 변하며 'posB'와 'oriB'의 key 값인 set_fraction으로 전달된다. keyValue로 value_changed 된 값들은 나비 'butterFly01'의 'translation'과 'rotation'에 전달되어 자연스럽게 날아다니는 모습을 볼 수 있다.

```
<ROUTE fromNode='rtime' fromField='fraction_changed'
       toNode='posB' toField='set_fraction'></ROUTE>
<ROUTE fromNode='posB' fromfield='value_changed'
       toNode='butterFly01' toField='translation'></ROUTE>
<ROUTE fromNode='rtime' fromField='fraction_changed'
        toNode='oriB' toField='set_fraction'></ROUTE>
<ROUTE fromNode='oriB' fromfield='value_changed'
       toNode='butterFly01' toField='rotation'></ROUTE>
```

예제 11-1b   **나비 날아다니기**

```
<!DOCTYPE html>
<html>
<head>
<meta http-equiv='Content-Type' content='text/html;charset=utf-8'></meta>
<title>ButterFly, Web3D,VR,가상현실,X3D</title>
<script type="text/javascript" src="http://code.jquery.com/jquery-1.7.2.js"></script>
<script type='text/javascript' src="http://www.x3dom.org/x3dom/release/x3dom.js"></script>
<link rel='stylesheet' type='text/css' href="http://www.x3dom.org/x3dom/release/x3dom.css"/>
</head>
<body id='main'>
<h3 style="text-align:center;"> 나비 애니메이션</h3>
<input type='button' value="애니메이션"
onclick="document.getElementById('time').setAttribute('loop','true');
document.getElementById('rtime').setAttribute('loop','true');"/><!--추가 -->
<X3D> <Scene>
<Transform def='butterFly01' translation='0 1.2 0' rotation='1 0 0 0' scale='1 1 1'>
 <!- 나비날개짓 끝 부분 포함  -->
  <!-- 추가 부분 애니메이션 -->
<TimeSensor id='rtime' cycleInterval='15' loop='false'></TimeSensor>
<PositionInterpolator DEF='posB' key='0 .1 .2 .3 .4 .5 .6 .7 .8 .9 1'
 keyValue='0 0 0, 1 -1 -4, 3 3 -8, 0 0 2, -2 1 3, -5 -1 -2 , -3 1 -6, -2 -2 -5, -1
-1 -2, 1 1 1, 0 0 0'></PositionInterpolator>
<OrientationInterpolator DEF='oriB' key='0 .1 .2 .3 .4 .5 .6 .7 .8 .9 1'
 keyValue='0 1 0 0.78, 0 1 1 -0.78,1 1 0 0.78, 0 0 1 -0.78,0 1 1 0.78, 0 1 1 -0.78,1
1 0 0.78, 0 1 1 -0.78,0 1 1 0.78, 0 1 1 -0.78,1 1 0 0.78'>
</OrientationInterpolator>
    <ROUTE fromNode='rtime' fromField='fraction_changed'
       toNode='posB' toField='set_fraction'></ROUTE>
    <ROUTE fromNode='posB' fromfield='value_changed'
       toNode='butterFly01' toField='translation'></ROUTE>
    <ROUTE fromNode='rtime' fromField='fraction_changed'
       toNode='oriB' toField='set_fraction'></ROUTE>
    <ROUTE fromNode='oriB' fromfield='value_changed'
       toNode='butterFly01' toField='rotation'></ROUTE>
  <!-- 추가 부분  끝 -->
</Scenee></X3D></body></html>
```

그림 11-3 나비 애니메이션

11.1.3 나비 군무

앞서 만든 나비를 이용하여 여러 마리의 나비가 가상공간을 날아다니며 군무를 펼치는 장면을 만들어 보자. 15마리의 나비를 추가하기 위해 id/use를 사용하면 앞서 만든 긴 코드가 다음과 같이 간결해진다.

id='groub_b'는 'butterFly01'을 재사용하여 butterFly 02~06까지 5마리의 나비를 하나의 그룹으로 만든 것이다. 각 나비의 애니메이션을 다르게 하기 위해 rotation의 y축의 값을 1.57(+90도)과 -1.57(-90도)로 설정하였다. center='0 1 0' 나비의 위치가 0~2 사이에 있으므로 회전 중심을 변경한 것이다.

```
<Transform id='group_b'>
   <Transform id='butterFly02'  center='0 1 0' >
      <Transform use='butterFly01' ></Transform></Transform>
   <Transform id='butterFly03'  rotation='0 1 0 1.57' center='0 1 0' >
      <Transform use='butterFly01' ></Transform></Transform>
   <Transform id='butterFly04' rotation='0 1 0 -1.57' center='0 1 0' >
      <Transform use='butterFly01' ></Transform></Transform>
   <Transform id='butterFly05' rotation='0 0 1 -.78' center='0 1 0' >
      <Transform use='butterFly04' ></Transform></Transform>
   <Transform id='butterFly06'  rotation='0 1 0 .78' center='0 1 0' >
   <Transform use='butterFly03' ></Transform></Transform>
</Transform>
```

id='groub_b'는 다섯 마리의 나비가 그룹화 되었고 이를 다시 재사용하면 한 번에 다섯 마리의 나비가 만들어진다. id='bf_g01'과 'bf_g02'는 'group_b'를 재사용하였다.

```
<Transform id='bf_g01' rotation='1 1 0 -1.57'>
    <Transform id='g_A' use='group_b'></Transform></Transform>
<Transform id='bf_g02' rotation='0 1 1 1.57'>
    <Transform id='g_B' use='group_b'></Transform></Transform>
```

예제 11-1c　**나비 군무**

```
<!DOCTYPE html>
<html>
<head>
<meta http-equiv='Content-Type' content='text/html;charset=utf-8'></meta>
<title>ButterFly, Web3D,VR,가상현실,X3D</title>
<script type="text/javascript" src="http://code.jquery.com/jquery-1.7.2.js"></script>
<script type='text/javascript' src="http://www.x3dom.org/x3dom/release/x3dom.js"></script>
<link rel='stylesheet' type='text/css' href="http://www.x3dom.org/x3dom/release/x3dom.css"/>
</head>
<body id='main'>
<h3 style="text-align:center;"> 나비 애니메이션</h3>
<input type='button' value="애니메이션"
onclick="document.getElementById('time').setAttribute('loop','true');
document.getElementById('rtime').setAttribute('loop','true');"/><!--추가 -->
<X3D> <Scene>
 <Transform DEF='butterFly01' translation='0 1.2 0' rotation='1 0 0 0' scale='1 1 1'>
 <!- 나비 날아다니기 끝 부분  -->
 <!-- 나비 군무 -->
<Transform id='groub_b'>
    <Transform id='butterFly02'  center='0 1 0' >
        <Transform use='butterFly01' ></Transform></Transform>
    <Transform id='butterFly03'  rotation='0 1 0 1.57' center='0 1 0' >
        <Transform use='butterFly01' ></Transform></Transform>
    <Transform id='butterFly04' rotation='0 1 0 -1.57' center='0 1 0' >
```

```
      <Transform use='butterFly01' ></Transform></Transform>
   <Transform id='butterFly05' rotation='0 0 1 -.78' center='0 1 0' >
      <Transform use='butterFly04' ></Transform></Transform>
   <Transform id='butterFly06'  rotation='0 1 0 .78' center='0 1 0' >
      <Transform use='butterFly03' ></Transform></Transform>
</Transform>
<Transform id='bf_g01' rotation='1 1 0 -1.57'>
   <Transform id='g_A' use='groub_b'></Transform></Transform>
<Transform id='bf_g02' rotation='0 1 1 1.57'>
   <Transform id='g_B' use='groub_b'></Transform></Transform>
<!-- 나비 군무  끝 -->
</Scenee></X3D></body></html>
```

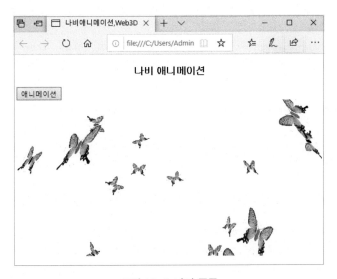

그림 11-4 나비 군무

11.1.4 전체 나비 작품

군무를 펼치는 나비의 장면에 대한 전체 프로그램을 예제 11-2를 통해 다시 정리하였다.

예제 11-2a   html 부분

```
<!-- html 부분 -->
<!DOCTYPE html>
<html>
<head>
<meta http-equiv='Content-Type' content='text/html;charset=utf-8'></meta>
<title>ButterFly, Web3D,VR,가상현실,X3D</title>
<script type="text/javascript" src="http://code.jquery.com/jquery-1.7.2.js"></script>
<script type='text/javascript' src="http://www.x3dom.org/x3dom/release/x3dom.js"></script>
<link rel='stylesheet' type='text/css' href="http://www.x3dom.org/x3dom/release/x3dom.css"/>
</head>
<body id='main'>
<h3 style="text-align:center;"> 나비 애니메이션</h3>
<input type='button' value="애니메이션"
onclick="document.getElementById('time').setAttribute('loop','true');
document.getElementById('rtime').setAttribute('loop','true');"/>
```

예제 11-2b   나비 몸통

```
<X3D> <Scene>
<Transform DEF='butterFly01' translation='0 1.2 0' rotation='1 0 0 0' scale='1 1 1'>
    <Transform DEF='b_body' translation='0 .65 0'><Shape>
        <IndexedFaceSet coordIndex='0 1 2 3 -1' solid='false'>
        <Coordinate point='-.35 0 0, .35 0 0, .35 1 0, -.35 1 0'></Coordinate>
        <TextureCoordinate texcoordIndex='0 1 2 3 -1' point='0 0, 1 0,1 1, 0 1'>
        </TextureCoordinate></IndexedFaceSet>
        <Appearance><ImageTexture url='img/butter_body2.gif'></ImageTexture>
        </Shape></Transform><!--나비몸통-->
    <Transform DEF='b_left' translaton='0 0 0' center='-.25 0 0' rotation='0 1 0 0'>
        <Shape><IndexedFaceSet coordIndex='0 1 2 3 -1' solid='false'>
        <Coordinate point='-1.15 0 0, -.15 0 0, -.15 2 0, -1.15 2 0'></Coordinate>
        <TextureCoordinate texcoordIndex='0 1 2 3 -1' point='0 0, 1 0,1 1, 0 1'>
        </TextureCoordinate></IndexedFaceSet>
        <Appearance><ImageTexture url='img/butter_left2.gif'></ImageTexture>
```

```
</Shape></Transform><!--왼쪽날개-->
<Transform DEF='b_right' translation='0 0 0' center='.25 0 0' rotation='0 1 0 0'>
    <Shape>
    <IndexedFaceSet coordIndex='0 1 2 3 -1' solid='false'>
    <Coordinate point='.15 0 0, 1.15 0 0, 1.15 2 0, .15 2 0'></Coordinate>
    <TextureCoordinate texcoordIndex='0 1 2 3 -1' point='0 0, 1 0,1 1, 0 1'>
    </TextureCoordinate></IndexedFaceSet>
    <Appearance><ImageTexture url='img/butter_right2.gif'></ImageTexture>
    </Shape></Transform><!--오른쪽날개-->
</Transform> <!--나비 몸통 -->
```

예제 11-2c   나비 날개 애니메이션

```
<TimeSensor DEF='time' cycleInterval='.5' loop='true'></TimeSensor>
<OrientationInterpolator DEF='oriL' key='0 1' keyValue='0 1 0 -1, 0 1 0 1'>
</OrientationInterpolator>
<OrientationInterpolator DEF='oriR' key='0 1' keyValue='0 1 0 1, 0 1 0 -1'>
</OrientationInterpolator>
<ROUTE fromNode='time' fromField='fraction_changed'
       toNode='oriL' toField='set_fraction'></ROUTE>
<ROUTE fromNode='time' fromField='fraction_changed'
       toNode='oriR' toField='set_fraction'></ROUTE>
<ROUTE fromNode='oriL' fromField='value_changed'
       toNode='b_left' toField='rotation'></ROUTE>
<ROUTE fromNode='oriR' fromField='value_changed'
       toNode='b_right' toField='rotation'></ROUTE>
```

예제 11-2d   나비 날아다니기

```
<TimeSensor id='rtime' cycleInterval='15' loop='false'></TimeSensor>
<PositionInterpolator DEF='posB' key='0 .1 .2 .3 .4 .5 .6 .7 .8 .9 1'
  keyValue='0 0 0, 1 -1 -4, 3 3 -8, 0 0 2, -2 1 3, -5 -1 -2 , -3 1 -6, -2 -2 -5, -1
-1 -2, 1 1 1, 0 0 0'></PositionInterpolator>
<OrientationInterpolator DEF='oriB' key='0 .1 .2 .3 .4 .5 .6 .7 .8 .9 1'
```

```
 keyValue='0 1 0 0.78, 0 1 1 -0.78,1 1 0 0.78, 0 0 1 -0.78,0 1 1 0.78, 0 1 1 -0.78,1
1 0 0.78, 0 1 1 -0.78,0 1 1 0.78, 0 1 1 -0.78,1 1 0 0.78'>
</OrientationInterpolator>
<ROUTE fromNode='rtime' fromField='fraction_changed'
        toNode='posB' toField='set_fraction'></ROUTE>
<ROUTE fromNode='posB' fromfield='value_changed'
        toNode='butterFly01' toField='translation'></ROUTE>
<ROUTE fromNode='rtime' fromField='fraction_changed'
        toNode='oriB' toField='set_fraction'></ROUTE>
<ROUTE fromNode='oriB' fromfield='value_changed'
        toNode='butterFly01' toField='rotation'></ROUTE
```

예제 11-2e   **나비 군무**

```
<!-- 나비 군무 -->
<Transform id='groub_b'>
    <Transform id='butterFly02'  center='0 1 0' >
        <Transform use='butterFly01' ></Transform></Transform>
    <Transform id='butterFly03'  rotation='0 1 0 1.57' center='0 1 0' >
        <Transform use='butterFly01' ></Transform></Transform>
    <Transform id='butterFly04' rotation='0 1 0 -1.57' center='0 1 0' >
        <Transform use='butterFly01' ></Transform></Transform>
    <Transform id='butterFly05' rotation='0 0 1 -.78' center='0 1 0' >
        <Transform use='butterFly04' ></Transform></Transform>
    <Transform id='butterFly06'  rotation='0 1 0 .78' center='0 1 0' >
        <Transform use='butterFly03' ></Transform></Transform>
</Transform>
<Transform id='bf_g01' rotation='1 1 0 -1.57'>
    <Transform id='g_A' use='groub_b'></Transform></Transform>
<Transform id='bf_g02' rotation='0 1 1 1.57'>
    <Transform id='g_B' use='groub_b'></Transform></Transform>
<!-- 나비 군무  끝 -->
</Scenee></X3D></body></html>
```

11.2 .x3d 파일 만들기

나비 군무의 파일을 .x3d 파일로 만들면 다른 X3Dom 파일에서 언제든 사용가능하다. .x3d 파일은 xml 파일 형태로 .x3d를 웹브라우저에서 실행하면 단순히 텍스트 형식으로 내용만 보여주게 된다. 앞서 만든 나비 군집파일을 .x3d파일로 만들고 X3Dom에서 사용하자.

예제 11-3의 코드는 xml 형식의 .X3D 헤더 부분이다. 다음의 코드에서 <Scene>, </Scene> 사이에 앞서 만든 html5 부분인 예제 11-2a의 코드는 삭제하고 나비 군무의 코드만을 삽입한 후 .x3d 파일로 저장한다. 저장할 때 반드시 파일 형식을 .x3d로 해야함을 잊지 말아라.

예제 11-3 **.X3D 헤더**

```
<?xml version="1.0" encoding="UTF-8"?>
<!DOCTYPE X3D PUBLIC "ISO//Web3D//DTD X3D 3.1//EN"
"http://www.web3d.org/specifications/X3D-3.1.dtd">
<X3D profile="Immersive" version="3.1"xsd:noNamespaceSchemaLocation=
"http://www.web3d.org/specifications/X3D-3.1.xsd"
xmlns:xsd="http://www.w3.org/2001/XMLSchema-instance">
<Scene>
<!-- 나비 군무 -->
</Scene></X3D>
```

나비 군무를 group_bf.x3d로 저장하였다면 <Inline> 요소를 통해 간단하게 나비 군무 파일을 실행할 수 있다. 예제 11-4는 간단한 코드로 더욱 많은 수의 나비 군무를 그림 11-5와 같이 볼 수 있다.

예제 11-4　.X3D 파일의 Inline

```
<!DOCTYPE html>
<html>
<head>
    <meta http-equiv='Content-Type' content='text/html;charset=utf-8'></meta>
    <title>ButterFly_inline, Web3D,VR,가상현실,X3D</title>
<script type="text/javascript" src="http://code.jquery.com/jquery-1.7.2.js"></script>
<script type='text/javascript' src="http://www.x3dom.org/x3dom/release/x3dom.js"></script>
<link rel='stylesheet' type='text/css' href="http://www.x3dom.org/x3dom/release/x3dom.css"/>
</head>
<body id='main'>
    <h3 style="text-align:center;"> 나비 인라인</h3>
<X3D> <!--showStat='true' showLog='true' -->
    <Scene>
    <Viewpoint position='0 0 30'> </Viewpoint>
        <Transform translation='0 0 0'>
        <Inline url='group_bf.X3D'></inline></Transform>
        <Transform translation='10 0 0'>
            <Inline url='group_bf.X3D'></inline></Transform>
        <Transform translation='-10 0 0'>
            <Inline url='group_bf.X3D'></inline></Transform>
</Scene></X3D></body></html>
```

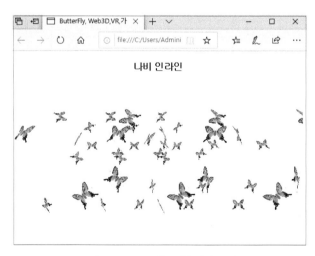

그림 11-5 inline을 통한 나비 군무

11.3 조명 애니메이션

예제 11-5a는 SpotLight를 이용하여 야간 조명에 대한 애니메이션을 구현한 것으로서 그림 11-6처럼 문자 일부분만 SpotLight를 받으며 조명이 이동하는 것을 볼 수 있다.

조명 효과를 위하여 id='nav'는 headlight='false'로 하고 배경을 어둡게(skyColor='.2 .2 .2 0 0 0') 만든다. 시점 Viewpoint의 위치는 position='-10 0 20'이다.

```
<NavigationInfo id='nav' headlight='false' type='"examine" "Any"'>
<Background skyAngle='0 3.14' skyColor='.2 .2 .2 0 0 0'>
<Viewpoint DEF="view01" position="-10 0 20">
```

SpotLight id='Spot'으로 정의하고 location='-10 0 10'인 위치에서 direction='0 0 -10'으로 -z축을 향하게 한다. 조명의 위치가 '-10 0 10'인 이유는 조명을 비출 문자의 길이가 길어 -x축과 +x축에 길게 표시되어 있다. 조명의 크기는 radius='25'로 설정하고 빛의 감쇠효과를 위해 attenuation='1 0 0'으로 설정한다. 각 자리의 숫자가 커질수록 감쇠효과는 커져서 빛이 희미하게 보인다. cutoffAngle='0.2'로 설정하여 0.2 이상에서는 빛이 나타나지 않도록 한다. 너무 어두운 배경이면 전체문자가 보이질 않으므로 PointLight를 사용하여 전체문자가 희미하게 보이도록 한다. PointLight의 attenuation='1 0 0'으로 SpotLight와 같지만, 빛의 강도를 intensity='0.6'으로 하여 SpotLight 희미한 빛을 발산하도록 한다.

```
<SpotLight id='Spot' ambientIntensity='1' attenuation='1 0 0' color='1 1 0'
    cutoffAngle='0.2' intensity='1' location='-10 0 10' direction='0 0 -10'
    on='true' radius='25'></SpotLight>
<PointLight intensity='.6' location='-10 0 0' radius='20' attenuation='1 0 0'
    on='true' color='0 1 1'></PointLight>
```

빛의 효과를 극대화하기 위해선 대상 물체가 필요하다. 빛의 효과가 잘 나타나도록 Box를 size='40 20 1'로 문자 뒤에 배경으로 배치한다. SpotLight의 효과를 극대화하기 위해 문자 Font size='40px'로 배치한다.

```
<Transform translation='-10 0 -10 '><Shape><Box size='40 20 0.1'></Box>
    <Appearance><Material diffuseColor='0 1 1'></Material></Appearance>
</Shape></Transform>
<Text string="Amazing HTML5&Web3D! Software Convergence Dept.">
                <Font size='40px'></Font></Text>
```

TimeSensor id='time'이 프로그램 실행과 함께 cycleInterval='8'의 값으로 구동되면 PositionInterpolator의 좌표로 ROUTE가 일어나며 문자에 대한 조명 애니메이션이 발생한다. 문자의 위치 범위는 x축으로 -10에서 10까지이므로 SpotLight의 이동 거리도 이와 동일하게 설정하였다.

```
<TimeSensor id='time' loop='true' cycleInterval='8'></TimeSensor>
<PositionInterpolator id='pos' key='0 .5 1'
        keyValue='-10 0 -10, 10 0 -10, -10 0 -10'></PositionInterpolator>
<ROUTE fromNode='time' fromField='fraction_changed'
        toNode='pos' toField='set_fraction'></ROUTE>
<ROUTE fromNode='pos' fromField='value_changed'
        toNode='Spot' toField='direction'></ROUTE>
```

예제 11-5a는 인공조명의 애니메이션이 외부 이벤트 없이 자동으로 실행되기 때문에 다소 단조롭다. javascript를 통하여 'headlight'나 SpotLight의 필드 값을 외부 입력하는 프로그램을 예제 11-5b에 나타내었다. <X3D></X3D> 장면에 대한 코드는 변경 없이 html5 부분과 script 코드가 추가되었다. 그림 11-7에서 조명관련 버튼을 추가하여 이벤트에 의한 애니메이션을 확인할 수 있다.

외부 이벤트를 X3D에 발생시키기 위하여 <Form> 요소를 사용하여 headlight의 on/off를 위한 id='ht', SpotLight의 on/off를 위한 'sp', 감쇠효과를 위한 'spat', cutoffAngle을 위한 'cutAngle'을 선언하고 마우스로 버튼을 클릭할 경우 해당 함수를 호출하도록 하였다.

cutoffAngle의 경우 range 속성을 사용하여 0과 1 사이의 값을 사용자가 선택하도록 하고 이벤트를 통해 cutoffAnge의 값으로 적용되도록 하였다.

```
<form id='fSpot'>
    <input type='button' id='hd' value='headlight-off' onclick="headToggle()";/>
    <input type='button' id='sp' value='Spotlight' onclick="spotToggle()";/>
    <input type='button' id='spat' value='Spot strong' onclick="attToggle()";/>
    <p><label for="points">cutoffAngle (between 0 and 1):</label>
    <input type="range" id="cutAngle" name="points" min="0" max="1" step='0.1'
    onclick="cutoffA();"></p></form>
```

'nav'의 headlight가 off인 경우 'nav'의 headlight 속성은 'true'로 바뀐다. 'true'일 경우 SpotLight와 PointLight의 효과를 볼 수 없다. 토글에 따라 버튼의 value 값이 on/off로 바뀌게 된다.

```
function headToggle(){
    if(document.getElementById('nav').getAttribute('headlight') == 'false')  {
        document.getElementById('nav').setAttribute('headlight', 'true') ;
        document.getElementById('hd').setAttribute('value','headlight-on') ;  }
    else  { document.getElementById('nav').setAttribute('headlight', 'false') ;
        document.getElementById('hd').value = 'headlight-off' ;          } }
```

SpotLight의 on/off 토글을 위한 함수이며 토글에 따라 버튼의 value 값이 on/off로 바뀌게 된다.

```
function spotToggle(){
    if(document.getElementById('Spot').getAttribute('on') == 'false') {
        document.getElementById('Spot').setAttribute('on', 'true') ;
    document.getElementById('sp').value = 'SpotLight-off' ;    }
    else { document.getElementById('Spot').setAttribute('on', 'false') ;
    document.getElementById('sp').value ='SpotLight-on' ;      } }
```

SpotLight의 attenuation의 강도를 변경하기 위한 함수로 빛의 강도가 약해지면 조명의 효과가 약해진다. 토글에 따라 버튼의 value 값이 on/off로 바뀌게 된다.

```
function attToggle(){
    if( document.getElementById('Spot').getAttribute('attenuation') == '0 0 0') {
        document.getElementById('Spot').setAttribute('attenuation', '2 1 0') ;
        document.getElementById('spat').value = 'att-weak' ;  }
    else { document.getElementById('Spot').setAttribute('attenuation', '0 0 0') ;
        document.getElementById('spat').value ='att-strong' ;  } }
```

SpotLight의 cutoffAngle 값을 0에서 1 사이의 값으로 입력할 수 있다. 1의 값에 가까울
수록 조명의 크기가 커지게 된다.

```
function cutoffA(){
    var button ;
    button = document.getElementById('cutAngle').value;
    document.getElementById('Spot').setAttribute('cutOffAngle',button);  }
```

예제 11-5a   SpotLight 애니메이션

```
<!DOCTYPE html>
<html>
<head>
    <meta http-equiv='Content-Type' content='text/html;charset=utf-8'></meta>
    <title>Animation SpotLight, Web3D,VR,가상현실,X3D</title>
<script type="text/javascript" src="http://code.jquery.com/jquery-1.7.2.js"></script>
<script type='text/javascript' src="http://www.x3dom.org/x3dom/release/x3dom.js"></script>
<link rel='stylesheet' type='text/css' href="http://www.x3dom.org/x3dom/release/x3dom.css"/>
</head>
<body id='main'>
    <h3 style="text-align:center;">Animation SpotLight</h3>
<X3D> <!--showStat='true' showLog='true' -->
<Scene>
<NavigationInfo id='nav' headlight='false' type='"examine" "Any"'></NavigationInfo>
<Background skyAngle='0 3.14' skyColor='.2 .2 .2 0 0 0'></Background>
<Viewpoint DEF="view01" position="-10 0 20"></Viewpoint>
<SpotLight id='Spot' ambientIntensity='1' attenuation='1 0 0' color='1 1 0'
```

```
      cutoffAngle='0.2' intensity='1' location='-10 0 10' direction='0 0 -10'
      on='true' radius='25'></SpotLight>
<PointLight intensity='.6' location='-10 0 0' radius='20' attenuation='1 0 0'
      on='true' color='0 1 1'></PointLight>
   <Transform translation='-10 0 -10 '><Shape><Box size='40 20 0.1'></Box>
   <Appearance><Material diffuseColor='0 1 1'></Material></Appearance>
   </Shape></Transform>
   <Transform translation='-10 0 -5'>
      <Shape>
      <Text string="Amazing HTML5&Web3D! Software Convergence Dept.">
         <Font size='40px'></Font></Text>
   <Appearance><Material diffuseColor='1 1 0'></Material>
   </Appearance></Shape></Transform>
   <TimeSensor id='time' loop='true' cycleInterval='8'></TimeSensor>
   <PositionInterpolator id='pos' key='0 .5 1'
         keyValue='-10 0 -10, 10 0 -10, -10 0 -10'></PositionInterpolator>
   <ROUTE fromNode='time' fromField='fraction_changed'
         toNode='pos' toField='set_fraction'></ROUTE>
   <ROUTE fromNode='pos' fromField='value_changed'
         toNode='Spot' toField='direction'></ROUTE>
   </Scene></X3D></body></html>
```

예제 11-5b **SpotLight 애니메이션-이벤트 추가**

```
<!DOCTYPE html>
<html><head>
   <meta http-equiv='Content-Type' content='text/html;charset=utf-8'></meta>
   <title>Animation SpotLight, Web3D,VR,가상현실,X3D</title>
<script type="text/javascript" src="http://code.jquery.com/jquery-1.7.2.js"></script>
<script type='text/javascript' src="http://www.x3dom.org/x3dom/release/x3dom.js"></script>
<link rel='stylesheet' type='text/css' href="http://www.x3dom.org/x3dom/release/x3dom.css"/>
<script>
function headToggle(){
   if(document.getElementById('nav').getAttribute('headlight') == 'false') {
      document.getElementById('nav').setAttribute('headlight', 'true') ;
```

```
            document.getElementById('hd').setAttribute('value','headlight-on') ;  }
    else  { document.getElementById('nav').setAttribute('headlight', 'false') ;
            document.getElementById('hd').value = 'headlight-off' ;          } }
function spotToggle(){
    if(document.getElementById('Spot').getAttribute('on') == 'false') {
        document.getElementById('Spot').setAttribute('on', 'true') ;
        document.getElementById('sp').value = 'SpotLight-off' ;          }
    else { document.getElementById('Spot').setAttribute('on', 'false') ;
        document.getElementById('sp').value ='SpotLight-on' ;  } }
function attToggle(){
   if( document.getElementById('Spot').getAttribute('attenuation') == '0 0 0') {
        document.getElementById('Spot').setAttribute('attenuation', '2 1 0') ;
        document.getElementById('spat').value = 'att-weak' ;   }
    else { document.getElementById('Spot').setAttribute('attenuation', '0 0 0') ;
        document.getElementById('spat').value ='att-strong' ;  } }
function cutoffA(){
   var button ;
   button = document.getElementById('cutAngle').value;
   document.getElementById('Spot').setAttribute('cutOffAngle','0.4');   }
</script></head>
<body id='main'>
        <h3 style="text-align:center;">Animation SpotLight</h3>
<Form id='fSpot'>
        <input type='button' id='hd' value='headlight-off' onclick="headToggle()";/>
        <input type='button' id='sp' value='Spotlight' onclick="spotToggle()";/>
        <input type='button' id='spat' value='Spot strong' onclick="attToggle()";/>
        <p><label for="points">cutoffAngle (between 0 and 1):</label>
        <input type="range" id="cutAngle" name="points" min="0" max="1" step='0.1'
        onclick="cutoffA();"></p></form>
        <--! 이하 11-5a와  동일 -->
```

예제 11-5b | SpotLight-javascript

```
<!DOCTYPE html>
<html>
<head>
    <meta http-equiv='Content-Type' content='text/html;charset=utf-8'></meta>
    <title>Animation SpotLight, Web3D,VR,가상현실,X3D</title>
<script type="text/javascript" src="http://code.jquery.com/jquery-1.7.2.js"></script>
<script type='text/javascript' src="http://www.x3dom.org/x3dom/release/x3dom.js"></script>
<link rel='stylesheet' type='text/css' href="http://www.x3dom.org/x3dom/release/x3dom.css"/>
</head>
<body id='main'>
    <h3 style="text-align:center;">Animation SpotLight</h3>
<X3D> <!--showStat='true' showLog='true' -->
<Scene>
<NavigationInfo id='nav' headlight='false' type='"examine" "Any"'></NavigationInfo>
<Background skyAngle='0 3.14' skyColor='.2 .2 .2 0 0 0'></Background>
<Viewpoint DEF="view01" position="-10 0 20"></Viewpoint>
<SpotLight id='Spot' ambientIntensity='1' attenuation='1 0 0' color='1 1 0'
    cutoffAngle='0.2' intensity='1' location='-10 0 10' direction='0 0 -10'
    on='true' radius='25'></SpotLight>
<PointLight intensity='.6' location='-10 0 0' radius='20' attenuation='1 0 0'
    on='true' color='0 1 1'></PointLight>
<Transform translation='-10 0 -10 '><Shape><Box size='40 20 0.1'></Box>
        <Appearance><Material diffuseColor='0 1 1'></Material></Appearance>
    </Shape></Transform>
<Transform translation='-10 0 -5'>
        <Shape>
        <Text string="Amazing HTML5&Web3D! Software Convergence Dept.">
            <Font size='40px'></Font></Text>
        <Appearance><Material diffuseColor='1 1 0'></Material>
    </Appearance></Shape></Transform>
<TimeSensor id='time' loop='true' cycleInterval='8'></TimeSensor>
<PositionInterpolator id='pos' key='0 .5 1'
            keyValue='-10 0 -10, 10 0 -10, -10 0 -10'></PositionInterpolator>
<ROUTE fromNode='time' fromField='fraction_changed'
            toNode='pos' toField='set_fraction'></ROUTE>
```

```
<ROUTE fromNode='pos' fromField='value_changed'
            toNode='Spot' toField='direction'></ROUTE>
</Scene></X3D></body></html>
```

그림 11-6 Animation SpotLight

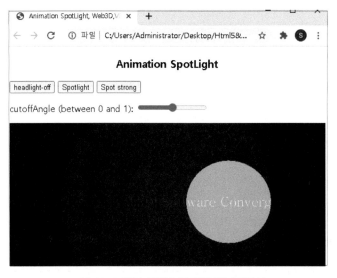

그림 11-7 외부 이벤트에 의한 애니메이션

11.4 색상 변경하기

예제 11-6은 X3D 공간에 IndexedFaceSet을 사용하여 색상 팔레트를 만들고 마우스로 색상을 선택하였을 때 클릭한 색상의 r, g, b 값을 표시하고 구의 색상을 선택한 색상으로 자동으로 변경하는 프로그램이다.

선택한 색상을 문서에 표시하기 위하여 id='Rcolor', 'Gcolor', 'Bcolor'를 테이블로 정의한다.

```
<table style="border:1px solid black; width:200px;">
<tr><td>R: </td><td id="Rcolor"></td></tr>
<tr><td>G: </td><td id="Gcolor"></td></tr>
<tr><td>B: </td><td id="Bcolor"></td></tr></table>
```

선택한 색상을 표시하기 위한 Bar를 id='selector'로 선언한다.

```
<div id="select" style="width:200px;height:25px;Background-color:
    white;margin-top:20px;"/></div>
```

IndexedFaceSet을 이용하여 r, g, b 색상이 포함된 색상 팔레트를 만든다. 색상 팔레트에서 색상을 선택하였을 때 이벤트가 발생하도록 handleClick(event) 함수를 선언한다. 'event'는 컴퓨터가 자동으로 감지하는 event로서 매개 변수로 넘겨준다.

```
<Shape onclick="handleClick(event)">
   <IndexedFaceSet coordIndex='0 1 2 3 -1' solid='false' colorIndex='0 1 2 3 -1'>
      <coordinate point='-2 0 0, 2 0 0, 2 4 0, -2 4 0'></coordinate>
      <color color='1 0 0, 0 1 0, 0 0 1, 0 0 0'/></Color>
   </IndexedFaceSet></Shape>
```

구의 색상을 id='target'으로 선언하고 선택된 색상으로 변경되게 한다.

```
<Material id='target' diffuseColor='1 0 0'>
```

물체의 색상을 변경하기 위한 colorClick() 함수는 다음과 같다.

```
<script>
    //색상 팔레트를 클릭했을 때 색상 값 '+r+' '+g+' '+b+'
function colorClick(event){//event.hitPnt는 클릭한 color 정보를 제공한다.
    var r = event.hitPnt[0]; var g = event.hitPnt[1]; var b = event.hitPnt[2];
    document.getElementById("Rcolor").innerHTML=r ; // r값 표현
    document.getElementById("Gcolor").innerHTML=g ; // g값 표현
    document.getElementById("Bcolor").innerHTML=b ; // b값 표현
            //물체에 색상 변경하기
  var r = (r/255).toFixed(2); var g=(g/255).toFixed(2); var b=(b/255).toFixed(2);
 document.getElementById('target').setAttribute('diffuseColor',''+r+' '+g+' '+b+'');}
</script> // 10진수 r,g,b 값을 X3Dom 색상(0~1) 값으로 변환하기 위하여 255나누고 소수점 둘
째자리의 소수를 id='target'에 적용하여 물체의 색상을 변경한다.
```

예제 11-6	물체의 색상변경하기

```
<!DOCTYPE html>
<html><head>
    <meta http-equiv='Content-Type' content='text/html;charset=utf-8'></meta>
    <title>Animation SpotLight, Web3D,VR,가상현실,X3D</title>
<script type="text/javascript" src="http://code.jquery.com/jquery-1.7.2.js"></script>
<script type='text/javascript' src="http://www.x3dom.org/x3dom/release/x3dom.js"></script>
<link rel='stylesheet' type='text/css' href="http://www.x3dom.org/x3dom/release/x3dom.css"/>
<script>//color Pick Event
function colorClick(event){
    var r = event.hitPnt[0]; var g = event.hitPnt[1]; var b = event.hitPnt[2];
        document.getElementById("Rcolor").innerHTML=r ;
        document.getElementById("Gcolor").innerHTML=g ;
        document.getElementById("Bcolor").innerHTML=b ;
    //물체에 색상 변경하기 색상 팔레트를 클릭했을 때 색상 값 '+rc+' '+gc+' '+bc+'
  var r = (r/255).toFixed(2); var g=(g/255).toFixed(2); var b=(b/255).toFixed(2);
 document.getElementById('target').setAttribute('diffuseColor',''+r+' '+g+' '+b+'');}
</script>
<Style>#guide{ text-align:center;} </Style></head>
```

```
<body id='main'>
<h3 style="text-align:center;">Object Change Color</h3>
<span id="guide">
    <table style="border:1px solid black; width:200px;">
    <tr><td>R: </td><td id="Rcolor"></td></tr>
    <tr><td>G: </td><td id="Gcolor"></td></tr>
    <tr><td>B: </td><td id="Bcolor"></td></tr></table>
<div id="select" style="width:200px;height:25px;Background-color:
    white;margin-top:20px;"/></div>
</span>
<X3D > <!--showStat='true' showLog='true' -->
<Scene pickMode="color">
<Transform translation='0 -2 0'>
  <Shape onclick="colorClick(event)">
   <IndexedFaceSet coordIndex='0 1 2 3 -1' solid='false' colorIndex='0 1 2 3 -1'>
      <coordinate point='-2 0 0, 2 0 0, 2 4 0, -2 4 0'></coordinate>
      <color color='1 0 0, 0 1 0, 0 0 1, 0 0 0'/></Color>
   </IndexedFaceSet></Shape></Transform>
<Transform translation='-5 0 0'>
  <Shape><Sphere></Sphere>
        <Appearance><Material id='target' diffuseColor='1 0 0'></Material>
  </Appearance></Shape></Transform>
</Scene></X3D></body></html>
```

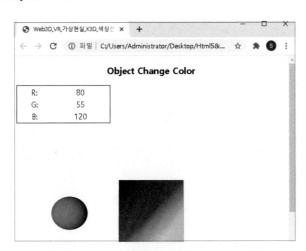

그림 11-7 물체의 색상 변경하기

| 참고사이트 및 자료 |

1. http://www.web3d.org/X3D/content/README.X3D-Edit.html

2. 박경배 외1 "3D 가상홈페이지 만들기", pp110~114, 21세기사, 2007

3. 박경배외1 "예제 중심의 X3D". 글로벌출판사, 2008

4. https://doc.x3dom.org/tutorials/index.html

5. https://doc.x3dom.org/tutorials/animationInteraction/picking/index.html

6. https://doc.x3dom.org/author/Lighting/SpotLight.html

7. https://doc.x3dom.org/author/Lighting/PointtLight.html

APPENDIX

A. VRML 사용법

VRML을 이용하여 가상공간을 구현하기 위해서 Cortona3D 사에서 제공하는 VrmlPad를 사용하면 매우 편리하다. VrmlPad를 이용하면 메모장이나 다른 편집기에 비해 매우 편리한 기능이 많이 제공된다.

VRML 코드를 처음 접한 초보자의 경우 대 소문자를 구별하지 않는 경우나 철자의 오류는 매우 빈번하다. VRML에서는 대소문자를 엄격히 구분하므로 이를 철저히 지켜야 한다.

VrmlPad에서는 이와 같은 오류를 자동으로 검출하기 때문에 매우 편리하게 코드를 유지 관리하는 장점이 있다. 또한 VRML97의 명세서에 나타난 각 코드들은 VrmlPad에 내장되어 있어 해당코드들을 표시하려 할 때 편집기는 각 코드들을 자동으로 완성시켜 준다. 따라서 철자의 오류로 인한 에러는 미연에 방지할 수 있다. 아쉬운 점은 데모 버전은 한 달간만 무료로 사용할 수 있다.

VrmlPad는 http://www.cortona3d.com에서 다운로드 받아 시험판을 사용한다.

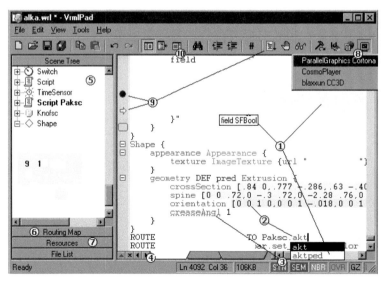

VrmlPad v2.1

① 편집 창 : VRML 코드를 편집하기 위한 창으로서 사용자가 효율적이고 편리하게 코드를 편집할 수 있도록 한다. 프로그래머의 입장에서 가장 중요한 점은 프로그램의 유

지보수가 쉬워야 한다는 점이다. VrmlPad는 이러한 점에서 프로그램 편집을 매우 간결하게 해준다. 또한 VRML의 명령어를 내장시켜 사용자가 첫 문자를 입력하면 해당 문자들을 표시하므로 매우 편리하게 사용할 수 있다. 메모장과 VrmlPad를 한번 비교해 보기 바란다.

② 칼라 코딩 : VRML 코드의 종류에 따라 다른 칼라를 제공한다. VRML은 VrmlPad는 노드와 필드 그리고 이를 구성하는 데이터의 종류에 따라 다른 칼라를 제공함으로써 프로그래머에게 일목요연하게 프로그램을 관리할 수 있도록 한다.

③ 에러 검출 : 잘못된 구문이나 데이터의 경우 에러 유무를 나타낸다. VRML의 노드나 필드가 아닌 경우 혹은 논리적 에러인 경우 편집 창에 빨간색 줄로 해당된 문자가 표시된다. 만약 편집 창에서 에러가 발생되면 편집 창의 하단에 에러가 일어났음을 나타낸다. 에러의 종류는 SYN(synmentic:문법오류), SEM(sementic:구문), NBR (number: 에러 발생 줄 번호)이 있다.

④ 서류 탭 (Document Tab) : 복잡하고 파일용량이 큰 경우의 VRML 파일은 일반적으로 여러 부분으로 분할하여 구현한다. 서류 탭 부분은 다수의 VRML 문서를 Open하여 동시에 여러 문서를 편집할 수 있다. 메모장에서 VRML을 편집할 경우 여러 VRML 파일을 보기 위해선 모두 메모장에 활성화 시켜야 한다. 편집자의 입장에서 매우 번거로운 일이다. VrmlPad에서는 다수의 VRML 파일을 활성화하여 파일간의 이동이 매우 자유롭다.

⑤ 장면 트리(Scene Tree) : VRML은 노드와 필드로 구성되어 있다. 이중 각 장면에 포함된 노드들에 대한 계층적 구조를 보여준다. 한 노드는 부모노드가 될 수 있으며 부모노드는 여려개의 자식노드를 포함하고 있다. VrmlPad는 각 파일에 적용된 노드들을 한눈에 파악할 수 있도록 사용된 노드와 각 노드의 계층적 구조를 장면 트리로 나타내어 프로그래머에게 편리한 기능을 제공한다. 만약 + 부호를 누르면 해당 노드의 자식노드들이 계층적으로 나타난다.

⑥ 라우팅 맵(Routing Map) : 각 장면의 이벤트에 대한 경로과정을 나타낸다. 라우팅이란 센서와 애니메이션 노드를 이용하여 가상공간에 상호작용을 일으키는 과정을 나타낸다. VrmlPad에서는 사용된 이벤트의 종류와 라우팅 과정을 라우팅 맵을 통하여 쉽게 파악할 수 있다. 라우팅 관련 문법은 어느 정도 VRML에 대한 기초 개념을 필요로 한다.

⑦ 자원 (Resource) : 각 문서에서 사용되어진 자원을 쉽게 관리하도록 한다.

⑧ 미리보기(Preview) : 구현된 파일을 실행시키기 위해서는 먼저 wrl 파일로 저장해야 하고 이 파일을 마우스로 더블 클릭해야만 한다. 사용자 입장에서는 매우 번거로운 일이다. 미리보기 기능은 현재 가능한 전용 뷰어를 통해 따로 wrl 파일로 저장하지 않고도 미리보기가 가능하다. VRML파일을 편집하다가 중간에 언제든지 미리보기 기능을 통하여 현재 만들어진 3차원 공간을 확인 할 수 있으며 이로 인하여 편집과 확인이 매우 편리하다. 한 가지 주의할 점은 현재의 파일에서 다른 대상의 wrl 파일을 호출할 경우에는 반드시 저장해야 해당 장면이 올바르게 나타난다. 현재의 파일을 저장하지 않을 경우 대상 파일이 없기 때문에 정확히 나타날 수 없다.

⑨ 디버거 (Debuger) : VRML 코드에 오류가 있을 때 자동적으로 해당 위치로 이동한다. VRML을 실행시키기 전에 VrmlPad에서 테스트를 할 경우 에러가 발생하면 해당위치에서 에러의 유무를 나타낸다.

⑩ 아이콘 노드(Node Thumbnail) : 노드를 이용하여 물체를 만들 경우 해당 물체가 올바르게 만들어 졌는지 알기 위해서는 프로그램을 실행해야만 한다. 따라서 매번 확인하는 것은 매우 번거로운 작업이 된다. 이 아이콘 노드는 각 장면의 노드에 대해 따로 실행하지 않아도 미리보기 기능을 제공한다. 프로그래머는 가상공간을 구현하기 위해 매우 많은 3차원 물체를 만들어야 한다. 이때 자신이 구현한 3차원 물체가 원하는 대로 만들어 졌는지 알기 위해서는 Cortona를 통해 확인해야 하는데 매번 물체마다 확인하기는 매우 번거로운 일이다. VrmlPad에서는 편집창의 오른쪽에 프로그래머가 만든 3차원의 물체를 간략히 보여줌으로써 물체의 외양과 색상이 정확히 구현되었는지를 알 수 있다.

▪ Shape 노드를 이용한 Box 만들기

```
#VRML V2.0 utf8        ### 반드시 #VRML은 빈칸 없이 첫줄에서 시작
### 크기 2을 갖는 정육면체 사각형
Shape {  geometry Box { size 2 2 2 } }
```

▪ Box 노드에서 size 필드 생략

```
#VRML V2.0 utf8        ### 반드시 #VRML은 빈칸 없이 첫줄에서 시작
### 크기 2을 갖는 정육면체 사각형
Shape {  geometry Box { } } ### size 필드 생략
```

▪ 파랑색 Box 만들기

```
#VRML V2.0 utf8        ### 반드시 #VRML은 빈칸 없이 첫줄에서 시작
### 크기 2을 갖는 정육면체 사각형
Shape {
    geometry Box { size 2 2 2 }
    appearance Appearance{ # 외형노드
        material Material{  #물체에 색상 입히기
        diffuseColor 0 0 1} # R=0, G=0, B =1 파랑색
}}
```

▪ Cone 만들기

```
#VRML V2.0 utf8        ### 반드시 #VRML은 빈칸 없이 첫줄에서 시작
### 기본값을  원뿔
Shape {
    geometry Cone { bottomRadius 1    height 2
    side TRUE }    ## FALSE 인 경우 그림 6-6
    appearance Appearance{ # 외형노드
        material Material{  #물체에 색상 입히기
        diffuseColor 1 1 0} # R=1, G=1, B =0 파랑색
    }}
```

▪ Cylinder 만들기

```
#VRML V2.0 utf8        ### 반드시 #VRML은 빈칸 없이 첫줄에서 시작
### 반지름 1 ,높이 2를 갖는  원기둥
Shape {  geometry Cylinder {  radius 1   height 2 }
     appearance Appearance{ # 외형노드
         material Material{  #물체에 색상 입히기
         diffuseColor 1 0 1 } # R=1, G=0, B =1 파랑색
   }}
```

▪ Sphere 만들기

```
#VRML V2.0 utf8        ### 반드시 #VRML은 빈칸 없이 첫줄에서 시작
### 반지름 1인  구
Shape { geometry Sphere {          radius 1          }
     appearance Appearance{ # 외형노드
         material Material{  #물체에 색상 입히기
         diffuseColor 0 1 0 } # R=0, G=0, B =1 초록색
   }}
```

▪ PointSet을 이용한 점 만들기

```
#VRML V2.0 utf8         ### 반드시 #VRML은 빈칸 없이 첫줄에서 시작
### 세개의 점 표현하기
Shape { geometry PointSet{
     color Color {color [1 0 0,  0 1 0, 0 0 1 ] } ## R, G ,B
     coord Coordinate {point[0 0 0, 3 0 0 ,-3 0 0 ] ## x y z 좌표
          } }}
```

IndexedLineSet을 이용한 선 만들기

```
#VRML V2.0 utf8          ### 반드시 #VRML은 빈칸 없이 첫줄에서 시작
### 선 만들기
Shape { geometry IndexedFaceSet{    solid FALSE
        color Color { color [1 1 1,1 1 1, 1 1 1 ] }## 색상 지정
        coord Coordinate { point[2 0 0, -2 0 0, 0 3 0 ]##좌표 지정  }
        coordIndex [0 1 -1, 1 2 -1, 0 2 -1,  ] ## 선 그리기 명령
        }}
```

■ IndexedFaceSet을 이용한 면 만들기

```
#VRML V2.0 utf8           ### 반드시 #VRML은 빈칸 없이 첫줄에서 시작 면 만들기
Shape { geometry IndexedFaceSet{    solid FALSE
        color Color { color [1 0 0,0 1 0,0 0 1 ]##각점의 RGB색상 지정
      } coord Coordinate { point[2 0 0, -2 0 0, 0 3 0 ]##좌표 지정
        }coordIndex [0 1  2 -1 ] ##면 그리기 명령
        }}
```

■ IndexedFaceSet을 이용한 피라미드만들기

```
#VRML V2.0 utf8    ### 반드시 #VRML은 빈칸 없이 첫줄에서 시작
### 피라미드 만들기
Shape { geometry IndexedFaceSet{
        solid FALSE            #양면
        colorPerVertex FALSE  # 면 기준 색상 적용
        color Color { color [1 0 0 , 0 1 0, 0 0 1, 1 1 0, 1 0 1]  }
        coord Coordinate {     ##다섯개의 좌표값
        point[2 0 2, -2 0 2, 2 0 -2 , -2 0 -2 , 0 6 0]}##좌표 인덱스
        coordIndex [0 1 3 2 -1, 0 6 2 -1, 0 6 1 -1, 2 6 3 -1, 1 6 3 -1]  } }
```

■ Elevation Grid를 이용한 불규칙 면 만들기

```
#VRML V2.0 utf8   ### 반드시 #VRML은 빈칸 없이 첫줄에서 시작
## ElevationGrid
Shape { geometry ElevationGrid{ ccw TRUE  # 한면만 표시
        xDimension 5  xSpacing 2   ## x차원과 간격
        zDimension 6  zSpacing 1   ## z차원과 간격
        height [ 0 1 0 1 0      1 0 3 0 1
            0 2 1 2 0      1 0 2 0 1 ]  ## 각 격자의 높이 값
            creaseAngle 2      #면과 면의 모서리 처리방법
        }appearance Appearance {
            material Material {diffuseColor 1 0 1}}}
```

■ Extrusion을 이용한 상자 만들기

```
#VRML V2.0 utf8   ### 반드시 #VRML은 빈칸 없이 첫줄에서 시작
## Extrusion
Shape { geometry Extrusion {        solid FALSE
          crossSection [ 1 1, 1 -1, -1 -1, -1 1, 1 1] #단면 정의
          spine [ 0 0 0, 0 1 0, 0 2 0 ]  #돌출 경로
          scale [ 0.5 0.5, 1 1, 0.5 0.5 ]  #크기 설정
       }appearance Appearance { material Material {diffuseColor 1 0 1}}}}
```

■ Extrusion을 이용한 스프링 만들기

```
#VRML V2.0 utf8   ### 반드시 #VRML은 빈칸 없이 첫줄에서 시작
## Extrusion
Shape { geometry Extrusion { solid FALSE
        crossSection [ 0.1 0.1, 0.1 -0.1, -0.1 -0.1, -0.1 0.1, 0.1 0.1 ]
        spine [ 0 0 1, 0.75 0.2 0.75, 1 0.6 0, 0.75 0.6 -0.75, 0 0.8 -1, -0.75 1
-0.75, -1 1.2 0, -0.75 1.6 0.75, 0 1.6 1, 0.75 1.8 0.75, 1 2 0, 0.75 2.2 -0.75, 0
2.6 -1, -0.75 2.6 -0.75, -1 2.8 0, -0.75 3 0.75, 0 3.2 1, 0.75 3.6 0.75, 1 3.6 0,
0.75 3.8 -0.75, 0 6 -1, -0.75 6.2 -0.75, -1 6.6 0, -0.75 6.6 0.75, 0 6.8 1, 0.75 5
0.75, 1 5.2 0, 0.75 5.6 -0.75, 0 5.6 -1, -0.75 5.8 -0.75, -1 6 0, -0.75 6.2 0.75 ]
scale [ 1 1, 1 1, 1 1,1 1, 1 1, 1 1,1 1, 1 1, 1 1,1 1, 1 1, 1 1, 1 1 ]}
        appearance Appearance { material Material {diffuseColor 1 0 0  }}}
```

■ FontStyle을 이용한 다양한 문자표현

```
#VRML V2.0 utf8   ### 반드시 #VRML은 빈칸 없이 첫줄에서 시작
#FontStyle
    Shape {#BEGIN
    appearance Appearance  {
        material Material { diffuseColor 1 0 0 } }
    geometry Text {
        fontStyle FontStyle { style "BOLD"  justify "BEGIN" size 1 }
        string [ "VRML V2.0 UTF-8"  ]  }}
    Shape { #FIRST
    appearance Appearance  {material Material { diffuseColor 0 0 1 } }
    geometry Text {
        fontStyle FontStyle { style "BOLD"  justify "FIRST" size 2 }
        string [ "VRML V2.0 UTF-8"  ]  }}
    Shape {#MIDDLE
    appearance Appearance  {material Material { diffuseColor 0 1 0 } }
    geometry Text {
        fontStyle FontStyle { style "BOLD"  justify "MIDDLE" size 3 }
    string [ "VRML V2.0 UTF-8"  ]  }}
    Shape { #END
    appearance Appearance  {
    material Material { diffuseColor 1 1 0 } }
     geometry Text {
        fontStyle FontStyle { style "BOLD"  justify "END" size 1 }
        string [ "VRML V2.0 UTF-8"  ]   }}
```

B. X3D Specification

```
Anchor : X3DGroupingNode {
MFNode[in]              addChildren
MFNode[in]              removeChildren
MFNode[in,out]         children          []            [X3DChildNode]
SFString[in,out]       description       ""
SFNode[in,out]         metadata          NULL          [X3DMetadataObject]
MFString[in,out]       parameter         []
MFString[in,out]       url               []            [url or urn]
SFVec3f[]              bboxCenter        0 0 0         (-∞,∞)
SFVec3f[]              bboxSize          -1 -1 -1 [0,∞) or −1 −1 −1
}


Appearance : X3DAppearanceNode {
SFNode[in,out]         fillProperties    NULL          [FillProperties]
SFNode[in,out]         lineProperties    NULL          [LineProperties]
SFNode[in,out]         material          NULL          [X3DMaterialNode]
SFNode[in,out]         metadata          NULL          [X3DMetadataObject]
MFNode[in,out]         shaders           []            [X3DShaderNode]
SFNode[in,out]         texture           NULL          [X3DTextureNode]
SFNode[in,out]         textureTransform  NULL          [X3DTextureTransformNode]
}


Arc2D : X3DGeometryNode {
SFNode[in,out]         metadata          NULL          [X3DMetadataObject]
SFFloat[]              endAngle          π/2           [-2π,2π]
SFFloat[]              radius            1             (0,∞)
SFFloat[]              startAngle        0             [-2π,2π]
}


ArcClose2D : X3DGeometryNode {
SFNode[in,out]         metadata          NULL          [X3DMetadataObject]
SFString[]             closureType       "PIE"         ["PIE"|"CHORD"]
SFFloat[]              endAngle          π/2           [-2π,2π]
SFFloat[]              radius            1             (0,∞)
SFBool[]               solid             FALSE
```

```
SFFloat[]              startAngle        0            [-2π,2π]
}


AudioClip : X3DSoundSourceNode, X3DUrlObject {
SFString[in,out]       description       ""
SFBool[in,out]         loop              FALSE
SFNode[in,out]         metadata          NULL         [X3DMetadataObject]
SFTime[in,out]         pauseTime         0            (-∞,∞)
SFFloat[in,out]        pitch             1.0          (0,∞)
SFTime[in,out]         resumeTime        0            (-∞,∞)
SFTime[in,out]         startTime         0            (-∞,∞)
SFTime[in,out]         stopTime          0            (-∞,∞)
MFString[in,out]       url               []           [urn]
SFTime[out]            duration_changed
SFTime[out]            elapsedTime
SFBool[out]            isActive
SFBool[out]            isPaused
}


Background : X3DBackgroundNode {
SFBool[in]             set_bind
MFFloat[in,out]        groundAngle       []           [0,π/2]
MFColor[in,out]        groundColor       []           [0,1]
MFString[in,out]       backUrl           []           [urn]
MFString[in,out]       bottomUrl         []           [urn]
MFString[in,out]       frontUrl          []           [urn]
MFString[in,out]       leftUrl           []           [urn]
SFNode[in,out]         metadata          NULL         [X3DMetadataObject]
MFString[in,out]       rightUrl          []           [urn]
MFString[in,out]       topUrl            []           [urn]
MFFloat[in,out]        skyAngle          []           [0,π]
MFColor[in,out]        skyColor          0 0 0        [0,1]
SFTime[out]            bindTime
SFBool[out]            isBound
}


Billboard : X3DGroupingNode {
MFNode[in]             addChildren                    [X3DChildNode]
```

```
MFNode[in]              removeChildren               [X3DChildNode]
SFVec3f[in,out]         axisOfRotation      0 1 0    (-∞,∞)
MFNode[in,out]          children            []       [X3DChildNode]
SFNode[in,out]          metadata            NULL     [X3DMetadataObject]
SFVec3f[]               bboxCenter          0 0 0    (-∞,∞)
SFVec3f[]               bboxSize            -1-1-1   [0,∞) or -1 -1 -1
}


BooleanFilter : X3DChildNode {
SFBool[in]              set_boolean
SFNode[in,out]          metadata            NULL     [X3DMetadataObject]
SFBool[out]             inputFalse
SFBool[out]             inputNegate
SFBool[out]             inputTrue
}


BooleanSequencer : X3DSequencerNode {
SFBool[in]              next
SFBool[in]              previous
SFFloat[in]             set_fraction
MFFloat[in,out]         key                 []       (-∞,∞)
MFBool[in,out]          keyValue            []
SFNode[in,out]          metadata            NULL     [X3DMetadataObject]
SFBool[out]             value_changed
}


BooleanToggle : X3DChildNode {
SFBool[in]              set_boolean
SFNode[in,out]          metadata            NULL     [X3DMetadataObject]
SFBool[in,out]          toggle              FALSE
}


BooleanTrigger : X3DTriggerNode {
SFTime[in]              set_triggerTime
SFNode[in,out]          metadata            NULL     [X3DMetadataObject]
SFBool[out]             triggerTrue
}
```

```
Box : X3DGeometryNode {
SFNode[in,out]          metadata          NULL      [X3DMetadataObject]
SFVec3f[]               size              2 2 2     [0,∞)
SFBool[]                solid             TRUE
}


CADAssembly : X3DGroupingNode, X3DProductStructureChildNode {
MFNode[in]              addChildren
MFNode[in]              removeChildren
MFNode[in,out]          children          []
SFNode[in,out]          metadata          NULL      [X3DMetadataObject]
SFString[in,out]        name              ""
SFVec3f[]               bboxCenter        0 0 0     (−∞,∞)
SFVec3f[]               bboxSize          −         1 -1 -1      [0,∞)
}


CADFace : X3DProductStructureChildNode, X3DBoundedObject {
SFNode[in,out]          metadata          NULL      [X3DMetadataObject]
SFString[in,out]        name              ""
SFNode[in,out]          shape             NULL      [X3DShapeNode, LOD]
SFVec3f[]               bboxCenter        0 0 0     (−∞, ∞)
SFVec3f[]               bboxSize          −         1 -1 -1 [0, ∞) or -1 -1 -1
}


CADLayer : X3DGroupingNode {
MFNode[in]              addChildren
MFNode[in]              removeChildren
MFNode[in,out]          children          []        [X3DChildNode]
SFNode[in,out]          metadata          NULL      [X3DMetadataObject]
SFString[in,out]        name              ""
MFBool[in,out]          visible           []
SFVec3f[]               bboxCenter        0 0 0     (−∞,∞)
SFVec3f[]               bboxSize          −         1 -1 -1[0,∞) or −1 −1 −1
}


CADPart : X3DGroupingNode, X3DProductStructureChildNode {
MFNode[in]              addChildren
```

```
MFNode[in]            removeChildren
SFVec3f[in,out]       center              0 0 0       (-∞,∞)
MFNode[in,out]        children            []          [CADFace]
SFNode[in,out]        metadata            NULL        [X3DMetadataObject]
SFString[in,out]      name                ""
SFRotation[in,out]    rotation            0 0 1 0     [-1,1] or (-∞,∞)
SFVec3[in,out]        scale               1 1 1       (0,∞)
SFRotation[in,out]    scaleOrientation    0 0 1 0     [-1,1] or (-∞,∞)
SFVec3f[in,out]       translation         0 0 0       (-∞,∞)
SFVec3f[]             bboxCenter          0 0 0       (-∞,∞)
SFVec3f[]             bboxSize            -           1 -1 -1 [0,∞) or −1 −1 −1
}


Circle2D : X3DGeometryNode {

SFNode[in,out]        metadata            NULL        [X3DMetadataObject]
SFFloat[]             radius              1           (0,∞)
}


Collision : X3DGroupingNode, X3DSensorNode {

MFNode[in]            addChildren         [X3DChildNode]
MFNode[in]            removeChildren      [X3DChildNode]
SFBool[in,out]        enabled
MFNode[in,out]        children            []          [X3DChildNode]
SFNode[in,out]        metadata            NULL        [X3DMetadataObject]
SFTime[out]           collideTime
SFBool[out]           isActive
SFVec3f[]             bboxCenter          0 0 0       (-∞,∞)
SFVec3f[]             bboxSize            -           1 -1 -1[0,∞) or −1 −1 −1
SFNode[]              proxy               NULL        [X3DChildNode]
}


Color : X3DColorNode {

MFColor[in,out]       color               [NULL]      [0,1]
SFNode[in,out]        metadata            NULL        [X3DMetadataObject]
}


ColorInterpolator : X3DInterpolatorNode {

SFFloat[in]           set_fraction        (-∞,∞)
```

```
MFFloat[in,out]        key              []          (-∞,∞)
MFColor[in,out]        keyValue         []          [0,1]
SFNode[in,out]         metadata         NULL        [X3DMetadataObject]
SFColor[out]           value_changed
}


ColorRGBA : X3DColorNode {
MFColorRGBA[in,out]    color            [NULL]      [0,1]
SFNode[in,out]         metadata         NULL        [X3DMetadataObject]
}


ComposedCubeMapTexture : X3DEnvironmentTextureNode {
SFNode[in,out]         back             NULL        [X3DTexture2DNode]
SFNode[in,out]         bottom           NULL        [X3DTexture2DNode]
SFNode[in,out]         front            NULL        [X3DTexture2DNode]
SFNode[in,out]         left             NULL        [X3DTexture2DNode]
SFNode[in,out]         metadata         NULL        [X3DMetadataObject]
SFNode[in,out]         right            NULL        [X3DTexture2DNode]
SFNode[in,out]         top              NULL        [X3DTexture2DNode]
}


ComposedShader : X3DShaderNode, X3DProgrammableShaderObject {
SFBool[in]             activate
SFNode[in,out]         metadata         NULL        [X3DMetadataObject]
MFNode[in,out]         parts            []          [ShaderPart]
SFBool[out]            isSelected
SFBool[out]            isValid
SFString[]             language         ""
# And any number of:
fieldType[]            fieldName
fieldType[in]          fieldName
fieldType[out]         fieldName
fieldType[in,out]      fieldName
}


ComposedTexture3D : X3DTexture3DNode {
SFNode[in,out]         metadata         NULL        [X3DMetadataObject]
SFBool[]               repeatS          FALSE
```

```
SFBool[]                repeatT             FALSE
SFBool[]                repeatR             FALSE
MFNode[in,out]          texture             []          [X3DTexture2DNode]
}


Cone : X3DGeometryNode {
SFNode[in,out]          metadata            NULL        [X3DMetadataObject]
SFBool[]                bottom              TRUE
SFFloat[]               bottomRadius        1           (0,∞)
SFFloat[]               height              2           (0,∞)
SFBool[]                side                TRUE
SFBool[]                solid               TRUE
}


Contour2D : X3DNode {
MFNode[in]              addChildren         [NurbsCurve2D¦ContourPolyline2D]
MFNode[in]              removeChildren      [NurbsCurve2D¦ContourPolyline2D]
MFNode[in,out]          children            [][NurbsCurve2D¦ContourPolyline2D]
SFNode[in,out]          metadata            NULL        [X3DMetadataObject]
}


ContourPolyline2D : X3DNurbsControlCurveNode {
SFNode[in,out]          metadata            NULL        [X3DMetadataObject]
MFVec2D[in,out]         controlPoint        []          (-∞, ∞)
}


Coordinate : X3DCoordinateNode {
SFNode[in,out]          metadata            NULL        [X3DMetadataObject]
MFVec3f[in,out]         point               NULL        (-∞,∞)
}

CoordinateDouble : X3DCoordinateNode {
SFNode[in,out]          metadata            NULL        [X3DMetadataObject]
MFVec3d[in,out]         point               []          (-∞,∞)
}


CoordinateInterpolator : X3DInterpolatorNode {
SFFloat[in]             set_fraction        (-∞,∞)
MFFloat[in,out]         key                 []          (-∞,∞)
```

```
MFVec3f[in,out]         keyValue        []              (-∞,∞)
SFNode[in,out]          metadata        NULL            [X3DMetadataObject]
MFVec3f[out]            value_changed
}


CoordinateInterpolator2D : X3DInterpolatorNode {
SFFloat[in]             set_fraction    (-∞,∞)
MFFloat[in,out]         key             []              (-∞,∞)
MFVec2f[in,out]         keyValue        []              (-∞,∞)
SFNode[in,out]          metadata        NULL            [X3DMetadataObject]
MFVec2f[out]            value_changed
}


Cylinder : X3DGeometryNode {
SFNode[in,out]          metadata        NULL            [X3DMetadataObject]
SFBool[]                bottom          TRUE
SFFloat[]               height          2               (0,∞)
SFFloat[]               radius          1               (0,∞)
SFBool[]                side            TRUE
SFBool[]                solid           TRUE
SFBool[]                top             TRUE
}


CylinderSensor : X3DDragSensorNode {
SFBool[in,out]          autoOffset      TRUE
SFString[in,out]        description     ""
SFFloat[in,out]         diskAngle       π/12            (0,π/2)
SFBool[in,out]          enabled         TRUE
SFFloat[in,out]         maxAngle        -1              [-2π,2π]
SFNode[in,out]          metadata        NULL            [X3DMetadataObject]
SFFloat[in,out]         minAngle        0               [-2π,2π]
SFFloat[in,out]         offset          0               (-∞,∞)
SFBool[out]             isActive
SFBool[out]             isOver
SFRotation[out]         rotation_changed
SFVec3f[out]            trackPoint_changed
}
```

```
DirectionalLight : X3DLightNode {
SFFloatin,out]          ambientIntensity   0          [0,1]
SFColor[in,out]         color              1 1 1      [0,1]
SFVec3f[in,out]         direction          0 0 -1     (-∞,∞)
SFBool[in,out]          global             FALSE
SFFloat[in,out]         intensity          1          [0,1]
SFNode[in,out]          metadata           NULL       [X3DMetadataObject]
SFBool[in,out]          on                 TRUE
}


Disk2D : X3DGeometryNode {
SFNode[in,out]          metadata           NULL       [X3DMetadataObject]
SFFloat[]               innerRadius        0          [0,∞)
SFFloat[]               outerRadius        1          (0,∞)
SFBool[]                solid              FALSE
}


ElevationGrid : X3DGeometryNode {
MFFloat[in]             set_height
MFNode[in,out]          attrib             []         [X3DVertexAttributeNode]
SFNode[in,out]          color              NULL       [X3DColorNode]
SFNode[in,out]          fogCoord           []         [FogCoordinate]
SFNode[in,out]          metadata           NULL       [X3DMetadataObject]
SFNode[in,out]          normal             NULL       [X3DNormalNode]
SFNode[in,out]          texCoord           NULL       [X3DTextureCoordinateNode]
SFBool[]                ccw                TRUE
SFBool[]                colorPerVertex     TRUE
SFFloat[]               creaseAngle        0          [0,∞)
MFFloat[]               height             []         (-∞,∞)
SFBool[]                normalPerVertex    TRUE
SFBool[]                solid              TRUE
SFInt32[]               xDimension         0          [0,∞)
SFFloat[]               xSpacing           1.0        (0,∞)
SFInt32[]               zDimension         0          [0,∞)
SFFloat[]               zSpacing           1.0        (0,∞)
}
```

```
EspduTransform: X3DGroupingNode, X3DSensorNode {
MFNode[in]              addChildren
MFNode[in]              removeChildren
SFFloat[in]            set_articulationParameterValue0      (-∞,∞)
SFFloat[in]            set_articulationParameterValue1      (-∞,∞)
SFFloat[in]            set_articulationParameterValue2      (-∞,∞)
SFFloat[in]            set_articulationParameterValue3      (-∞,∞)
SFFloat[in]            set_articulationParameterValue4      (-∞,∞)
SFFloat[in]            set_articulationParameterValue5      (-∞,∞)
SFFloat[in]            set_articulationParameterValue6      (-∞,∞)
SFFloat[in]            set_articulationParameterValue7      (-∞,∞)
SFString[in,out]       address                  "localhost"
SFInt32[in,out]        applicationID            1      [0,65535]
SFInt32[in,out]        articulationParameterCount      0      [0,78]
MFInt32[in,out]        articulationParameterDesignatorArray  []    [0,255]
MFInt32[in,out]        articulationParameterChangeIndicatorArray[]  [0,255]
MFInt32[in,out]        articulationParameterIdPartAttachedToArray[]  [0,65535]
MFInt32[in,out]        articulationParameterTypeArray  []
MFFloat[in,out]        articulationParameterArray      []    (-∞,∞)
SFVec3f[in,out]        center                   0 0 0  (-∞,∞)
MFNode[in,out]         children                 []
SFInt32[in,out]        collisionType            0      [0,255]
SFInt32[in,out]        deadReckoning            0      [0,255]
SFVec3f[in,out]        detonationLocation       0 0 0  (-∞,∞)
SFVec3f[in,out]        detonationRelativeLocation  0 0 0  (-∞,∞)
SFInt32[in,out]        detonationResult         0      [0,255]
SFBool[in,out]         enabled                  TRUE
SFInt32[in,out]        entityCategory           0      [0,255]
SFInt32[in,out]        entityCountry            0      [0,65535]
SFInt32[in,out]        entityDomain             0      [0,255]
SFInt32[in,out]        entityExtra              0      [0,255]
SFInt32[in,out]        entityID                 0      [0,65535]
SFInt32[in,out]        entityKind               0      [0,255]
SFInt32[in,out]        entitySpecific           0      [0,255]
SFInt32[in,out]        entitySubCategory        0      [0,255]
SFInt32[in,out]        eventApplicationID       1      [0,65535]
SFInt32[in,out]        eventEntityID            0      [0,65535]
SFInt32[in,out]        eventNumber              0      [0,65355]
```

SFInt32[in,out]	eventSiteID	0	[0,65535]
SFBool[in,out]	fired1	FALSE	
SFBool[in,out]	fired2	FALSE	
SFInt32[in,out]	fireMissionIndex	0	[0,65535]
SFFloat[in,out]	firingRange	0.0	(0,∞)
SFInt32[in,out]	firingRate	0	[0,65535]
SFInt32[in,out]	forceID	0	[0,255]
SFInt32[in,out]	fuse	0	[0,65535]
SFVec3f[in,out]	linearVelocity	0 0 0	(−∞,∞)
SFVec3f[in,out]	linearAcceleration	0 0 0	(−∞,∞)
SFString[in,out]	marking	""	
SFNode[in,out]	metadata	NULL	
SFString[in,out]	multicastRelayHost	""	
SFInt32[in,out]	multicastRelayPort	0	
SFInt32[in,out]	munitionApplicationID	1	[0,65535]
SFVec3f[in,out]	munitionEndPoint	0 0 0	(−∞,∞)
SFInt32[in,out]	munitionEntityID	0	[0,65535]
SFInt32[in,out]	munitionQuantity	0	[0,65535]
SFInt32[in,out]	munitionSiteID	[0,65535]	
SFVec3f[in,out]	munitionStartPoint	0 0 0	(−∞,∞)
SFString[in,out]	networkMode	standAlone"["standAlone""networkReader" "networkWriter"]	
SFInt32[in,out]	port	0	[0,65535]
SFTime[in,out]	readInterval	0.1	[0,∞)
SFRotation[in,out]	rotation	0 0 1 0	(−∞,∞)¦[−1,1]
SFVec3f[in,out]	scale	1 1 1	(−∞,∞)
SFRotation[in,out]	scaleOrientation 0 0 1 0	(−∞,∞)¦[−1,1]	
SFInt32[in,out]	siteID	0	[0,65535]
SFVec3f[in,out]	translation	0 0 0	(−∞,∞)
SFInt32[in,out]	warhead	0	[0,65535]
SFTime[in,out]	writeInterval	1.0	[0,∞)
SFFloat[out]	articulationParameterValue0_changed	0.0	(−∞,∞)
SFFloat[out]	articulationParameterValue1_changed	0.0	(−∞,∞)
SFFloat[out]	articulationParameterValue2_changed	0.0	(−∞,∞)
SFFloat[out]	articulationParameterValue3_changed	0.0	(−∞,∞)
SFFloat[out]	articulationParameterValue4_changed	0.0	(−∞,∞)
SFFloat[out]	articulationParameterValue5_changed	0.0	(−∞,∞)
SFFloat[out]	articulationParameterValue6_changed	0.0	(−∞,∞)

```
SFFloat[out]          articulationParameterValue7_changed0.0        (-∞,∞)
SFTime[out]           collideTime                   0      [0,∞)
SFTime[out]           detonateTime                  0      [0,∞)
SFTime[out]           firedTime                     0      [0,∞)
SFBool[out]           isActive                      FALSE
SFBool[out]           isCollided                    FALSE
SFBool[out]           isDetonated                   FALSE
SFBool[out]           isNetworkReader               FALSE
SFBool[out            isNetworkWriter               FALSE
SFBool[out]           isRtpHeaderHeard              FALSE
SFBool[out]           isStandAlone                  FALSE
SFTime[out]           timestamp                     0      [0,∞)
SFVec3f[]             bboxCente                     0 0 0  (-∞,∞)
SFVec3f[]             bboxSize                      -1 -1 -1
SFBool[]              rtpHeaderExpected             FALSE
}


Extrusion : X3DGeometryNode {
MFVec2f[in]           set_crossSection
MFRotation[in]        set_orientation
MFVec2f[in]           set_scale
MFVec3f[in]           set_spine
SFNode[in,out]        metadata                      NULL
SFBool[]              beginCap                      TRUE
SFBool[]              ccw                           TRUE
SFBool[]              convex                        TRUE
SFFloat[]             creaseAngle       0           [0,∞)
MFVec2f[]             crossSection      [1 1 1 -1 -1 -1 -1 1 1 1]  (-∞,∞)
SFBool[]              endCap                        TRUE
MFRotation[]          orientation       0 0 1 0     [-1,1] or(-∞,∞)
MFVec2f[]             scale                         1 1    (0,∞)
SFBool[]              solid                         TRUE
MFVec3f[]             spine                         [0 0 0 0 1 0]  (-∞,∞)
}


FillProperties : X3DAppearanceChildNode {
SFBool[in,out]        filled                        TRUE
SFColor[in,out]       hatchColor        1 1 1       [0,1]
```

```
SFBool[in,out]          hatched                 TRUE
SFInt32[in,out]         hatchStyle              1      [0,∞)
SFNode[in,out]          metadata                NULL   [X3DMetadataObject]
}


FloatVertexAttribute : X3DVertexAttributeNode {
SFNode[in,out]          metadata                NULL[X3DMetadataObject]
MFFloat[in,out]         value                   []     (-∞,∞)
SFString[]              name                    ""
SFInt32[]               numComponents           4      [1..4]
}


Fog : X3DBindableNode, X3DFogObject {
SFBool[in]              set_bind
SFColor[in,out]         color                           1 1 1 [0,1]
SFString[in,out]        fogType                 "LINEAR"   "LINEAR"¦"EXPONENTIAL"]
SFNode[in,out]          metadata                NULL       [X3DMetadataObject]
SFFloat[in,out]         visibilityRange         0          [0,∞)
SFTime[out]             bindTime
SFBool[out]             isBound
}


FogCoordinate : X3DGeometricPropertyNode {
MFFloat[in,out]         depth                           []     [0,1]
SFNode[in,out]          metadata                NULL       [X3DMetadataObject]
}


FontStyle : X3DFontStyleNode {
SFNode[in,out]          metadata                NULL       [X3DMetadataObject]
MFString[]              family                  "SERIF"
SFBool[]                horizontal              TRUE
MFString[]              justify                 "BEGIN"
["BEGIN"¦"END"¦"FIRST"¦"MIDDLE"¦""]
SFString[]              language                ""
SFBool[]                leftToRight             TRUE
SFFloat[]               size                    1.0        (0,∞)
SFFloat[]               spacing                 1.0        0,∞)
SFString[]              style                   "PLAIN"
```

```
["PLAIN"¦"BOLD"¦"ITALIC"¦"BOLDITALIC"¦""]
SFBool[]                topToBottom         TRUE
}


GeneratedCubeMapTexture : X3DEnvironmentTextureNode {
SFNode[in,out]          metadata            NULL        [X3DMetadataObject]
SFString[in,out]        update              NONE"       ["NONE", "NEXT_FRAME_ONLY", "ALWAYS"]
SFInt32[]               size                128         (0,∞)
}


GeoCoordinate : X3DCoordinateNode {
SFNode[in,out]          metadata            NULL        [X3DMetadataObject]
MFVec3d[in,out]         point               []
SFNode[]                geoOrigin           NULL        [GeoOrigin]
MFString[]              geoSystem           ["GD","WE"]
}


GeoElevationGrid : X3DGeometryNode {
MFDouble[in]            set_height
SFNode[in,out]          color               NULL        [X3DColorNode]
SFNode[in,out]          metadata            NULL        [X3DMetadataObject]
SFNode[in,out]          normal              NULL        [X3DNormalNode]
SFNode[in,out]          texCoord            NULL        [X3DTextureCoordinateNode]
SFFloat[in,out]         yScale              1.0         [0,∞)
SFBool[]                ccw                 TRUE
SFBool[]                colorPerVertex      TRUE
SFDouble[]              creaseAngle         0           [0,∞)
SFVec3d[]               geoGridOrigin       0 0 0       (-∞,∞)
SFNode[]                geoOrigin           NULL        [GeoOrigin]
MFString[]              geoSystem           ["GD","WE"]
MFDouble[]              height              0 0         (0,∞)
SFBool[]                normalPerVertex     TRUE
SFBool[]                solid               TRUE
SFInt32[]               xDimension          0           (0,∞)
SFDouble[]              xSpacing            1.0         [0,∞)
SFInt32[]               zDimension          0           (0,∞)
SFDouble[]              zSpacing            1.0         [0,∞)
}
```

```
GeoLocation : X3DGroupingNode {
MFNode[in]              addChildren      [X3DChildNode]
MFNode[in]              removeChildren   [X3DChildNode]
MFNode[in,out]         children         []           [X3DChildNode]
SFVec3d[in,out]        geoCoords        0 0 0        (-∞,∞)
SFNode[in,out]         metadata         NULL         [X3DMetadataObject]
SFNode[]               geoOrigin        NULL         [GeoOrigin]
MFString[]             geoSystem        ["GD","WE"]
SFVec3f[]              bboxCenter       0 0 0        (-∞,∞)
SFVec3f[]              bboxSize         -            -1 -1 -1[0,∞) or −1 −1 −1
}

GeoLOD : X3DChildNode, X3DBoundedObject {
SFNode[in,out]         metadata         NULL         [X3DMetadataObject]
MFNode[out]            children         []           [X3DSwitchNode]
SFInt32[out]           level_changed
SFVec3d[]              center           0 0 0        (-∞,∞)
MFString[]             child1Url        []           [urn]
MFString[]             child2Url        []           [urn]
MFString[]             child3Url        []           [urn]
MFString[]             child4Url        []           [urn]
SFNode[]               geoOrigin        NULL         [GeoOrigin]
MFString[]             geoSystem        ["GD","WE"]
SFFloat[]              range            10           [0,∞)
MFString[]             rootUrl          []           [urn]
MFNode[]               rootNode         []           [X3DChildNode]
SFVec3f[]              bboxCenter       0 0 0        (-∞,∞)
SFVec3f[]              bboxSize         -            1 −1 -1 [0,∞) or −1 −1 −1
}

GeoMetadata : X3DInfoNode {
MFNode[in,out]         data             []           [urn]
SFNode[in,out]         metadata         NULL         [X3DMetadataObject]
MFString[in,out]       summary          []
MFString[in,out]       url              []           [urn]
}
```

```
GeoOrigin : X3DNode {
SFVec3d[in,out]        geoCoords        0 0 0      (-∞,∞)
SFNode[in,out]         metadata         NULL       [X3DMetadataObject]
MFString[]             geoSystem        ["GD","WE"]
SFBool[]               rotateYUp        FALSE
}


GeoPositionInterpolator : X3DInterpolatorNode {
SFFloat[in]            set_fraction     (-∞,∞)
MFFloat[in,out]        key              []         (-∞,∞)
MFVec3d[in,out]        keyValue         []
SFNode [in,out]        metadata         NULL       [X3DMetadataObject]
SFVec3d[out]           geovalue_changed
SFVec3f[out]           value_changed
SFNode[]               geoOrigin        NULL       [GeoOrigin]
MFString[]             geoSystem        ["GD","WE"]
}


GeoTouchSensor : X3DTouchSensorNode {
SFString[in,out]       description          ""
SFBool[in,out]         enabled          TRUE
SFNode[in,out]         metadata         NULL       [X3DMetadataObject]
SFVec3f[out]           hitNormal_changed
SFVec3f[out]           hitPoint_changed
SFVec2f[out]           hitTexCoord_changed
SFVec3d[out]           hitGeoCoord_changed
SFBool[out]            sActive
SFBool[out]            isOver
SFTime[out]            touchTime
SFNode[]               geoOrigin        NULL       [GeoOrigin]
MFString[]             geoSystem        ["GD","WE"]
}


GeoViewpoint : X3DBindableNode {
SFBool[in]             set_bind
SFRotation[in]         set_orientation
SFVec3d[in]            set_position
SFString[in,out]       description          ""
```

SFFloat[in,out]	fieldOfView	π/4	(0,π)
SFBool[in,out]	headlight	TRUE	
SFBool[in,out]	jump	TRUE	
SFNode[in,out]	metadata	NULL	[X3DMetadataObject]
MFString[in,out]	navType	["EXAMINE","ANY"]	
SFTime[out]	bindTime		
SFBool[out]	isBound		
SFNode[]	geoOrigin	NULL	[GeoOrigin]
MFString[]	geoSystem	["GD","WE"]	
SFRotation[]	orientation	0 0 1 0	(−∞,∞) or −1 1
SFVec3d[]	position	0 0 100000	(−∞,∞)
SFFloat[]	speedFactor	1.0	[0,∞)
}			

```
Group : X3DGroupingNode {
```

MFNode[in]	addChildren		[X3DChildNode]
MFNode[in]	removeChildren		[X3DChildNode]
MFNode[in,out]	children	[]	[X3DChildNode]
SFNode[in,out]	metadata	NULL	[X3DMetadataObject]
SFVec3f[]	bboxCenter	0 0 0	(−∞,∞)
SFVec3f[]	bboxSize	−	1 -1 -1 [0,∞) or −1 −1 −1
}			

```
HAnimDisplacer : X3DGeometricPropertyNode {
```

MFInt32[in,out]	coordIndex	[]	[0,∞) or -1
MFVec3f[in,out]	displacements	[]	
SFNode[in,out]	metadata	NULL	[X3DMetadataObject]
SFString[in,out]	name	""	
SFFloat[in,out]	weight	0.0	(−∞,∞)
}			

```
HAnimHumanoid : X3DChildNode, X3DBoundedObject {
```

SFVec3f[in,out]	center	0 0 0	(−∞,∞)
MFString[in,out]	info	[]	
MFNode[in,out]	joints	[]	[HAnimJoint]
SFNode[in,out]	metadata	NULL	[X3DMetadataObject]
SFString[in,out]	name	""	
SFRotation[in,out]	rotation	0 0 1 0	(−∞,∞)∣[-1,1]
SFVec3f[in,out]	scale	1 1 1	(0,∞)

```
SFRotation[in,out]      scaleOrientation    0 0 1 0 (-∞,∞)|[-1,1]
MFNode[in,out]          segments            []              [HAnimSegment]
MFNode[in,out]          sites               []              [HAnimSite]
MFNode[in,out]          skeleton            []              [HAnimJoint, HAnimSite]
MFNode[in,out]          skin                []              [X3DChildNode]
SFNode[in,out]          skinCoord           NULL            [X3DCoordinateNode]
SFNode[in,out]          skinNormal          NULL            [X3DNormalNode]
SFVec3f[in,out]         translation         0 0 0           (-∞,∞)
SFString[in,out]        version             ""
MFNode[in,out]          viewpoints          []              [HAnimSite]
SFVec3f[]               bboxCenter          0 0 0           (-∞,∞)
SFVec3f[]               bboxSize            -1 -1 -1 [0,∞) or −1 −1 −1
}


HAnimJoint : X3DGroupingNode {
MFNodein]               addChildren         [HAnimJoint,HAnimSegment,HAnimSite]
MFNode[in]              removeChildren      [HAnimJoint,HAnimSegment,HAnimSite]
SFVec3f[in,out]         center              0 0 0           (-∞,∞)
MFNode[in,out]          children            [][HAnimJoint,HAnimSegment,HAnimSite]
MFNode[in,out]          displacers          []              [HAnimDisplacer]
SFRotation[in,out]      limitOrientation    0 0 1 0(-∞,∞)|[-1,1]
MFFloat[in,out]         llimit              []              (-∞,∞)
SFNode[in,out]          metadata            NULL            [X3DMetadataObject]
SFString[in,out]        name                ""
SFRotation[in,out]      rotation            0 0 1 0         (-∞,∞)|[-1,1]
SFVec3f[in,out]         scale               1 1 1           (0,∞)
SFRotation[in,out]      scaleOrientation    0 0 1 0 (-∞,∞)|[-1,1]
MFInt32[in,out]         skinCoordIndex      []
MFFloat[in,out]         skinCoordWeight     []
MFFloat[in,out]         stiffness           [0 0 0]         [0,1]
SFVec3f[in,out]         translation         0 0 0           (-∞,∞)
MFFloat[in,out]         ulimit              []              (-∞,∞)
SFVec3f[]               bboxCenter          0 0 0           (-∞,∞)
SFVec3f[]               bboxSize            -               1 -1 -1 [0,∞) or −1 −1 −1
}
```

```
HAnimSegment : X3DGroupingNode {
MFNode[in]              addChildren       [X3DChildNode]
MFNode[in]              removeChildren    [X3DChildNode]
SFVec3f[in,out]        centerOfMass      0 0 0           (-∞,∞)
MFNode[in,out]         children          []              [X3DChildNode]
SFNode[in,out]         coord             NULL            [X3DCoordinateNode]
MFNode[in,out]         displacers        []              [HAnimDisplacer]
SFFloat[in,out]        mass              0               [0,∞)
SFNode[in,out]         metadata          NULL            [X3DMetadataObject]
MFFloat[in,out]        momentsOfInertia  [0 0 0 0 0 0 0 0 0] [0,∞)
SFString[in,out]       name              ""
SFVec3f[]              bboxCenter        0 0 0           (-∞,∞)
SFVec3f[]              bboxSize          -               1 -1 -1 [0,∞) or -1 -1 -1
}


HAnimSite : X3DGroupingNode {
MFNode[in]              addChildren       [X3DChildNode]
MFNode[in]              removeChildren    [X3DChildNode]
SFVec3f[in,out]        center            0 0 0           (-∞,∞)
MFNode[in,out]         children          []              [X3DChildNode]
SFNode[in,out]         metadata          NULL            [X3DMetadataObject]
SFString[in,out]       name              ""
SFRotation[in,out]     rotation          0 0 1 0 (-∞,∞)|[-1,1]
SFVec3f[in,out]        scale             1 1 1           (0,∞)
SFRotation[in,out]     scaleOrientation  0 0 1 0  (-∞,∞)|[-1,1]
SFVec3f[in,out]        translation       0 0 0           (-∞,∞)|[-1,1]
SFVec3f[]              bboxCenter        0 0 0           (-∞,∞)
SFVec3[]               bboxSize          -               1 -1 -1 [0,∞) or -1 -1 -1
}


ImageCubeMapTexture : X3DEnvironmentTextureNode, X3DUrlObject {
SFNode[in,out]         metadata          NULL            [X3DMetadataObject]
MFString[in,out]       url                               []
}


ImageTexture : X3DTexture2DNode {
SFNode[in,out]         metadata          NULL            [X3DMetadataObject]
MFString[in,out]       url               []              [urn]
```

```
SFBool[]                repeatS         TRUE
SFBool[]                repeatT         TRUE
}


ImageTexture3D : X3DTexture3DNode, X3DUrlObject {
SFNode[in,out]          metadata        NULL        [X3DMetadataObject]
MFString[in,out]        url             []
SFBool[]                repeatS         FALSE
SFBool[]                repeatT         FALSE
SFBool[]                repeatR         FALSE
}


IndexedFaceSet : X3DComposedGeometryNode {
MFInt32[in]             set_colorIndex
MFInt32[in]             set_coordIndex
MFInt32[in]             set_normalIndex
MFInt32[in]             set_texCoordIndex
MFNode[in,out]          attrib          []          [X3DVertexAttributeNode]
SFNode[in,out]          color           NULL        [X3DColorNode]
SFNode[in,out]          coord           NULL        [X3DCoordinateNode]
SFNode[in,out]          fogCoord        []          [FogCoordinate]
SFNode[in,out]          metadata        NULL        [X3DMetadataObject]
SFNode[in,out]          normal          NULL        [X3DNormalNode]
SFNode[in,out]          texCoord        NULL        [X3DTextureCoordinateNode]
SFBool[]                ccw             TRUE
MFInt32[]               colorIndex      []          [0,∞) or –1
SFBool[]                colorPerVertex  TRUE
SFBool[]                convex          TRUE
MFInt32[]               coordIndex      []          [0,∞) or –1
SFFloat[]               creaseAngle     0           [0,∞)
MFInt32[]               normalIndex     []          [0,∞) or –1
SFBool[]                normalPerVertex TRUE
SFBool[]                solid           TRUE
MFInt32[]               texCoordIndex   []          [–1,∞)
}
```

```
IndexedLineSet : X3DGeometryNode {
MFInt32[in]              set_colorIndex
MFInt32[in]              set_coordIndex
MFNode[in,out]           attrib           []        [X3DVertexAttributeNode]
SFNode[in,out]           color            NULL      [X3DColorNode]
SFNode[in,out]           coord            NULL      [X3DCoordinateNode]
SFNode[in,out]           fogCoord         []        [FogCoordinate]
SFNode[in,out]           metadata         NULL      [X3DMetadataObject]
MFInt32[]                colorIndex       []        [0,∞) or -1
SFBool[]                 colorPerVertex   TRUE
MFInt32[]                coordIndex       []        [0,∞) or -1
}


IndexedQuadSet : X3DComposedGeometryNode {
MFInt32[in]              set_index        []        [0,∞)
MFNode[in,out]           attrib           []        [X3DVertexAttributeNode]
SFNode[in,out]           color            NULL      [X3DColorNode]
SFNode[in,out]           coord            NULL      [X3DCoordinateNode]
SFNode[in,out]           fogCoord         []        [FogCoordinate]
SFNode[in,out]           metadata         NULL      [X3DMetadataObject]
SFNode[in,out]           normal           NULL      [X3DNormalNode]
SFNode[in,out]           texCoord         NULL      [X3DTextureCoordinateNode]
SFBool[]                 ccw              TRUE
SFBool[]                 colorPerVertex   RUE
SFBool[]                 normalPerVertex  TRUE
SFBool[]                 solid            TRUE
MFInt32[]                I                ndex      []      [0,∞)
}


IndexedTriangleFanSet : X3DComposedGeometryNode {
MFInt32[in]              set_index        []        [0,∞) or -1
MFNode[in,out]           attrib           []        [X3DVertexAttributeNode]
SFNode[in,out]           color            NULL      [X3DColorNode]
SFNode[in,out]           coord            NULL      [X3DCoordinateNode]
SFNode[in,out]           fogCoord         []        [FogCoordinate]
SFNode[in,out]           metadata         NULL      [X3DMetadataObject]
SFNode[in,out]           normal           NULL      [X3DNormalNode]
SFNode[in,out]           texCoord         NULL      [X3DTextureCoordinateNode]
```

```
SFBool[]                ccw               TRUE
SFBool[]                colorPerVertex    TRUE
SFBool[]                normalPerVertex   TRUE
SFBool[]                solid             TRUE
MFInt32[]               ndex              []          [0,∞) or -1
}


IndexedTriangleSet : X3DComposedGeometryNode {
MFInt32[in]             set_index         []          [0,∞)
MFNode[in,out]          attrib            []          [X3DVertexAttributeNode]
SFNode[in,out]          color             NULL        [X3DColorNode]
SFNode[in,out]          coord             NULL        [X3DCoordinateNode]
SFNode[in,out]          fogCoord          []          [FogCoordinate]
SFNode[in,out]          metadata          NULL        [X3DMetadataObject]
SFNode[in,out]          normal            NULL        [X3DNormalNode]
SFNode[in,out]          texCoord          NULL        [X3DTextureCoordinateNode]
SFBool[]                ccw               TRUE
SFBool[]                colorPerVertex    TRUE
SFBool[]                normalPerVertex   TRUE
SFBool[]                solid             TRUE
MFInt32[]               index             []     [0,∞)
}


IndexedTriangleStripSet : X3DComposedGeometryNode {
MFInt32[in]             set_index         []          [0,∞) or −1
MFNode[in,out]          attrib            []          [X3DVertexAttributeNode]
SFNode[in,out]          color             NULL        [X3DColorNode]
SFNode[in,out]          coord             NULL        [X3DCoordinateNode]
SFNode[in,out]          fogCoord          []          [FogCoordinate]
SFNode[in,out]                            metadata          NULL
[X3DMetadataObject]
SFNode[in,out]          normal            NULL        [X3DNormalNode]
SFNode[in,out]          texCoord          NULL        [X3DTextureCoordinateNode]
SFBool[]                ccw               TRUE
SFBool[]                colorPerVertex    TRUE
SFBool[]                normalPerVertex   TRUE
SFBool[]                solid             TRUE
MFInt32[]               index             []          [0,∞) or −1
}
```

```
Inline : X3DChildNode, X3DBoundedObject, X3DUrlObject {
SFBool[in,out]          load            TRUE
SFNode[in,out]          metadata        NULL        [X3DMetadataObject]
MFString[in,out]        url             []          [url or urn]
SFVec3f[]               bboxCenter      0 0 0       -∞,∞)
SFVec3f[]               bboxSize        -1 -1 -1 [0,∞) or -1 -1 -1
}


IntegerSequencer : X3DSequencerNode {
SFBool[in]              next
SFBool[in]              previous
SFFloat[in]             set_fraction
MFFloat[in,out]         key             []          (-∞,∞)
MFInt32[in,out]         keyValue        []          (-∞,∞)
SFNode[in,out]          metadata        NULL        [X3DMetadataObject]
SFInt32[out]            value_changed
}


IntegerTrigger : X3DTriggerNode {
SFBool[in]              set_boolean
SFInt32[in,out]         integerKey      (-∞,∞)
SFNode[in,out]          metadata        NULL        [X3DMetadataObject]
SFInt32[out]            triggerValue
}


KeySensor : X3DKeyDeviceSensorNode {
SFBool[in,out]          enabled         TRUE
SFNode[in,out]          metadata        NULL        [X3DMetadataObject]
SFInt32[out]            actionKeyPress
SFInt32[out]            actionKeyRelease
SFBool[out]             altKey
SFBool[out]             controlKey
SFBool[out]             isActive
SFString[out]           keyPress
SFString[out]           keyRelease
SFBool[out]             shiftKey
}
```

```
LineProperties : X3DAppearanceChildNode {
SFBool[in,out]          applied             TRUE
SFInt32[in,out]         linetype            1               [1,∞)
SFFloat[in,out]         linewidthScaleFactor 0              [-∞,∞)
SFNode[in,out]          metadata            NULL            [X3DMetadataObject]
}


LineSet : X3DGeometryNode {
MFNode[in,out]          attrib              []              [X3DVertexAttributeNode]
SFNode[in,out]          color               NULL            [X3DColorNode]
SFNode[in,out]          coord               NULL            [X3DCoordinateNode]
SFNode[in,out]          fogCoord            []              [FogCoordinate]
SFNode[in,out]          metadata            NULL            [X3DMetadataObject]
MFInt32[in,out]         vertexCount         []              [2,∞)
}


LoadSensor : X3DNetworkSensorNode {
SFBool[in,out]          enabled             TRUE
SFNode[in,out]          metadata            NULL            [X3DMetadataObject]
SFTime[in,out]          timeOut             0
MFNode[in,out]          watchList           []              [X3DUrlObject]
SFBool[out]             isActive
SFBool[out]             isLoaded
SFTime[out]             loadTime
SFFloat[out]            progress
}


LocalFog : X3DChildNode, X3DFogObject {
SFColor[in,out]         color               1 1 1           [0,1]
SFBool[in,out]          enabled             TRUE
SFString[in,out]        fogType             "LINEAR" ["LINEAR"|"EXPONENTIAL"]
SFNode[in,out]          metadata            NULL            [X3DMetadataObject]
SFFloat[in,out]         visibilityRange     0               [0,-∞)
}


LOD : X3DGroupingNode {
MFNode[in]              addChildren         [X3DChildNode]
MFNode[in]              removeChildren      [X3DChildNode]
```

```
MFNode[in,out]          children         []          [X3DChildNode]
SFNode[in,out]          metadata         NULL        [X3DMetadataObject]
SFInt32[out]            level_changed
SFVec3f[]               bboxCenter       0 0 0       (-∞,∞)
SFVec3f[]               bboxSize      -1 -1 -1 [0,∞) or -1 -1 -1
SFVec3f[]               center           0 0 0       (-∞,∞)
SFBool[]                forceTransitions FALSE
MFFloat[]               range            []              [0,∞) or -1
}


Material : X3DMaterialNode {
SFFloat[in,out]         ambientIntensity 0.2         [0,1]
SFColor[in,out]         diffuseColor     0.8 0.8 0.8[0,1]
SFColor[in,out]         emissiveColor    0 0 0     [0,1]
SFNode[in,out]          metadata         NULL        [X3DMetadataObject]
SFFloat[in,out]         shininess        0.2         0,1]
SFColor[in,out]         specularColor    0 0 0       [0,1]
SFFloat[in,out]         transparency     0           [0,1]
}


Matrix3VertexAttribute : X3DVertexAttributeNode {
SFNode[in,out]          metadata         NULL        [X3DMetadataObject]
MFMatrix3f[in,out]      value            []          (-∞,∞)
SFString[]              name             ""
}


Matrix4VertexAttribute : X3DVertexAttributeNode {
SFNode[in,out]          metadata         NULL        [X3DMetadataObject]
MFMatrix4f[in,out]      value            []          (-∞,∞)
SFString[]              name             ""
}


MetadataDouble : X3DNode, X3DMetadataObject {
SFNode[in,out]          etadata          NULL        [X3DMetadataObject]
SFString[in,out]        name             ""
SFString[in,out]        reference        ""
MFDouble[in,out]        value            []
}
```

```
MetadataFloat : X3DNode, X3DMetadataObject {
SFNode[in,out]          metadata        NULL        [X3DMetadataObject]
SFString[in,out]        name            ""
SFString[in,out]        reference       ""
MFFloat[in,out]         value           []
}


MetadataInteger : X3DNode, X3DMetadataObject {
SFNode[in,out]          metadata        NULL        [X3DMetadataObject]
SFString[in,out]        name            ""
SFString[in,out]        reference       ""
MFInt32[in,out]         value           []
}


MetadataSet : X3DNode, X3DMetadataObject {
SFNode[in,out]          metadata        NULL        [X3DMetadataObject]
SFString[in,out]        name            ""
SFString[in,out]        reference       ""
MFNode[in,out]          value           []          [X3DMetadataObject]
}


MetadataString : X3DNode, X3DMetadataObject {
SFNode[in,out]          metadata        NULL        [X3DMetadataObject]
SFString[in,out]        name            ""
SFString[in,out]        reference       ""
MFString[in,out]        value           []
}


MovieTexture : X3DTexture2DNode, X3DSoundSourceNode, X3DUrlObject {
SFBool[in,out]          loop            FALSE
SFNode[in,out]          metadata        NULL        [X3DMetadataObject]
SFTime[in,out]          pauseTime       0           (-∞,∞)
SFTime[in,out]          resumeTime      0           (-∞,∞)
SFFloat[in,out]         speed           1.0         (-∞,∞)
SFTime[in,out]          startTime       0           (-∞,∞)
SFTime[in,out]          stopTime        0           (-∞,∞)
MFString[in,out]        url             []          [urn]
SFBool[]                repeatS         TRUE
```

```
SFBool[]              repeatT           TRUE
SFTime[out]           duration_changed
SFTime[out]           elapsedTime
SFBool[out]           isActive
SFBool[out]           isPaused
}


MultiTexture : X3DTextureNode {
SFFloat[in,out]       alpha             1           [0,1]
SFColor[in,out]       color                         1 1 1 [0,1]
MFString[in,out]      function                      []
SFNode[in,out]        metadata          NULL        [X3DMetadataObject]
MFString[in,out]      mode              []
MFString[in,out]      source            []
MFNode[in,out]        texture           []          [X3DTextureNode]
}


MultiTextureCoordinate : X3DTextureCoordinateNode {
SFNode[in,out]        metadata          NULL        [X3DMetadataObject]
MFNode[in,out]        texCoord          NULL        [X3DTextureCoordinateNode]
}


MultiTextureTransform : X3DTextureTransformNode {
SFNode[in,out]        metadata          NULL        [X3DMetadataObject]
MFNode[in,out]        textureTransform  NULL        [X3DTextureTransformNode]
}
NavigationInfo : X3DBindableNode {
SFBool[in]            set_bind
MFFloat[in,out]       avatarSize        [0.25 1.6 0.75]    [0,∞)
SFBool[in,out]        headlight         TRUE
SFNode[in,out]        metadata          NULL        [X3DMetadataObject]
SFFloat[in,out]       speed             1.0         [0,∞)
MFFloat[in,out]       transitionTime    1.0         [0, ∞)
MFString[in,out]      transitionType    ["LINEAR"]["TELEPORT" "LINEAR" "ANIMATE"]
MFString[in,out]      type                          ["EXAMINE" "ANY"]
SFFloat[in,out]       visibilityLimit   0.0         [0,∞)
SFTime[out]           bindTime
SFBool[out]           isBound
```

```
SFBool[out]              transitionComplete
}


Normal : X3DNormalNode {
SFNode[in,out]           metadata          NULL          [X3DMetadataObject]
MFVec3f[in,out]          vector            []            [-1,1]
}


NormalInterpolator : X3DInterpolatorNode {
SFFloat[in]              set_fraction      (-∞,∞)
MFFloat[in,out]          key               []            (-∞,∞)
MFVec3f[in,out]          keyValue          []            (-∞,∞)
SFNode[in,out]           metadata          NULL          [X3DMetadataObject]
MFVec3f[out]             value_changed
}


NurbsCurve : X3DParametricGeometryNode {
SFNode[in,out]           controlPoint      []            [X3DCoordinateNode]
SFNode[in,out]           metadata          NULL          [X3DMetadataObject]
SFInt32[in,out]          tessellation      0             (-∞,∞)
MFDouble[in,out]         weight            []            (0,∞)
SFBoolean[]              closed            FALSE
MFDouble[]               knot              []            (-∞,∞)
SFInt32[]                order             3             [2,∞)
}


NurbsCurve2D : X3DNurbsControlCurveNode {
MFVec2d[in,out]          controlPoint      []            (-∞,∞)
SFNode[in,out]           metadata          NULL          [X3DMetadataObject]
SFInt32[in,out]          tessellation      0             (-∞,∞)
MFDouble[in,out]         weight            []            (0,∞)
MFDouble[]               knot              []            (-∞,∞)
SFInt32[]                order             3             [2,∞)
SFBool[]                 closed            FALSE
}


NurbsOrientationInterpolator : X3DChildNode {
SFFloat[in]              set_fraction      (-∞,∞)
```

```
SFNode[in,out]       controlPoint    []          [X3DCoordinateNode]
MFDouble[in,out]     knot            []          (-∞,∞)
SFNode[in,out]       metadata        NULL        [X3DMetadataObject]
SFInt32[in,out]      order           3           (2,∞)
MFDouble[in,out]     weight          []          (-∞,∞)
SFRotation[out]      value_changed
}


NurbsPatchSurface : X3DNurbsSurfaceGeometryNode {
SFNode[in,out]       controlPoint    []          X3DCoordinateNode]
SFNode[in,out]       metadata        NULL        [X3DMetadataObject]
SFNode[in,out]       texCoord        []
SFInt32[in,out]      uTessellation   0           (-∞,∞)
SFInt32[in,out]      vTessellation   0           (-∞,∞)
MFDouble[in,out]     weight          []          (0,∞)
SFBool[]                             solid            TRUE
SFBool[]             uClosed         FALSE
SFInt32[]            uDimension      0           [0,∞)
MFDouble[]           uKnot           []          (-∞,∞)
SFInt32[]            uOrder          3           [2,∞)
SFBool[]             vClosed         FALSE
SFInt32[]            vDimension      0           [0,∞)
MFDouble[]                           vKnot            []        (-∞,∞)
SFInt32[]            vOrder          3           [2,∞)
}


NurbsPositionInterpolator : X3DChildNode {
SFFloat[in]          set_fraction    (-∞,∞)
SFNode[in,out]       controlPoint    []          [X3DCoordinateNode]
MFDouble[in,out]     knot            []          (-∞,∞)
SFNode[in,out]       metadata        NULL        [X3DMetadataObject]
SFInt32[in,out]      order           3           (2,∞)
MFDouble[in,out]     weight          []          (-∞,∞)
SFVec3f[out]         value_changed
}


NurbsSet : X3DChildNode, X3DBoundedObject {
MFNode[in]           addGeometry     [NurbsSurface]
```

```
MFNode[in]              removeGeometry      [NurbsSurface]
MFNode[in,out]          geometry            []              [NurbsSurface]
SFNode[in,out]          metadata            NULL            [X3DMetadataObject]
SFFloat[in,out]         tessellationScale   1.0             (0,∞)
SFVec3f[]               bboxCenter          0 0 0           (−∞,∞)
SFVec3f[]               bboxSize            −1 −1 −1 [0,∞) or −1 −1 −1
}


NurbsSurfaceInterpolator : X3DChildNode {
SFVec2f[in]             set_fraction        (−∞,∞)
SFNode[in,out]          controlPoint        []              [X3DCoordinateNode]
SFNode[in,out]          metadata            NULL            [X3DMetadataObject]
MFDouble[in,out]        weight              []              (−∞,∞)
SFVec3f[out]            position_changed
SFVec3f[out]            normal_changed
SFInt32[]               uDimension          0               [0,∞)
MFDouble[]              uKnot               []              (−∞,∞)
SFInt32[]               uOrder              3               [2,∞)
SFInt32[]               vDimension          0               [0,∞)
MFDouble[]              vKnot               []              (−∞,∞)
SFInt32[]               vOrder              3               [2,∞)
}


NurbsSweptSurface : X3DParametricGeometryNode {
SFNode[in,out]          crossSectionCurve [][X3DNurbsControlCurveNode]
SFNode[in,out]          metadata            NULL            [X3DMetadataObject]
SFNode[in,out]          trajectoryCurve     []              [NurbsCurve]
SFBool[]                                    ccw             TRUE
SFBool[]                solid               TRUE
}


NurbsSwungSurface : X3DParametricGeometryNode {
SFNode[in,out]          metadata            NULL   [X3DMetadataObject]
SFNode[in,out]          profileCurve        [][X3DNurbsControlCurveNode]
SFNode[in,out]          trajectoryCurve     [][X3DNurbsControlCurveNode]
SFBool[]                ccw                 TRUE
SFBool[]                solid               TRUE
}
```

```
NurbsTextureCoordinate : X3DNode {
MFVec2f[in,out]          controlPoint      []         (-∞,∞)
SFNode[in,out]           metadata          NULL       [X3DMetadataObject]
MFFloat[in,out]          weight            []         (0,∞)
SFInt32[]                uDimension        0          [0,∞)
MFDouble[]               uKnot             []         (-∞,∞)
SFInt32[]                uOrder            3          [2,∞)
SFInt32[]                vDimension        0          [0,∞)
MFDouble[]               vKnot             []         (-∞,∞)
SFInt32[]                vOrder            3          [2,∞)
}


NurbsTrimmedSurface : X3DNurbsSurfaceGeometryNode {
MFNode[in]               addTrimmingContour            [Contour2D]
MFNode[in]               removeTrimmingContour         [Contour2D]
SFNode[in,out]           controlPoint      []          [X3DCoordinateNode]
SFNode[in,out]           metadata          NULL        [X3DMetadataObject]
SFNode[in,out]           texCoord          []
MFNode[in,out]           trimmingContour   []          [Contour2D]
SFInt32[in,out]          uTessellation     0           (-∞,∞)
SFInt32[in,out]          vTessellation     0           (-∞,∞)
MFDouble[in,out]         weight            []           (0,∞)
SFBool[]                                   solid       TRUE
SFBool[]                                   uClosed         FALSE
SFInt32[]                uDimension        0           [0,∞)
MFDouble[]               uKnot             []          (-∞,∞)
SFInt32[]                uOrder            3           [2,∞)
SFBool[]                 vClosed           FALSE
SFInt32[]                vDimension        0           [0,∞)
MFDouble[]               vKnot             []          (-∞,∞)
SFInt32[]                vOrder            3           [2,∞)
}


OrientationInterpolator : X3DInterpolatorNode {
SFFloat[in]              set_fraction      (-∞,∞)
MFFloat[in,out]          key               []          (-∞,∞)
MFRotation[in,out]       keyValue          []          [-1,1] or (-∞,∞)
SFNode[in,out]           metadata          NULL [X3DMetadataObject]
```

```
SFRotation[out]         value_changed
}


PackagedShader : X3DShaderNode, X3DUrlObject, X3DProgrammableShaderObject {
SFBool[in]              activate
SFNode[in,out]          metadata        NULL        [X3DMetadataObject]
MFString[in,out]        url                         []
SFBool[out]             isSelected
SFBool[out]             isValid
SFString[]              language        ""
# And any number of:
fieldType[in]           fieldName
fieldType[in,out]       fieldName       initialValue
fieldType[out]          fieldName
fieldType[]             fieldName       initialValue
}


PixelTexture : X3DTexture2DNode {
SFImage[in,out]         img             0 0 0
SFNode[in,out]          metadata        NULL        [X3DMetadataObject]
SFBool[]                repeatS         TRUE
SFBool[]                repeatT         TRUE
}


PixelTexture3D : X3DTexture3DNode {
SFNode[in,out]                          metadata    NULL    [X3DMetadataObject]
MFInt32[in,out]         image           [0 0 0 0]
SFBool[]                repeatS         FALSE
SFBool[]                repeatT         FALSE
SFBool[]                repeatR         FALSE
}


PlaneSensor : X3DDragSensorNode {
SFBool[in,out]          autoOffset      TRUE
SFString[in,out]        description     ""
SFBool[in,out]          enabled         TRUE
SFVec2f[in,out]         maxPosition     -1 -1       (-∞,∞)
SFNode[in,out]          metadata        NULL        [X3DMetadataObject]
```

```
SFVec2f[in,out]         minPosition          0 0        (-∞,∞)
SFVec3f[in,out]         offset               0 0 0      (-∞,∞)
SFBool[out]             isActive
SFBool[out]             isOver
SFVec3f[out]            trackPoint_changed
SFVec3f[out]            translation_changed
}


PointLight : X3DLightNode {
SFFloat[in,out]         ambientIntensity     0          [0,1]
SFVec3f[in,out]         attenuation          1 0 0      [0,∞)
SFColor[in,out]         color                1 1 1      [0,1]
SFBool[in,out]          global               TRUE
SFFloat[in,out]         intensity            1          [0,1]
SFVec3f[in,out]         location             0 0 0      (-∞,∞)
SFNode[in,out]          metadata             NULL       [X3DMetadataObject]
SFBool[in,out]          on                   TRUE
SFFloat[in,out]         radius               100        [0,∞)
}


PointSet : X3DGeometryNode {
MFNode[in,out]          attrib               []         [X3DVertexAttributeNode]
SFNode[in,out]          color                NULL       [X3DColorNode]
SFNode[in,out]          coord                NULL       [X3DCoordinateNode]
SFNode[in,out]          fogCoord             []         [FogCoordinate]
SFNode[in,out]          metadata             NULL       [X3DMetadataObject]
}


Polyline2D : X3DGeometryNode {
SFNode[in,out]          metadata             NULL       [X3DMetadataObject]
MFVec2f[]               lineSegments         []         (-∞,∞)
}


Polypoint2D : X3DGeometryNode {
SFNode[in,out]          metadata             NULL       [X3DMetadataObject]
MFVec2f[in,out]         point                []         (-∞,∞)
}
```

```
PositionInterpolator : X3DInterpolatorNode {
SFFloat[in]             set_fraction        (-∞,∞)
MFFloat[in,out]         key                 []           (-∞,∞)
MFVec3f[in,out]         keyValue            []           (-∞,∞)
SFNode[in,out]          metadata            NULL         [X3DMetadataObject]
SFVec3f[out]             value_changed
}


PositionInterpolator2D : X3DInterpolatorNode {
SFFloat[in]             set_fraction        (-∞,∞)
MFFloat[in,out]         key                              []      (-∞,∞)
MFVec2f[in,out]         keyValue            []           (-∞,∞)
SFNode[in,out]          metadata            NULL         [X3DMetadataObject]
SFVec2f[out]            value_changed
}


ProgramShader : X3DShaderNode {
SFBool[in]              activate
SFNode[in,out]          metadata            NULL         [X3DMetadataObject]
MFNode[in,out]          programs            []           [ShaderProgram]
SFBool[out]             lsSelected
SFBool[out]             isValid
SFString[]              language            ""           ["CG"¦"GLSL"¦"HLSL"]
}


ProximitySensor : X3DEnvironmentalSensorNode {
SFVec3f[in,out]         center              0 0 0        (-∞,∞)
SFBool[in,out]          enabled             TRUE
SFNode[in,out]          metadata            NULL         [X3DMetadataObject]
SFVec3f[in,out]                             size             0 0 0    [0,∞)
SFTime[out]             enterTime
SFTime[out]             exitTime
SFVec3f[out]            centerOfRotation_changed
SFBool[out]             isActive
SFRotation[out]         orientation_changed
SFVec3f[out]            position_changed
}
```

```
QuadSet : X3DComposedGeometryNode {
MFNode[in,out]          attrib          []          [X3DVertexAttributeNode]
SFNode[in,out]          color                       NULL    [X3DColorNode]
SFNode[in,out]          coord           NULL        [X3DCoordinateNode]
SFNode[in,out]          fogCoord        []          [FogCoordinate]
SFNode[in,out]          metadata        NULL        [X3DMetadataObject]
SFNode[in,out]          normal          NULL        [X3DNormalNode]
SFNode[in,out]          texCoord        NULL        [X3DTextureCoordinateNode]
SFBool[]                ccw             TRUE
SFBool[]                colorPerVertex  TRUE
SFBool[]                normalPerVertex TRUE
SFBool[]                solid                       TRUE
}
```

```
ReceiverPdu: X3DSensorNode, X3DBoundedObject {
SFString[in,out]        address             "localhost"
SFInt32[in,out]         applicationID       1       [0,65535]
SFBool[in,out]          enabled             TRUE
SFInt32[in,out]         entityID            0       [0,65535]
SFNode[in,out]          metadata            NULL    [X3DMetadataObject]
SFString[in,out]        multicastRelayHost ""
SFInt32[in,out]         multicastRelayPort 0
SFString[in,out]        networkMode "standAlone"["standAlone""networkReader""networkWriter"]
SFInt32[in,out]         port                0       [0,65535]
SFInt32[in,out]         radioID             0       [0,65535]
SFFloat[in,out]         readInterval        0.1     [0,∞)
SFFloat[in,out]         receivedPower       0.0     [0,∞)
SFInt32[in,out]         receiverState       0       [0,65535]
SFBool[in,out]          rtpHeaderExpected FALSE
SFInt32[in,out]         siteID              0       [0,65535]
SFInt32[in,out]         transmitterApplicationID 1  [0,65535]
SFInt32[in,out]         transmitterEntityID     0   [0,65535]
SFInt32[in,out]         transmitterRadioID 0        [0,65535]
SFInt32[in,out]         transmitterSiteID  0        [0,65535]
SFInt32[in,out]         whichGeometry       1       [-1,∞)
SFFloat[in,out]         writeInterval       1.0     [0,∞)
SFBool[out]             isActive            FALSE
SFBool[out]             isNetworkReader             FALSE
```

```
SFBool[out]            isNetworkWriter                FALSE
SFBool[out]            isRtpHeaderHeard    FALSE
SFBool[out]            isStandAlone        FALSE
SFTime[out]            timestamp           0
SFVec3f[]              bboxCenter          0 0 0          (-∞,∞)
SFVec3f[]              bboxSize            1 -1 -1[0,∞) [0,∞) [0,∞) or −1 −1 −1
}


Rectangle2D : X3DGeometryNode {
SFNode[in,out]         metadata            NULL           [X3DMetadataObject]
SFVec2f[]              size                2 2            (0,∞)
SFBool[]               solid               FALSE
}


ScalarInterpolator : X3DInterpolatorNode {
SFFloat[in]            set_fraction        (-∞,∞)
MFFloat[in,out]        key                 []             (-∞,∞)
MFFloat[in,out]        keyValue            []             -∞,∞)
SFNode[in,out]         metadata            NULL           [X3DMetadataObject]
SFFloat[out]           value_changed
}


Script : X3DScriptNode {
SFNode[in,out]         metadata            NULL           [X3DMetadataObject]
MFString[in,out]       url                 []
SFBool[]               directOutput        FALSE
SFBool[]               mustEvaluate        FALSE
# And any number of:
fieldType[in]          fieldName
fieldType[in,out]      fieldName           initialValue
fieldType[ou           fieldName
fieldType[]            fieldName           initialValue
}


ShaderPart : X3DNode, X3DUrlObject {
SFNode[in,out]         metadata            NULL           [X3DMetadataObject]
MFString[in,out]       url                 []
SFString[]             type                "VERTEX"       ["VERTEX","FRAGMENT"]
}
```

```
ShaderProgram : X3DNode, X3DUrlObject, X3DProgrammableShaderObject {
SFNode[in,out]          metadata            NULL        [X3DMetadataObject]
MFString[in,out]        url                 []
SFString[]              type                "VERTEX"["VERTEX","FRAGMENT"]
# And any number of:
fieldType[in]           fieldName
fieldType[in,out]       fieldName           initialValue
fieldType[out]          fieldName
fieldType[]             fieldName           initialValue
}


Shape : X3DShapeNode {
SFNode[in,out]          appearance          NULL        [X3DAppearanceNode]
SFNode[in,out]          geometry            NULL        [X3DGeometryNode]
SFNode[in,out]          metadata            NULL        [X3DMetadataObject]
SFVec3f[]               bboxCenter          0 0 0       (−∞,∞)
SFVec3f[]               bboxSize            -1 -1 -1 [0,∞) or −1 −1 −1
}


SignalPdu: X3DSensorNode, X3DBoundedObject {
SFString[in,out]        address             "localhost"
SFInt32[in,out]         applicationID       1           [0,65535]
MFInt32[in,out]         data                []          [0,255]
SFInt32[in,out]         dataLength          0           [0,65535]
SFBool[in,out]          enabled             TRUE
SFInt32[in,out]         encodingScheme      0           [0,65535]
SFInt32[in,out]         entityID            0           [0,65535]
SFNode[in,out]          metadata            NULL        [X3DMetadataObject]
SFString[in,out]        multicastRelayHost""
SFInt32[in,out]         multicastRelayPort 0
SFString[in,out]        networkMode"standAlone"["standAlone""networkReader" networkWriter"]
SFInt32[in,out]         port                0           [0,65535]
SFInt32[in,out]         radioID                         0      [0,65535]
SFFloat[in,out]         readInterval        0.1         [0,∞)
SFBool[in,out]          rtpHeaderExpected   FALSE
SFInt32[in,out]         sampleRate          0           [0,65535]
SFInt32[in,out]         samples             0           [0,65535]
SFInt32[in,out]         siteID              0           [0,65535]
```

```
SFInt32[in,out]        tdlType           0            [0,65535]
SFInt32[in,out]        whichGeometry     1            [-1,∞)
SFFloat[in,out]        writeInterval     1.0          [0,∞)
SFBool[out]            isActive
SFBool[out]            isNetworkReader
SFBool[out]            sNetworkWriter
SFBool[out]            isRtpHeaderHeard
SFBool[out]            isStandAlone
SFTime[out]            timestamp
SFVec3f[]              bboxCenter        0 0 0        (-∞,∞)
SFVec3f[]              bboxSize          -1 -1 -1[0,∞) or -1 -1 -1
}

Sound : X3DSoundNode {
SFVec3f[in,out]        direction         0 0 1        (-∞,∞)
SFFloat[in,out]        intensity         1            [0,1]
SFVec3f[in,out]        location          0 0 0        (-∞,∞)
SFFloat[in,out]        maxBack           10           [0,∞)
SFFloat[in,out]        maxFront          10           [0,∞)
SFNode[in,out]         metadata          NULL         [X3DMetadataObject]
SFFloat[in,out]        minBack           1            [0,∞)
SFFloat[in,out]        minFront          1            [0,∞)
SFFloat[in,out]        priority          0            [0,1]
SFNode[in,out]         source            NULL         [X3DSoundSourceNode]
SFBool[]               spatialize        TRUE
}

Sphere : X3DGeometryNode {
SFNode[in,out]                           metadata     NULL   [X3DMetadataObject]
SFFloat[]              radius                         1      (0,∞)
SFBool[]               solid             TRUE
}

SphereSensor : X3DDragSensorNode {
SFBool[in,out]         autoOffset        TRUE
SFString[in,out]       description       ""
SFBool[in,out]         enabled           TRUE
SFNode[in,out]         metadata          NULL         [X3DMetadataObject]
```

```
SFRotation[in,out]      offset              0 1 0 0      [-1,1],(-∞,∞)
SFBool[out]             isActive
SFBool[out]             isOver
SFRotation[out]         rotation_changed
SFVec3f[out]            trackPoint_changed
}


SpotLight : X3DLightNode {
SFFloat[in,out]         ambientIntensity    0            [0,1]
SFVec3f[in,out]         attenuation         1 0 0        [0,∞)
SFFloat[in,out]         beamWidth           π/2          (0,π/2]
SFColor[in,out]         color               1 1 1        [0,1]
SFFloat[in,out]         cutOffAngle         π/4          (0,π/2]
SFVec3f[in,out]         direction           0 0 -1       (-∞,∞)
SFBool[in,out]          global              TRUE
SFFloat[in,out]         intensity           1            [0,1]
SFVec3f[in,out]         location            0 0 0        (-∞,∞)
SFNode[in,out]          metadata            NULL         [X3DMetadataObject]
SFBool[in,out]          on                  TRUE
SFFloat[in,out]         radius              100          [0,∞)
}


StaticGroup : X3DChildNode, X3DBoundedObject {
SFNode[in,out]          metadata            NULL         [X3DMetadataObject]
MFNode[]                children            []           X3DChildNode]
SFVec3f[]               bboxCenter          0 0          (-∞,∞)
SFVec3f[]               bboxSize            -1 -1 -1 [0,∞) or  -1  -1  -1
}


StringSensor  : X3DKeyDeviceSensorNode {
SFBool[in,out]          deletionAllowed     TRUE
SFBool[in,out]          enabled             TRUE
SFNode[in,out]          metadata            NULL         [X3DMetadataObject]
SFString[out]           enteredText
SFString[out]           finalText
SFBool[out]             isActive
}
```

```
Switch : X3DGroupingNode {
MFNode[in]              addChildren       [X3DChildNode]
MFNode[in]              removeChildren    [X3DChildNode]
MFNode[in,out]         children          []              [X3DChildNode]
SFNode[in,out]         metadata          NULL            [X3DMetadataObject]
SFInt32[in,out]        whichChoice       -1              [-1,∞)
SFVec3f[]              bboxCenter        0 0 0           (-∞,∞)
SFVec3f[]              bboxSize          -1 -1 -1[0,∞) or −1 −1 −1
}


Text : X3DGeometryNode {
SFNode[in,out]         fontStyle         NULL            [X3FontSyleNode]
MFFloat[in,out]        length            []              [0,∞)
SFFloat[in,out]        maxExtent         0.0             [0,∞)
SFNode[in,out]         metadata          NULL            [X3DMetadataObject]
MFString[in,out]       string            []
MFVec2f[out]           lineBounds
SFVec2f[out]           textBounds
SFBool[]               solid             FALSE
}


TextureBackground : X3DBackgroundNode {
SFBool[in]             set_bind
MFFloat[in,out]        groundAngle       []              [0,π/2]
MFColor[in,out]        groundColor       []              [0,1]
SFNode[in,out]         backTexture       NULL            [X3DTextureNode]
SFNode[in,out]         bottomTexture     NULL            [X3DTextureNode]
SFNode[in,out]         frontTexture      NULL            [X3DTextureNode]
SFNode[in,out]         leftTexture       NULL            [X3DTextureNode]
SFNode[in,out]         metadata          NULL            [X3DMetadataObject]
SFNode[in,out]         rightTexture      NULL            [X3DTextureNode]
SFNode[in,out]         topTexture        NULL            [X3DTextureNode]
MFFloat[in,out]        skyAngle          []              [0,π]
MFColor[in,out]        skyColor          0 0 0           [0,1]
MFFloat[in,out]        transparency      0               [0,1]
SFTime[out]            bindTime
SFBool[out]            isBound
}
```

```
TextureCoordinate : X3DTextureCoordinateNode {
SFNode[in,out]          metadata          NULL          [X3DMetadataObject]
MFVec2f[in,out]         point                           []    (-∞,∞)
}


TextureCoordinate3D : X3DTextureCoordinateNode {
SFNode[in,out]          metadata          NULL          [X3DMetadataObject]
MFVec3f[in,out]         point                           []    (-∞,∞)
}


TextureCoordinate4D : X3DTextureCoordinateNode {
SFNode[in,out]          metadata          NULL          [X3DMetadataObject]
MFVec4f[in,out]         point             []            (-∞,∞)
}


TextureCoordinateGenerator : X3DTextureCoordinateNode {
SFNode[in,out]          metadata          NULL          [X3DMetadataObject]
SFString[in,out]        mode              "SPHERE"[see Table 18.6]
MFFloat[in,out]         parameter         []            [see Table 18.6]
}


TextureTransform : X3DTextureTransformNode {
SFVec2f[in,out]         center            0 0           (-∞,∞)
SFNode[in,out]          metadata          NULL          [X3DMetadataObject]
SFFloat[in,out]         rotation          0             (-∞,∞)
SFVec2f[in,out]         scale             1 1           (-∞,∞)
SFVec2f[in,out]         translation       0 0           (-∞,∞)
}


TextureTransform3D : X3DTextureTransformNode {
SFVec3f[in,out]         center            0 0 0     (-∞,∞)
SFNode[in,out]          metadata          NULL          [X3DMetadataObject]
SFRotation[in,out]      rotation          0 0 1 0 (-∞,∞)
SFVec3f[in,out]         scale             1 1 1     (-∞,∞)
SFVec3f[in,out]         translation       0 0 0     (-∞,∞)
}


TextureTransformMatrix3D : X3DTextureTransformNode {
SFNode[in,out]          metadata          NULL          [X3DMetadataObject]
```

```
SFMatrix4f[in,out]      matrix              1 0 0 0 0 1 0 0 0 0 1 0 0 0 0 1  (−∞,∞)
}


TimeSensor : X3DTimeDependentNode, X3DSensorNode {
SFTime[in,out]          cycleInterval       (0,∞)
SFBool[in,out]          enabled             TRUE
SFBool[in,out]          loop                FALSE
SFNode[in,out]          metadata            NULL        [X3DMetadataObject]
SFTime[in,out]          pauseTime           0           (−∞,∞)
SFTime[in,out]          resumeTime          0
SFTime[in,out]          startTime           0           (−∞,∞)
SFTime[in,out]          stopTime            0           (−∞,∞)
SFTime[out]             cycleTime
SFTime[out]             elapsedTime
SFFloat[out]            fraction_changed
SFBool[out]             isActive
SFBool[out]             isPaused
SFTime[out]             time
}


TimeTrigger : X3DTriggerNode {
SFBool[in]              set_boolean
SFNode[in,out]          metadata            NULL        [X3DMetadataObject]
SFTime[out]             triggerTime
}


TouchSensor : X3DTouchSensorNode {
SFString[in,out]        description         ""
SFBool[in,out]          enabled             TRUE
SFNode[in,out]          metadata            NULL        [X3DMetadataObject]
SFVec3f[out]            hitNormal_changed
SFVec3f[out]            hitPoint_changed
SFVec2f[out]            hitTexCoord_changed
SFBool[out]             isActive
SFBool[out]             isOver
SFTime[out]             touchTime
}
```

```
Transform : X3DGroupingNode {
MFNode[in]              addChildren         [X3DChildNode]
MFNode[in]              removeChildren      [X3DChildNode]
SFVec3fin,out]          center              0 0 0        (-∞,∞)
MFNode[in,out]          children            []           [X3DChildNode]
SFNode[in,out]          metadata            NULL         [X3DMetadataObject]
SFRotation[in,out]      rotation            0 0 1 0      [-1,1] or (-∞,∞)
SFVec3f[in,out]         scale               1 1 1        (-∞, ∞)
SFRotation[in,out]      scaleOrientation    0 0 1 0      [-1,1] or (-∞,∞)
SFVec3f[in,out]         translation         0 0 0        (-∞,∞)
SFVec3f[]               bboxCenter          0 0 0        (-∞,∞)
SFVec3f[]               bboxSize            -1 -1 -1 [0,∞) or −1 −1 −1
}


TransmitterPdu: X3DSensorNode, X3DBoundedObject {
SFString[in,out]        address             "            localhost"
SFVec3f[in,out]         antennaLocation     0 0 0        (-∞,∞)
SFInt32[in,out]         antennaPatternLength            0    [0,65535]
SFInt32[in,out]         antennaPatternType              0    [0,65535]
SFInt32[in,out]         applicationID                   1    [0,65535]
SFInt32[in,out]         cryptoKeyID         0            [0,65535]
SFInt32[in,out]         cryptoSystem                    0    [0,65535]
SFBool[in,out]          enabled             TRUE
SFInt32[in,out]         entityID                        0    [0,65535]
SFInt32[in,out]         frequency                       0
SFInt32[in,out]         I                   nputSource   0    [0,255]
SFInt32[in,out]         lengthOfModulationParameters 0 [0,255]
SFNode[in,out]          metadata                        NULL[X3DMetadataObject]
SFInt32[in,out]         modulationTypeDetail            0    [0,65535]
SFInt32[in,out]         modulationTypeMajor             0    [0,65535]
SFInt32[in,out]         modulationTypeSpreadSpectrum    0    [0,65535]
SFInt32[in,out]         modulationTypeSystem            0    [0,65535]
SFString[in,out]        multicastRelayHost ""
SFInt32[in,out]         multicastRelayPort 0
SFString[in,out]        networkMode "standAlone"["standAlone""networkReader""networkWriter"]
SFInt32[in,out]         port                0            [0,65535]
SFFloat[in,out]         power               0.0          [0,∞)
SFInt32[in,out]         radioEntityTypeCategory         0    [0,255]
```

```
SFInt32[in,out]        radioEntityTypeCountry        0       [0,65535]
SFInt32[in,out]        radioEntityTypeDomain         0       [0,255]
SFInt32[in,out]        radioEntityTypeKind           0       [0,255]
SFInt32[in,out]        radioEntityTypeNomenclature   0       [0,255]
SFInt32[in,out]        radioEntityTypeNomenclatureVersion  0      [0,65535]
SFInt32[in,out]        radioID                       0       [0,255]
SFFloat[in,out]        readInterval       0.         [0,∞)
SFVec3f[in,out]        relativeAntennaLocation   0 0 0   (-∞,∞)
SFBool[in,out]         rtpHeaderExpected  FALSE
SFInt32[in,out]        siteID                        0       [0,65535]
SFFloat[in,out]        transmitFrequencyBandwidth    0.0     (-∞,∞)
SFInt32[in,out]        transmitState      0          [0,255]
SFInt32[in,out]        whichGeometry      1          [-1,∞)
SFFloat[in,out]        writeInterval      1.0        [0,∞)
SFBool[out]            isActive                      FALSE
SFBool[out]            isNetworkReader    FALSE
SFBool[out]            isNetworkWriter    FALSE
SFBool[out]            isRtpHeaderHeard   FALSE
SFBool[out]            isStandAlone       FALSE
SFTime[out]            timestamp          0
SFVec3f[]              bboxCenter         0 0 0      (-∞,∞)
SFVec3f[]              bboxSize           -1 -1 -1[0,∞)[0,∞)[0,∞)or−1−1−1
}


TriangleFanSet : X3DComposedGeometryNode {
MFNode[in,out]         attrib             []         [X3DVertexAttributeNode]
SFNode[in,out]         color              NULL       [X3DColorNode]
SFNode[in,out]         coord              NULL       [X3DCoordinateNode]
MFInt32[in,out]        fanCount           []         [3,∞)
SFNode[in,out]         fogCoord           []         [FogCoordinate]
SFNode[in,out]         metadata           NULL       [X3DMetadataObject]
SFNode[in,out]         normal             NULL       [X3DNormalNode]
SFNode[in,out]         texCoord           NULL       [X3DTextureCoordinateNode]
SFBool[]               ccw                TRUE
SFBool[]               colorPerVertex     TRUE
SFBool[]               normalPerVertex    TRUE
SFBool[]               solid              TRUE
}
```

```
TriangleSet : X3DComposedGeometryNode {
MFNode[in,out]          attrib          []          [X3DVertexAttributeNode]
SFNode[in,out]          color           NULL        [X3DColorNode]
SFNode[in,out]          coord           NULL        [X3DCoordinateNode]
SFNode[in,out]          fogCoord        []          [FogCoordinate]
SFNode[in,out]          metadata        NULL        [X3DMetadataObject]
SFNode[in,out]          normal          NULL        [X3DNormalNode]
SFNode[in,out]          texCoord        NULL        [X3DTextureCoordinateNode]
SFBool[]                ccw             TRUE
SFBool[]                colorPerVertex  TRUE
SFBool[]                normalPerVertex TRUE
SFBool[]                solid           TRUE
}


TriangleSet2D : X3DGeometryNode {
SFNode[in,out]          metadata        NULL        [X3DMetadataObject]
MFVec2f[in,out]         vertices        []          (-∞,∞)
SFBool[]                solid           FALSE
}


TriangleStripSet : X3DComposedGeometryNode {
MFNode[in,out]          attrib          []          [X3DVertexAttributeNode]
SFNode[in,out]          color           NULL        [X3DColorNode]
SFNode[in,out]          coord           NULL        [X3DCoordinateNode]
SFNode[in,out]          fogCoord        []          [FogCoordinate]
SFNode[in,out]          metadata        NULL        [X3DMetadataObject]
SFNode[in,out]          normal          NULL        [X3DNormalNode]
MFInt32[in,out]         stripCount      []          [3,∞)
SFNode[in,out]          texCoord        NULL        [X3DTextureCoordinateNode]
SFBool[]                ccw             TRUE
SFBool[]                colorPerVertex  TRUE
SFBool[]                normalPerVertex TRUE
SFBool[]                solid           TRUE
}


Viewpoint : X3DBindableNode {
SFBool[in]              set_bind
SFVec3f[in,out]         centerOfRotation 0 0 0     (-∞,∞)
```

```
SFString[in,out]        description         ""
SFFloat[in,out]         fieldOfView         π/4         (0,π)
SFBool[in,out]          jump                TRUE
SFNode[in,out]          metadata            NULL        [X3DMetadataObject]
SFRotation[in,out]      orientation         0 0 1 0     [-1,1],(-∞,∞)
SFVec3f[in,out]         position            0 0 10      (-∞,∞)
SFTime[out]             bindTime
SFBool[out]             isBound
}


VisibilitySensor : X3DEnvironmentalSensorNode {
SFVec3f[in,out]         center              0 0 0       (-∞,∞)
SFBool[in,out]          enabled             TRUE
SFNode[in,out]          metadata            NULL        [X3DMetadataObject]
SFVec3f[in,out]         size                0 0 0       [0,∞)
SFTime[out]             enterTime
SFTime[out]             exitTime
SFBool[out]             isActive
}


WorldInfo : X3DInfoNode {
SFNode[in,out]          metadata            NULL        [X3DMetadataObject]
MFString[]              info                []
SFString[]              title               ""
}
```

박경배(gbpark@yit.ac.kr)
- 명지대학교 전자공학과 공학사
- 명지대학교 동대학원 공학석사
- 명지대학교 동대학원 공학박사
- 현대전자 멀티미디어 연구소 역임
- 현) 여주대학교 소프트웨어 융합과 교수
- 관심분야: 가상현실, Web3D, HTML

출판저서
· 2012.11 가상현실 증강현실과 VRML
· 2008.1 Web3D 디자인을 위한 예제 중심의 X3D
· 2007. 4 3D 가상홈페이지 만들기
· 2006. 7 가상현실을 위한 VRML&X3D

강경인(kangki@yit.ac.kr)
- 명지대학교 전자공학과 공학사
- 명지대학교 동대학원 공학석사
- 명지대학교 동대학원 공학박사
- 현) 여주대학교 지능로봇과 교수
- 관심분야 : 무선통신, 지능로봇, HTML, 웹디자인

출판저서
· 2017.6 이동통신운용
· 2016.11 쇼핑몰구축과 운용

가상현실을 위한 HTML5 & Web3D

1판 1쇄 인쇄 2020년 11월 10일
1판 1쇄 발행 2020년 11월 20일
저   자 박경배 · 강경인
발 행 인 이범만
발 행 처 **21세기사** (제406-00015호)
        경기도 파주시 산남로 72-16 (10882)
        Tel. 031-942-7861   Fax. 031-942-7864
        E-mail : 21cbook@naver.com
        Home-page : www.21cbook.co.kr
        ISBN 978-89-8468-897-1

정가 32,000원